就这样当班主任

魏书生 著

长江出版传媒 | 长江文艺出版社

图书在版编目（CIP）数据

就这样当班主任 / 魏书生著. -- 武汉 ：长江文艺出版社，2019.12（2024.1 重印）
（大教育书系）
ISBN 978-7-5702-1233-0

Ⅰ. ①就… Ⅱ. ①魏… Ⅲ. ①班主任工作 Ⅳ. ①G451.6

中国版本图书馆 CIP 数据核字（2019）第 196448 号

责任编辑：黄海阔　　　　责任校对：毛季慧
封面设计：周　佳　　　　责任印制：邱　莉　杨　帆

出版：长江出版传媒 | 长江文艺出版社
地址：武汉市雄楚大街 268 号　　　邮编：430070
发行：长江文艺出版社
http://www.cjlap.com
印刷：武汉市首壹印务有限公司

开本：700 毫米×1000 毫米　1/16　印张：22.5　插页：1 页
版次：2019 年 12 月第 1 版　　2024 年 1 月第 9 次印刷
字数：243 千字

定价：42.00 元

班主任的自叙（代序）

我属于愿意当班主任的那类教师。我总觉得，做教师而不当班主任，那真是失去了增长能力的机会，吃了大亏。

“人生七十古来稀”，这是古人的看法，现在咱们中国人的平均寿命已经到 70 岁了。咱们国家正在普及九年义务教育，一个人读 1 年学前班，再念完 9 年书，即使不上高中大学，也有 10 年光阴是在班级中度过的。10 年，占了一般人生命的七分之一。

这是人生筋骨血肉成长最快的 10 年，是人生喜怒哀乐感情最丰富的 10 年，是人生意志品质形成的 10 年，是人生智力才能发展最快的 10 年，是人生变化万千的 10 年，是决定一个人今后命运的 10 年。

班集体，人们生于斯，长于斯，变化于斯。在其中时，关心她，爱护她，为她吃苦，为她的荣誉奋斗；离开她后，留恋她，想念她，回忆她，魂牵梦绕着她……这怀念的感情经过滚滚滔滔的时间长河的冲刷，非但没有消失，反倒经年累月越积越深。许多人愈到老年、晚年，对其思之愈切，念之愈深。

班级和人生维系得这么紧密，班主任这一职业便具有了一定的诱惑力。

班级像一座长长的桥，通过它，人们跨向理想的彼岸。

班级像一条很长的船，乘着它，人们越过江河湖海，奔向可以施展自己才能的高山、平原、乡村、城镇。

班级像一个大家庭，同学们如兄弟姐妹般互相关心着，帮助着，互相鼓舞着，照顾着。一起长大了，成熟了，便离开了这个家庭，走向了社会。

我常常觉得班级更像一个小社会，社会上有什么，一个班级便可能有什么。学生走出家庭，通过在这个小社会实习，才具有了一定的适应大社会的能力。

既然是社会，就有一个管理问题。

社会如此，家庭如此，企业如此，机关如此，班级亦然，都有一个管理得是否合理的问题。管理得不好，大家在堡垒里拼命战斗，内部先在窝里斗得头破血流，谈何发展自己，谈何超越自己。管理得好，大家在集体中形成合力，互助协作，合力大于分力之和；每个人都发挥了潜力，多做了事，集体增强了实力，超越别的国家、超越别的集体才会成为可能。

我已教了近 18 年书，当了 17 年的班主任，可惜，我不能倾全部心力于班级工作，就支付给班级管理的时间而言，我是个不合格的班主任。这 17 年中，我当了 7 年多副教导主任，当了 7 年多书记兼校长。

除此之外，我还做了以下一些实事：

分别为我所任的 30 多个社会兼职（例如全国教育科学规划领导小组成员、全国中语会学术委员会副主任、全国中学学习研究会理事长等）尽一部分责任。

在国内外的海陆空中跑了 50 多万公里路，参加各种会议、讲学，办各种杂事。

在全国30多个省、市、自治区及港、澳、台地区作了550多场报告。

在全国30多个省、市、自治区及港、澳、台地区讲公开课480多次。

接待全国28个省、市、自治区的36000多人次来校听课、访问、指导。

处理了11000多封国内外来信。

写了210多万字的日记，发表了100多篇文章，已出版了多本专著，主编了多种书和论文集。

我像个埋头种地的农民，我喜欢在自己班级的田地里耕作，但又不能不到别的地里去干活，这自然挤占了我本来可以用于班级管理的时间。

尽管如此，我的一届又一届的学生都能够顾全大局，紧密团结，互相关心，互相帮助，没有在堡垒里战斗却组成了一个战斗的堡垒，大家形成合力，取得了大于分力之和的效果。

不少青年教师问我："时间这么少，还能当得成班主任，您主要靠什么?"

我说："主要靠两大点，一小点。两大点，一是民主，二是科学；一小点就是引导学生强身健体。"

"您能说详细一些吗？您写成一本书该多好!"许多青年教师这样向我建议。近10年来，先后有十几家出版社的同志催我把这本书写出来，我总觉得不成熟，便拖着。催的人越来越多，不好再拖了，半年前便开始写。

我想，自己写的是一本记录自己怎么做的书，不是告诉人家怎么做的书。为了让青年班主任读起这本书来能够轻松一些，于是许多篇章便像同读者谈心似的，平时怎么想了，怎么说了，怎么做了，也就怎么写出来了。

从现在起，“文革”运动前参加工作的老班主任将陆续离开自己倾注了毕生心血的岗位，一批批青年人要走上这个神圣的位置。班主任工作归根结底要靠青年人来开创新局面，我愿把这本书献给刚刚走上或早已走上这一神圣岗位的青年班主任们，愿和大家一起来商量、探索提高班级管理效率的方法。大家一起来想办法，把这项许多人都感到又苦又累的工作，干得轻松，干得快乐，干得效果更好一些。

世界也许很小很小，心的领域却很大很大。班主任是在广阔的心灵世界中播种耕耘的职业，这一职业应该是神圣的。愿我们以神圣的态度，在这神圣的岗位上，把属于我们的那片园地管理得天清日朗，以使我们无愧于自己的学生，以使我们的学生无愧于生命长河中的这段历史。

魏书生

目　录 | CONTENTS

教师应具备进入学生心灵世界的本领，不是站在这个世界的外面观望，更不是站在这个世界的对面牢骚、叹息、愤慨，而应该在这心灵世界中耕耘、播种、培育、采摘，流连忘返。如果真能这样，那他将感觉到自己日夜生活在幸福之中。

民主管理，在某种意义上，就是多数人参与政治，参与管理，参与决策，参与比较复杂的工作。这与分工和专业化并不矛盾。

第三辑　学生问题，贵在激励引导 / 149

要走进学生心灵世界中去观察，多想学生的难处，引导学生看到自己脑子里的方方面面。

第四辑　学习之道，贵在培养自学能力 / 227

自学能力从心理学上讲，既是一种优良的心理品质，又是一种个性特征。理论告诉我们：任何心理品质和个性特征，都要经历知、情、意、行的心理过程，才能形成和发展。

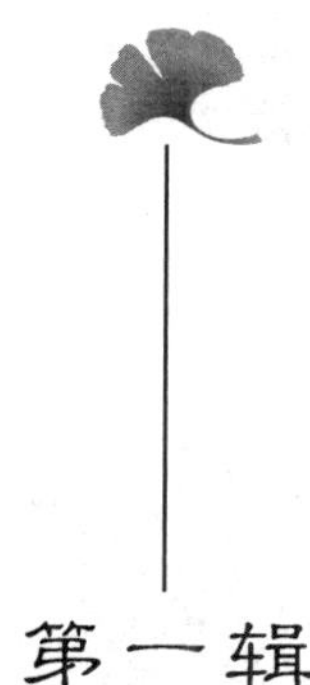

第一辑

为师之道，贵在育人知人

教师应具备进入学生心灵世界的本领，不是站在这个世界的外面观望，更不是站在这个世界的对面牢骚、叹息、愤慨，而应该在这心灵世界中耕耘、播种、培育、采摘，流连忘返。如果真能这样，那他将感觉到自己日夜生活在幸福之中。

教书必须育人

我一直觉得自强就能育人。以育人为本，书就好教了。

有的青年教师只看到了我教书极省时间、极省力气的一面，办学习班的时候，就总是问我："魏老师，您怎样进行字词教学，您怎样分析句子含义，您怎样让学生批改?"十几年来，省市办过多次"魏书生教改研讨班"，有的班连续办半年、一年乃至两年。时间长了，刚开始只是思考怎样教书的青年教师也渐渐发觉，我教书之所以省力气、省时间，是因为我的学生学习自觉性强，能主动、积极、快乐地学习。我外出开会的时候，学生也照常自觉管理班级，自觉自学。

开始只注意我怎样教书的青年教师，后来也逐渐感觉到，我在育人上用的精力要比在具体教书上用的精力多得多。

为什么我在教书的同时始终注意育人？我觉得源自七个方面的需要。

首先是个人心理上的需要

我在人生的路上，遇到过许许多多的正直、无私、善良、真诚的好人，和他们在一起，我真正享受到做人的自豪感和幸福感。在他们面前，我觉得名誉、地位、财产都极淡极淡。“士为知己者死”，为了这些好人，我常常觉得献出自己的一切也心甘情愿。在他们面前，自己常常觉得心中有一股浩然正气在升腾。我想，世界上如果都是这些好人，人生该多么幸福、愉快。可惜，我确实遇到过坏人，一些以整人为乐的人，见了他们便像见了苍蝇、蚊子、粘痰、垃圾那样令人恶心、厌烦，更难受的是，和这类人打交道时，自己心中那些阴暗自私邪恶的念头常常爬出来，尽管让这些东西爬出来，自己后悔，心里也痛苦，但它们还是爬出来了，似乎不出来便不能以毒攻毒。

于是我常想，这个世界都是好人就好了，都是周总理、焦裕禄、雷锋就好了，那样大家都会享受到精神解放的幸福。我知道这是空想，但我愿为了将空想变为现实而努力。

我觉得如果我能为这个世界多教育出一个好人，或者能让心理矛盾的人多一点真善美的品质，那就是一种贡献，一种幸福，就算不枉此生。如果让国家少一个坏人，或让学生的思想少一点假恶丑的成分，同样也是一种幸福，一种贡献。

二是学生切身利益的需要

什么人才能获得真正的人生幸福？是那些正直、善良、真诚的人，是那些树立了正确的人生观世界观的人。人如果树立了正直高尚的人生观，那么任何挫折、打击、不幸都能够泰然处之，面对地位、金钱、名誉的丧失都能够心旌不动，历九死而不悔，经磨难而无愧。古往今来许多志士仁人、革命先烈都从世界观的转变中获得了精神解放，得到了真正的人生幸福。

反过来，如果一个人心肠很坏，那么不论他有多么高的地位，不论他有多少财富，像许多资本家、地主那样；不论他有多么丰富的语文知识，如秦桧、姚文元那样，他还免不了在邪恶的精神牢狱中受煎熬，或恐惧，或烦躁，或悲悲戚戚，或自哀自怜，或紧张地与上下左右的人角斗残杀。甚至有的痛不欲生，精神分裂，上吊跳河。

更多的还是我们这样的普通人，脑子里有雷锋的人生观，同时也有恶人的某些坏念头。做过好事，也做过坏事。没有雷锋好，当然也不像恶人那样坏，两种人生观常在我们脑子里打仗。真善美一方战胜时，我们感受到做人的幸福与自豪；双方争执不下时，我们感受到做人的矛盾与艰难；假恶丑一方战胜，做了坏事时，我们又常感受到自责与不安、惭愧与痛苦。

成人如此，学生亦如此。显然学生只有更多地树立追求理想社会的人生观，才能更多一点人生幸福。比较坚定地树立了进步的人生观，那他将来无论做什么工作，经受多少磨难，都能够开朗乐观地对待，都能问心无愧、幸福坦然。

教师不可能给学生未来需要的理想的地位、名誉、职业，也不可能给学生更多的金钱，但确实可以给学生比这些更宝贵的东西——乐观进取的人生态度和追求理想社会的人生观。这是最符合学生切身利益的财富，是学生一辈子都需要的最可宝贵的财产。

三是人民的需要

我们常听到家长和社会各行各业的人们评论我们的学生，谈到他们的身体，谈到他们的学习，但人们谈得更多的常常是他们的品德。家长、邻里、社会各界赞扬喜欢的那些学生首先是品德好的学生。如果哪个学生只顾自己利益，不顾他人死活，即使是学习尖子，人们也不喜欢。不仅不喜欢，有的还厌恶与痛恨。不仅社会上的人们痛恨、鄙视那类极端自私、损人利己的学习尖子，在同学中，他们不也常常被鄙视、被厌恶吗？

反过来，也有的学生学习成绩并不好，没能升学，但他们当工人后对别人真心诚意，对工作勤勤恳恳，像雷锋那样给别人带来欢乐；也有的自谋职业，诚实劳动，真诚对待客户，朋友越来越多，事业越来越兴旺，他们同样受到人民的尊重与赞扬。

既然人民群众都喜欢、赞扬品德好的学生，都愿意和品德好的人为邻、共事，我们为什么不尽可能多地培养出一些品德好的学生呢？既然人民群众都厌恶那些损人利己的人，都不愿和他们比邻，不愿和他们在一个单位，我们为什么不尽自己最大的可能，使这样的学生有一点转化呢？

四是国家利益的需要

只有爱父母、爱同学的人，才可能爱人民、爱集体；只有爱人民、爱集体的人，才可能爱国家。如果一个人品德不好，视周围的同志为敌人，那他无论怎样高呼爱国口号，也一定是为了营私利而骗人。

国家有更多的人爱，她才有可能繁荣昌盛；有更多的人为她尽忠出力，她才有更大的力量保卫更多的人。

一个国家品德高尚的人越多，人民群众便越安居乐业，社会秩序便越稳定安宁，各行各业才兴旺发达。设想一下，我们国家各行各业的人如果都能像雷锋、马寅初、蒋筑英、王进喜、孟泰那样，那么中国的社会主义制度一定能显示出数倍于私有制的优越性，一定可以远远越过日本而成为世界经济强国。遗憾的是我们具备这样品德素质的人还不够多，而且许多好人不得不消耗许多精力，去抵御那些心术不正的人。

反过来，坏人给国家带来数不清的麻烦；他们千方百计挖国家的墙角，贪污腐化，败坏风气，阻碍生产，破坏改革。国家只好把本来可以建校舍的钱省下来去建监狱，把本来可以提高教师工资的钱用来去增加公检法工作人员的编制。有这些坏人在，社会主义公有制便很难发挥出优越性，改革便很难顺利进行。

40 年来，我们国家取得的成绩并没有达到中华民族所应该达到的高水平。尽管十一届三中全会以来，各项事业有了突飞猛进的发展，但就人均产值而言，我们在世界上的位置还是相当可怜的。究其原因，人们几乎都认为：很重要的一条是我们国民的素质低。而国民素质中，全体有爱国心的人都强烈地感觉到，最使人忧虑的是全民族的品德素质。

五是党的利益的需要

共产党没有任何私利可图。许多具备无产阶级世界观的人，许多置个人利益于不顾，愿为人民群众的利益奋斗终生的人，许多愿为国家民族的解放而努力的志士仁人，深感个人的力量的单薄，于是组织了中国共产党，依靠党组织为共产主义理想的实现前仆后继，进行了卓越的斗争。成千成万的先烈为了人民的利益贡献出了自己的一切，他们的牺牲精神永远鼓舞着共产党人和人民群众为人人平等、人人品德高尚，彻底消灭了私有制的共产主义社会早日实现而英勇奋斗，继续做实实在在的工作。

随着党成为执政党，有的党员经不起糖衣炮弹的攻击，蜕化变质。有的心术不正、损人利己的人也千方百计钻进党内来捞取好处。这些本来是党的革命对象的人存在于党内，自然减弱了党的战斗力，降低了党的威信，阻碍了党的正确路线的执行。每一位真正关心党的人都应为清除这些腐败分子做出努力。

另一方面，从长远的观点看问题，今天的学生有许多将会成为明天的共产党员。如果我们培养出更多的公而忘私、真诚善良、实事求是，以国家民族利益为重的学生，那么我们的党就能多一些真正的共产党员，党员教师就是为维护自己组织的利益尽了责任，非党员教师也是为国家民族利益做了贡献。

六是语文学科性质的需要

语文是工具学科，既然是工具学科，就必须要为某种目的服务。是学习的工具，便为学习服务；是工作的工具，便为工作服务；是认识自我改造自我的工具，便为认识自我改造自我服务；是认识世界改造世界的工具，便为认识世界和改造世界服务。

掌握工具不是目的，利用这一工具才是目的。不同的人利用这一工具做着不同的事，来达到自己的人生目的。同是学习的工具，有人用阅读能力读伟人传记、先进理论；有人用阅读能力读淫秽作品、反动论点。同是工作的工具，有人讲话劝人具备真善美的品质，写文章宣传周总理、雷锋的精神，激励别人为人民为祖国做出贡献；有人说话怂恿人作恶，写文章宣传人是自私自利的动物，引诱人们为了个人私欲不顾别人死活。

显然只教会学生语文知识不够，只教会学生听说读写的能力也不行。写淫秽作品的那些作者们如果不具备写作能力，我们的文化市场就会比现在干净得多。没有听说读写能力很可怕，有了听说读写能力，心术不正，同样可怕。

七是提高语文成绩的需要

八年以前，有一天我们学校有位语文教师上课，教室里较乱，有的学生在睡觉，有的在下面玩东西，还有的在说闲话，她没办法了，便去找班主任，班主任找不到便来找我。“你上不了语文课，为什么找班主任、找校长呢?”“我本来没想找校长，只是想请班主任来给学生做做思想工作，帮我维持一下纪律。班主任没找到，教室内又没法上课，实在没办法，就到这儿来了。”

这件事至少说明三个问题：一般中学有相当一部分学生认为读书的目的是为了升学，认为升学无望的学生自然觉得无需读书。第二，教师们都懂得，想让升学无望的学生也认真读书，就得做思想工作，以增强他们学习的责任感、义务感，提高其学习兴趣，培养他们勤奋刻苦的学习精神，这是育人范畴内的工作。第三，由于是育人范畴内的工作，有的科任教师便以为这不是语文教师的事，而是班主任、教导主任、校长的事。

前两个问题是所有一般中学教师都感觉到的问题，要让不愿学习的学生也能认真学习，就得育人，就得做思想工作。重点中学这个问题为什么不突出？因为经过选拔的学生，或五中选一，或十中选一，都是成绩较好的学生，都有较大的升学希望，虽然他们的学习动机不同，但有比较强烈的升学愿望这一点基本一致。所以说只就提高语文成绩而言，那么不做思想工作也可以。

其实许多教师也悟出了这样的道理，那些语文教得好、学生成绩高的教师，实际上都很善于做学生的思想工作，都很善于育人，即使仅为了提高语文成绩，我们也必须育人，育人是语文教师分内的事。

我个人的心理需要育人，学生切身利益需要我们教书育人，人民需要我们育人，国家利益需要育人，党的利益需要育人，语文学科性质需要育人，提高语文成绩还需要育人。我必须既做经师，又做人师，既教书，又育人。

育人应先知人

孔子教育学生成效卓著，重要原因之一，在于他对颜回、子路、曾参等学生的性格特长、思想状况了如指掌，在知人的基础上因材施教、因势利导。纵观古今中外凡有成就的教师、教育家，都有一个共同的特点：有知人之明，能察觉学生思想深处的奥秘，能触摸到学生感情的脉搏。他们的心和被教育者心心相印、息息相关。在这样的前提下，确定的教育计划，学生执行起来会感觉那是一种幸福和享受。

有一位“很负责任”的教师，每天早来晚走地看着学生，规定了许多不准，甚至包括在新年晚会搞击鼓传花的游戏时不准笑，上课不准研究问题，不准提不同见解。他还用了互相监督的方法检查“几不准”的落实情况。结果呢？这个班级纪律似乎被“治”好了，可全班的学习成绩、体育比赛成绩却不断下降，学生们对他意见很大。为什么事与愿违？根本原因在于他太不了解学生，他不了解青少年学生好奇、好动、好玩、好积极思考的特点，而用成年人（其实也只是一部分成年人）的习惯去约束十四五岁的学生，结果当然适得其反。有的教师总结说：“我在教育工作中的每一次失败、烦恼、痛苦，追根寻源都和不了解学生联系着。”

无数事实告诉我们，要教育学生，首先必须了解学生，这就如同园丁养花，首先必须了解花的习性，医生治病首先必须了解病人的病情一样。

怎样了解学生心灵中的奥秘呢？

用好理论的显微镜

教育学、心理学等教育科学理论，是在总结先进教师的工作经验和少年儿童的心理变化过程的基础上揭示出来的教育规律和心理变化规律。教师凭借这些理论的显微镜，常常能发现许多凭经验认识不到的学生心灵上的闪光点。教师不仅能了解学生思想、行为变化的特殊规律，而且能了解学生思想、行为变化的普遍规律；不仅善于把精力花在偶然的个别事件的处理上，更善于把主要精力用在带有普遍性、规律性的问题上，从而提高教育工作的效率。

一位青年教师过去看学生总是一点论，把后进学生看得一无是处，师生互相埋怨，甚至和他对骂对打。在他苦恼的时候，领导指导他认真学习教育理论，渐渐认识到学生的心灵都是矛盾的统一体，好学生和后进学生的区别只在于头脑中是非好坏排列的顺序及比例不同而已。正因为后进同学上进心的幼苗弱小而枯黄，有的常常被压在石头底下，才更需要教师的同情、关注和扶植。于是他以满腔热情去帮助后进学生，使他们头脑中真善美的东西占了上风，这些淘气大王后来都有了明显进步，师生间也建立了深厚的友谊。

用教师的心灵去感知学生的心灵

教师是从学生时代走过来的，学生的今天就是教师的昨天。学生犯了错误时的心情，教师通过回忆自己当年犯错误时的心情就能认识更真切一些。这是用回忆的方法去感知。

再一种是用心灵位移的方法去感知。一位失去父亲、家庭生活困难的孩子学习成绩不好，教师如果不设身处地去想问题，就很容易因为他使班级的总分降低而恼火。但如果设身处地想一想孩子家务劳动的繁重与上学的艰难，就可以观察到孩子心灵上斑斑点点的伤痕。了解到这些，教师自然会采取措施治愈这些伤痕，而决不会再去砍上一刀。

第三是用心灵交换的方法去观察。学生心灵的门并不总是敞开的，特别是对他们不熟悉、不信任、不知心的老师，常常在心灵的门口设一个警戒的哨兵，不把真情实感的心理活动流露出来。如何突破这一岗哨，使学生的心灵和教师的心灵交流呢？最好的办法是和学生一起去参加他们感兴趣的活动，如和他们一起唱歌、郊游等等。当玩得很开心的时候，学生变得无拘无束了，这时他们心灵的岗哨不知不觉地撤掉了，师生心灵之间好像搭起了一座宽阔的桥，感情在交流，心灵在互换，什么心里话都肯告诉老师，和老师成了忘年之交。如果能有一段和学生一起下厂下乡劳动的时间就更好了，师生心灵的交换进行得更自然。教师可以探索到在平时的课堂上几年也发现不了的心灵的奥秘。

有两名同时从大学毕业分配到初中教数学的女教师，由于观察学生的能力不同，五年以后，两人工作相差悬殊。孙老师致力于探索学生心灵的奥秘，总是回忆自己念书时的心理过程，设身处地地想学生的难处。工作之余，她也像个孩子一样同学生们一起唱歌打球，学生们既不怕她又格外尊重她，什么心里话都跟她说。这样，孙老师的话能说到学生的心坎上，学生听她的话，即使牺牲多少个人利益也感到痛快。尹老师呢？总习惯于指责学生不听自己的话，总在一厢情愿地琢磨“治服”学生的办法，搜集一些噎得学生喘不过气来的语言，学生的心灵对她来说一直是一个未知的世界，师生关系一直处于一种教训与反教训的紧张气氛之中。结果，工作对她来说成了怄气的同义词，她的阴云密布的脸便很少有阴转多云的时候。她的学生当然也得不到学习的乐趣，师生之间，由于互不了解，彼此都付出了沉重的代价。

调查研究

调查，是一种目的更为明确、具体，方式更为固定的了解学生的方法；研究，则是将调查来的材料去粗取精，去伪存真，然后上升为理性认识的过程。

调查的方式有多种，一般是开调查会。找班干部开会，归纳每个学生的性格特点；找某同学的几个朋友了解某同学的课外兴趣，以找出其注意力不集中的原因；和后进同学谈心，了解他们信心与自卑感在心灵深处的斗争，了解他们所能承受的心理压力；开独生子女家长座谈会，了解独生子女的同情心与责任感的增长过程；到学生集中的街道，调查学生对待社会工作和邻里关系的态度……学生的普遍心理是愿意崇敬一个了解他们、并能客观地分析他们心理状态的教师。

还有一种调查方式，是经常征求学生对自己工作的意见和建议。问一问学生哪些问题处理得对，哪些问题的处理使大家感到失望，对犯错误学生的批评是不是过火，这是事后征求意见。还有的老师总是在事前征求学生的建议，管这种做法叫“民意测验”。星期日搞一次野游活动好不好？电影院上映《心灵的火花》，我们什么时间看好呢？下周的班会是交流学习方法，还是搞诗歌朗诵？早晨跑步的路线怎样确定？音乐课是学唱《童年》，还是《我的中国心》？这样商量问题使学生积极踊跃地表达自己的见解，教师就能够准确地掌握学生的心理。

第三种调查方式是书面调查。教师通过看学生的作文、日记，掌握学生思想感情的脉搏。有不少性格内向不善言谈的学生，常常把心里话在日记里说一说。看作文、日记常常可以发现学生心灵中许多闪光的东西。也有的老师为了有目的地调查学生心灵对周围事物的反应，就让学生在日记中写一些专题：《真是乐死人》《使我气愤的一件事》《分别》《自传》《嘱咐》《妈妈的话》《我的好朋友》，教师看日记时，就可以总结出十四五岁孩子们心灵天空的变化规律。

打开学生心灵的大门当然不止以上几种方法，更多、更有效的方法还有待于第一线的教师们去总结、创造。心灵的大门不容易叩开，可是一旦叩开了，走入学生心灵世界中去，就会发现那是一个广阔而又迷人的新的天地，许多百思不得其解的教育难题，都会在那里找到答案。对学生细致入微的了解，使教师的教育工作如同有了源头活水，常做常新，使每一株幼苗都能得到适度的甘霖，教育工作才能得到大面积的喜人的丰收。

守住心灵宁静，建设精神乐园

我们生逢盛世，是中华民族历史上最幸运的一代教师，我们生活在民族历史上政治最稳定、经济最繁荣、思想最宽松的时代。

1976 年，我国国民生产总值仅 3050 亿元人民币，到 2003 年，已超过 10 万亿元人民币。国家的迅速发展使我们面临许多新问题：体制改革，结构调整，经济转型，利益重组，管理开放，行政分权，等等。于是，节奏加快，发展提速，知识爆炸，信息骤增，亦有红尘滚滚，遍地诱惑。我们和我们的学生们，几乎每天都要面对滚滚而来的信息。如果我们守不住心灵的宁静，就容易灵魂流浪、思绪漂泊，容易思想变得浮躁，远离精神家园。

我觉得作为一名现代教师，要尽到教书育人的责任，最重要的任务之一便是眼睛向内、超越自我，守住心灵的宁静，建设爱岗敬业、热爱学生、依法治教的精神家园，这也是建设自己的精神乐园。

建设爱岗敬业的精神乐园

一个人是否快乐，主要不是取决于他在什么岗位。而取决于他爱不爱自己的岗位。一个老师要工作得快乐，就要努力建设爱岗敬业的精神家园。

七年来，每年我都要到我们盘锦的胡家农场中学去，目的是学习老师们爱岗敬业的精神。

不管什么时候去，这所农村中学的教学楼都窗明几净，教室里鲜花盛开，学生课桌上罩着桌罩，桌罩上摆放着个性化的座右铭。每到课间操，老师和学生一起做，动作整齐，精气神十足，踏步时一个个挺胸抬头，大摆臂，高抬腿，浑身是劲儿。

这所学校，在全县中小学运动会上，始终走在前列；这所学校，器乐队与文艺队表演，也在全县名列前茅；这所学校，考入县重点高中的学生总数，连续五年居全县首位。

是他们办学条件好吗？不尽然。这里的实验室、微机室处于全市下游，教师工资更是全市倒数第一。

我们这里市、县、区属国营农场共 23 个。由于体制、管理等方面的原因，有五个农场程度不同地拖欠教师工资，胡家农场拖欠最严重，别的农场都能当年兑现，胡家农场历史上有 10 个月的陈欠。2004 年直到 9 月份，场办教师竟还没有领过工资！近几年来，他们每年都是到年底才领全年的工资，工资标准比农村公办教师要低得多。

比他们工资高得多的一些农场中学、乡镇中学，教育教学成绩却比不上他们，什么原因呢？到过胡家农场中学的人们都说，这所学校的老师爱自己的岗位，一心一意干事业。

我问老师们："为什么一心一意干工作？"他们回答："老百姓供孩子念书不容易，要对得起老百姓！""孩子们大老远扑奔我们不容易，我们要尽力使孩子们成人成才。""我们领不到工资，本来经济上就受损失了，若再三心二意，吵闹生气，那么人格上也受损失了，损失就是双倍的了。"

他们领不到工资，既不聚众上访，也不写信告状，他们坚信各级党组织会想办法解决他们的工资问题。事实上，各级领导也在努力，随着国营农场体制改革及税费改革的启动，最迟2005年，他们即可能转为公办教师，工资可望从根本上得到解决。

我多次号召全市的老师向他们学习，我更要学习他们爱岗敬业的精神。

他们同样面对喧嚣的世界，同样面对滚滚红尘、遍地诱惑，他们的学生有的成了千万富翁，许多人成了百万富翁；他们改行的同事有不少发了财，有的成了地厅级领导；他们中的许多老师很有才华，亦有升官发财的机会……然而，他们眷恋着自己的事业，放弃了改行的机会，非不能也，是不为也。许多人为之感到可惜，但他们只一心一意地爱着教师这个平凡的岗位。

过去我曾经幻想：教师能成为太阳底下最光辉的职业！后来我才醒悟，在客观上或许永远不会有这样的可能。我们不能盼望用一种新的职业歧视代替一种旧的职业歧视。只能说，所有人类社会需要的职业都是光辉的职业。只能在主观上感觉教师对自己来说是最现实、最适合、最光辉的职业。

人与本职工作有着五种境界：1. 无心无意；2. 三心二意；3. 半心半意；4. 一心一意；5. 舍身忘我。人在无心无意、三心二意的境界中干工作，即使做了大官，如成克杰、胡长清那样，也还是不满足、不幸福、不光荣，也还是要争名于朝、争利于夕，也还是会信念流浪、灵魂漂泊、思想浮躁、远离精神家园。人在一心一意、舍身忘我的境界中干工作，即使种地、做工，即使做普通的农村教师，如胡家农场中学教师那样，也会心灵宁静，信念坚定，灵魂安定，思想深沉……他们有着坚固温馨、爱岗敬业的精神乐园。和那些无心无意工作的人比，他们充满了光荣感、自豪感、成就感和幸福感。

建设热爱学生的精神乐园

我见过许许多多快乐的老师，他们外在差异非常大。

有的在繁华的大都市，有的在没有电的小山村；有的学校豪华如宫殿，有的校舍仍然是茅屋；有的年薪十几万，有的年薪才六七千；有的学校从几十万、上百万人口的城市中，优中选优，选那么几个超常班级。有的学校从几十万、上百万人口中，弱中选弱，选那么几个弱智班级。

我发现一个现象，豪华如宫殿的学校，工资十几万的老师们不是没有烦恼；简陋茅草屋的学校，年薪六七千的老师们也不是没有快乐。如果再比较一下就会发现，一个管理得差的富学校，感觉烦恼的老师比例会很高，而一个管理得好的穷学校，感觉快乐的老师比例会很高。

我绝不是宣传穷比富好，无论怎么说也是富比穷好。人们的社会存在决定人们的意识，物质文明的程度决定精神文明的高度。我只是想说明，在我国农村学校占多数、穷学校占多数的历史时期，穷学校的老师们不能失去信心，更不能失去快乐，因为物质上贫穷已经不幸，再精神痛苦，那真是双倍的不幸了。

怎样建设精神乐园呢？看一看那些快乐的老师，他们有一个共同点，就是十分热爱自己的学生。师生之间互敬互爱，互帮互助，互谅互让，互激互励，融洽和谐，怡然陶然。即使他们的学校在深山，即使他们的桌椅只是几块破木板，但谁又能说他们不快乐呢？

有的贵族学校，管理不善，领导互相拆台，教师互相猜疑，学生指责教师为了钱而离开贫穷的家乡，教师埋怨学生有了钱就变得懒惰而傲慢。但即使在这样的学校里，也还是有快乐的老师，爱着那些富家子弟，满怀耐心，严格要求，晓之以理，动之以情，导之以行，持之以恒。师生之间融洽和谐，怡然恬然。

可见，一位老师想快乐，必须在自己的心灵中牢固地建立起热爱学生的精神家园。

一位老师埋怨学生、指责学生甚至挖苦、讽刺学生，最苦最累、受伤害最重的，其实是老师自己。一位板着阶级斗争面孔，总跟学生对立的老师，学生奉陪他三年五年就毕业了，他自己却要在这个岗位上与一届又一届的学生板着面孔战斗一生、对立一生、痛苦一生。所以，仅仅为了拯救自己的灵魂，也一定要千方百计善待学生、热爱学生。

文明礼貌、聪明好学的优秀学生人人爱，爱优秀学生不用学也能做到。最不容易的，是让自己学会爱后进的学生，爱有缺点的学生。

我市有一位孙老师，为了帮教一位后进生，一次又一次地去家访，一次次地给孩子补课。即使这样，孩子仍反反复复地出问题。一次孩子被留，家长心急找到学校，产生了误会。一气之下，家长当着师生的面，打了这位老师。别的老师纷纷谴责这位家长。事过之后，孙老师仍然关心这个孩子，孩子逃学她去找。孩子丢了文具她给买，终于感动了孩子和家长，孩子有了明显的进步。别人说："家长打你，你干脆别管她家孩子了。"孙老师说："她打我是她误会了，是她不对，不是孩子的错，我不管孩子，就是我的错了，放弃一个孩子，我心里不安。"以德报怨，为了孩子，即使受误解，也感觉问心无愧，也感觉自豪和快乐，这就是老师的境界。

能像孙老师这样爱后进生的人，还能不快乐吗？其实每位后进的学生，都有许多可爱的长处。他们每天上学，即使什么都听不懂，却能坚持在椅子上一天天地坐着，这是何等坚强的毅力？他们参加考试屡考屡败，却能够屡败屡考，这是何等顽强的抗挫折能力？他们如此劳累、如此艰难，却没人同情、理解，还常常受到批评指责。即使这样，孩子们吃过饭，背上书包，还能一步步地朝这个自己从来没有成功、还不断有人讽刺挖苦自己的学校走来。见了咱们的面，他们常常还憨厚地笑笑，这是何等开阔的胸怀。

每一位学生的心灵深处都是一个广阔的世界。那里面有日月星辰，有江河山川、花鸟草虫、社会人生、阶级政党，真、善、美、假、恶、丑，都并存于其中。教师的责任在于发现学生心灵中昂扬向上、追真向善求美的种子，然后浇水、施肥，使之发芽、生根、破土、出苗、长高和长大。

坚信——每位学生心灵深处都有我们的助手，我们也是每位学生的助手。带着爱心，走进学生心灵世界去探幽索微，穷根究底，学亦无穷，乐亦无穷。一旦心灵中建立了热爱学生的精神乐园，便能进入教育的自由王国。这样，无论居城还是在乡，无论高薪还是低酬，都能尽到教师的责任，都能受到学生的欢迎，得到家长的拥护，享受到做教师的快乐。

守住依法治教的精神乐园

从汉武帝到清顺治帝，1700 多年间，中国人口增增减减，但从没有突破 6000 万。而清初到现在 300 多年，人口便由五千多万，增加到了 13 亿。人多，想法多、点子多、议论多、意见多。特别是受教育、受中高等教育的人越来越多。知识多了，能力强了，人的思想更活跃了，再加上宽松、自由、民主、平等的政治氛围，于是新观点、新概念、新思维、新理论异彩纷呈，争先恐后地通过上千家电视台、电台，上万家报纸、杂志展示出来，形成了色、声、香、味、触、法，争夺着人们的眼、耳、鼻、舌、身、意。

面对这些新东西，有的青年教师问我："大家都有一定的道理，我们怎么办?"单就学习各种各样的新理论、新概念，我也觉得大家都有理，自己昨天还知道怎么走，今天却觉得手足无措。茫然徘徊的时候，我想到按法规、按制度办事。

看看《教育法》《教师法》《义务教育法》是怎么样写的，看看教育部的有关条例是怎样规定的，就会发现几乎一切正确的新议论、新见解，在法律制度（条例文件）上都有明确的规定："全面发展""面向全体""热爱学生""因材施教""发扬民主""崇尚科学""以人为本""尊重个性""自我教育""主动自学""寓教于乐""教学相长""学以致用""注重实践""循序渐进""持之以恒""生动活泼""勤奋刻苦""认真继承""大胆创新""求真务实""辩证统一"，等等。看到法规，心不再乱，不再争论，不再权衡，认认真真地照办，持之以恒地执行，教师便找到了精神乐园，学生的身心也找到了运行轨道。

发扬民主绝不是不要法制，张扬个性绝不意味着可以为所欲为。民主层次越高，法制水平越高；越是有个性的人，越是懂得在法制范畴内创新。

我每年都到辽宁大洼县新兴镇中学去学习，这所学校的校长、老师是依法治教的模范。他们是一所农村中学，老师待遇不高，公用经费也极少，但他们认认真真执行《教育法》，千方百计使学生德、智、体全面发展。学生昂扬向上，自我教育能力很强。智育从最后一名学生做起，引导学生乐观进取。他们按教育部的规定，认认真真地开齐课程。单是一个长跑活动课，他们一坚持就是十来年，每天下午第三节课，全校学生在花园式的校园里跑步。不是乱跑，而是按校规校纪，排着整齐的队伍，步调一致地跑；不是乏味地跑，而是听着昂扬的音乐，合着音乐的节拍跑；不是苦不堪言，而是每位学生或带着必胜的神情，或露出愉悦的笑容跑；不是有始无终，而是始终如一，迈着轻快的脚步，合着音乐的节奏，跑完3000米，人心不乱，队伍不散。

看他们的学生跑步是享受，看他们美丽的校园是享受，看他们洁净的教学楼、宿舍楼是享受，看他们的学生上课是享受，他们的学生德、智、体多项指标都是全县第一名。不仅本镇的学生爱自己的学校，外乡、外县、外市甚至外省的学生，都背井离乡到这所农村学校学习。外地学生达到700人之多。

请教他们成功的原因，校长和老师们介绍，我们就是认认真真地执行教育法规、政策。不是在会议上、口头上执行，而是将法规、政策落实到每一天、每一节课、每一分钟，落实到可感知、可操作、可细化的行动上。

学生们每天坚持不懈地做内务、读名著、练演讲、写日记、走队列、唱军歌。他们珍爱每一分钟，重视做小事，在瞬间与小事中去发现更新的发展空间，把平凡的小事做得有滋有味、有声有色；他们从从容容、快快乐乐：他们的生活如诗如画、如舞如歌。远远望去，新兴中学的老师们认认真真依法治教，似乎有点循规蹈矩，呆板僵化。仔细观察你才会发现，他们充满着创新精神，他们一点一滴积小胜为大胜，化量变为质变。老师们在持之以恒、依法治教中，养成了良好的习惯，守住了心灵的宁静，建设着心灵深处的乐园。

社会在发展，时代在进步，教育在改革，观念在更新。但不管怎么发展、怎么变化，做一名老师要爱岗敬业、热爱学生，要依法治教不会变。这不仅是事业的需要，是学生的需要，是社会的需要，更是教师自身根本利益的需要。守住心灵的宁静，更牢固地建设精神家园，就有了一个精神乐园，就能在为祖国、为学生、为亲人尽到责任的同时，更深切地享受到人生的快乐。

我一直努力做三件事

就我自己而言，我一直努力做三件事：一、看多家之言。二、坚持写日记。三、坚持写文章。

看多家之言

我总觉得，教书的人自己要多看书，要看多家之言，才能融会贯通，才能领会到理论的精神实质。我刚教书的时候，便听说有个叫凯洛夫的苏联人，提倡“三段”“五环”式的课堂教学结构。有很多老师说，只有符合凯洛夫“五六环节”要求的课才是好课。后来又看了赞科夫“最近发展区”的理论；看了巴班斯基教学过程最优化的理论；看了苏霍姆林斯基《给教师的建议》；再看了美国教育家杜威“儿童中心”的理论，布鲁纳的课程结构理论，布卢姆的教育目标分类理论；再看了捷克、法国、英国、瑞士等国教育家的主张和咱们中国自己的教育家孔子、墨子、孟子、朱熹、梁启超、陶行知、叶圣陶的教育理论，才明白凯洛夫只是诸多国家中的一个国家——苏联诸多教育家中的一位教育理论家。这样想来，就明确了我们根本没有必要使上千万中小学教师都非以凯洛夫的教育理论为指导不可。看得多了，就理解了各家各派的理论都有自己的长处，同时又都有自己的局限性。我们的责任在于结合自己的实际去吸收各家理论的长处，同时又要防止沿着这个长处走得太远，从而越出了真理的范围而导致失误。

学习理论的目的是为了发展自我的长处，一定要注意以我为主，以我的教学风格、教学个性、教学特长为主；要用各家各派理论来丰富和发展自己的教学特长，发展自己的教学风格与个性，这样学理论才有用途。如果为了学理论而学理论，忘记了结合自己的实际而学理论，泯灭了自己的风格、个性、特长而躺在某一派理论的书本上，这样的学习就成为无用甚至是有害的学习了。

我常想，教师学理论有点像蜜蜂采花粉，叮在一朵花上绝不会酿出蜜来，需要在成千上万朵花上采集花粉，再结合自己的工作实践才能酿出蜜来。教师呢，学了几家几派，甚至几十家几十派理论中合理的部分，并将之应用于自己的工作实践，应用于发展自己的教学风格、个性与特长，那就一定能提高教学效率，一定能酿出甜甜的教学之蜜。

我还觉得教书，不一定只看与本学科知识有关的书籍，还应该看看其他学科的书籍，可能的话要尽量看一点教育以外的书籍。这些年，尽管忙，但我仍努力坚持看《外国教育动态》《国外科技动态》《人民教育》《教育研究》《辽宁教育》《普教研究》等杂志。除了看《教育学》《心理学》《外国教育史》《中国教育思想史》等教育书籍外，也挤时间看弗洛伊德、荣格、卡耐基、尼克松、戈尔巴乔夫等人的著作，看毛泽东的著作，也看《周易》《论语》《道德经》等。《袖珍西方名著手册》一书我买了一年多点，由于翻来覆去地看，已经像一本很破旧的书了。

看多家之言，要用去一部分时间，从形式上看影响工作。实际上，正因为看书，才看清了日常工作中有哪些是无效劳动，从而去掉它；因为看书，才学习了更科学、更有效的教学方法；因为看书，才使教学管理更制度化、系统化、科学化，从而提高了工作效率。

只有看多家之言，才能使自己有可能掌握必要的进行教学研究的理论，才能使自己的教学研究少走弯路。

坚持写日记

研究，就需要有素材，需要有第一手实践的事实与有关数据。素材、事实、数据都需要积累。而比较好的积累办法之一就是写日记。

这些年来，我一直坚持记两种日记。一种是工作日记，每天做了什么工作，接待了哪些客人，开了什么会，到外地讲了什么课，做了什么事，每天必记。从 1978 年 2 月 20 日到中学教书那天起，一直记到今天，一天也不缺。到今天已经记完了 11 本，快 66 万字了。另一种日记我从 20 世纪 80 年代第一天开始写。记叙、议论、抒情、抄写、说明相结合。写所思所感，写风土人情，写善良的学生，赞喜欢的书籍，颂感人的文章……到昨天晚间，11 年来一天不缺，已经完成 110 多万字了。

日记能帮我记住自己做过的事、见过的人、用过的物，记住自己的经验和教训。人很奇怪，许多好的、成功的做法，不知不觉会忘了做，甚至记不起曾经做过。写了日记，经常翻一翻，能使我们达到昨天曾达到的高度。至于要搞教育科研，写文章，需总结回忆自己过去的有关情况，日记当然是最好的材料库了。

写日记还有利于研究自己、改变自己。很少有人写日记让自己狭隘、自私、消极、懒惰。神经正常的人，一般都在日记中劝自己、鼓励自己，要宽厚、要助人、要积极、要勤奋。这发自内心的劝说和鼓励，同来自外界的劝说和鼓励相比，作用更大。经常这样劝说自己，自己就能更冷静、更清醒、更能宽厚助人、积极勤奋，更具科学头脑。

日记文体不限，可叙述，可论述，可描写，可抒情，亦可两者三者兼而有之。随心所欲，信手拈来，以我手写我口、写我心。想到哪儿写到哪儿，不用考虑润色词句，怎么高兴、怎么轻松就怎么写。

日记长短不限，有话即长，无话即短。刚开始，写几句话。时间长了，能力强了，便增到三五百字。即使这时，我也不限定自己每天必须写上 500 字不可，仍然是顺其自然，想说的话多，我有时写一两千字；要说的话少，也有时只写三五十字。不过分约束自己，便觉得写日记是乐趣，不是负担。

每天有了什么新思想，恐它稍纵即逝，那就拿出笔来将它记在左手腕上，晚间一整理就是一篇日记。人很奇怪，在某个特定的时间，脑中常常突发奇想，闪出智慧的光芒，比自己平时想的要高明得多。倘不及时抓住，这一想法会立即逝去，时过境迁，再也不会忆起。为了超越自己，为了研究出更高效的教学方法，人必须善于抓住这些灵感。

望着这些年自己写完的 26 本 170 多万字的日记，我觉得它们真像进行教育科学研究的资料库。我可以随心所欲地提取写论文的资料：教学的成功与失败，自己的欢乐与苦恼，学生的思想状况与学习成绩，教学方法适用的群体与个体范围，以及多方面的具体数据。

坚持写文章

看多家之言，提高了理论水平；写日记，积累了素材，这都仅仅是搞科研的准备工作。搞科研，主要的工作形式之一就是写文章。教师这一职业决定了每位教师都具备进行科学研究的机会，但有机会是一回事，有没有科研能力是另一回事。写文章就是抓住机会、利用机会进行科研的有效途径。人一旦从研究的角度来看待他的本职工作，那么无论他的工作多么平凡，都会有无穷无尽的研究价值，同时也就有无穷无尽的乐趣。

大的远的不说，每天的教学活动、课外活动、班级管理尽可以写成文章，写成调查报告、教学杂感、实验报告等等都行，如：《谈今日6节课的节奏》《数学课堂纪实》《语文课堂学生兴趣分类》《45分钟学生注意力变化》《不同性格学生自习课表现异同》《5分钟记忆力比赛结果分析》《男女同学自习课自制力比较》《课间操动作到位情况与学生性格的关系》《眼保健操乐曲与学生动作协调状况分析》《长跑过程中学生的耐力比较》……

单是一堂语文课，就可以从多侧面、多角度选材写成文章。如，学生因性别、性格、智力、体力、兴趣、爱好、基础的不同，在课堂上注意力、观察力、记忆力、想象力、理解力均有不同，这就可以分别写出几十篇文章。总之，不是生活中缺少科研内容，常常是我们自己缺少发现科研内容的能力。

常有人以为，写是输出，输出是有资历、有经验、水平高的人做的事。青年人写文章，常被无知的人讥笑为：吃了一把草，便想挤出两杯奶；自身只有一杯水，却想往外倒一桶。我总认为，写作既是输出，也是输入。

因为要写。要发表自己的见解。通常就要先看别人对这个问题是怎么认识的。比如我写《寓德育于语文教学之中》，就要先看教育理论家对这一问题是怎么谈的，有哪几派不同的观点，还要看富有经验的老师和前辈是怎样做的。我和人家有哪些相同，又有哪些不同。显然这样学习理论与经验，比平时随意翻翻，吸收与消化的结果都要强得多。

写文章又是输入实践经验的一种方式。人平时工作的计划性、目的性往往不够强。如果写《谈培养学生的效率感》这篇文章，那么这个学期就会制订出一系列提高学习效率，增强学生效率感的计划、措施。这个学期教学的目的性、计划性就明确得多。实践一个学期后，按提纲写文章，总结本学期的得失利弊，边写边明确了下个学期的措施、计划。这样，下个学期的实践效果一定会好于本学期。坚持写文章确实有助于输入教学能力，绝不像有人认为的那样，会将原有的教学能力也输出了。

刚开始写时，最好选题要小一些，这样便于驾驭。刚开始就写大题目，如“当今世界……”“谈我国教育发展战略”等等，往往有害无益。刚开始写时，不要想尽善尽美、一鸣惊人，而要有不怕“一鸣烦人”的精神准备。文章写出来了，许多人会进行批评，许多人会心烦，甚至会骂娘，我们把这些批评意见中合理的成分吸收过来再写，自己的水平也就逐渐提高了。

刚开始写时，不可急于发表，也不要能发表就写，不能发表就不写。写的目的，主要是提高自己的科研水平，提高教学效率。就算一辈子写了数百篇都没发表，但自己的科研水平、教学效率提高了，不是最大的收获吗？

以这样的观念指导自己，我每学期都坚持写几篇文章，到现在已经发表了66篇。

有的青年教师问我：“你又当书记兼校长，还当两个班的班主任，教两个班的语文，还有23个社会兼职，哪还有时间看书、写文章呢？”说心里话，我看书、写文章不是加重了负担，延长了工作时间；相反，倒为我节省了不少劳动时间，减轻了负担。如果采用重复式的劳动方式，我早就被各种事务性工作压垮了。正因为读书、写日记、写文章，才使我初步进入了科研式劳动的境界，从而提高了教学效率、工作效率。

多改变自己，少埋怨环境

人应学会自我更新，今天的我应该比昨天的我有新的认识、新的发现、新的能力。只有自己不断更新了，世界在我眼里就总是新的。

1978年2月20日，我经过六年的努力，终于实现了自己教书的夙愿。面对的环境并不尽如人意。两栋平房之间一个低洼的大操场，四周连围墙都没有，这便是辽宁省盘锦市盘山县第三中学。平房内部还没有顶棚，这样，一位教师讲课的声音便穿过了顶部的人字架，到达第二、第三乃至第四个教室，大家就这样互相干扰着上课。那时房顶还没有扣瓦，上课时抬头，透过木板缝可以看到白云蓝天。冬天下雪，有的雪花碰巧可以直接飘到室内。除了教室，没有一个实验室。

刚到校，领导便分配我做班主任并教两个班的语文课。学生呢？也不尽如人意，初二（6）班还不错，初二（8）班可就难了。56位学生全是男生，是从各个班淘汰出来的学习后进生。他们爱玩，怕上课，有几位学生填学生登记表，连父母的名字都写不对。问他们，他们却埋怨："都怪我爸的名字太难写！"面对这样的环境，我埋怨过，灰心过，也等待过，想等待环境好了，自己再好好教，自己再搞改革。

可是学生越来越难教，自己的脾气也变得更糟糕，一事当前，不是千方百计想办法战胜困难，而是先指责埋怨一番。用黄金般宝贵的光阴，换来一大堆无用的指责埋怨，这真是人生最悲哀的事情。

想等办学条件标准化了再改革；想等教师地位提高了，自己再安心教学；想等社会上厌学之风改变后，自己再认真教书；想等所有的人都努力工作之后，自己再努力。这样坐等空想的结果，不仅自己没有改变的希望，还可能因为自身的弱点使外界更不如意。

我体会到，比较有效、比较实际的做法，还是先从改变自己做起。用七分力量去埋怨、指责环境，可能一丝一毫也不见效果，有时甚至会适得其反，助长别人的愚昧和自己的野蛮。但只要省下七分力气中的一分，用来改变自己，就能使自己发生变化。

埋怨环境不好，常常是我们自己不好；埋怨别人太狭隘，常常是我们自己不豁达；埋怨天气太恶劣，常常是我们抵抗力太弱；埋怨学生难教育，常常是我们自己方法少。人不能要求环境适应自己，只能让自己适应环境。只有先适应环境，才能改变环境。

从这样的认识出发，我面对现实，总是千方百计改变自己的教育教学方法。不久，我任班主任的班级班风有了明显的变化，那个全是男生班级的学生们也和我成了朋友，他们帮我搞教学改革，帮我设计公开课，学生们的学习热情出人意料地高。

1986 年 3 月 14 日，辽宁省盘锦市市委组织部任命我做学校的校长兼党支部书记。学校被特殊批准为辽宁省重点中学，并更名为盘锦市实验中学。那几年，在国家教委及省市主管部门的支持下，学校办学条件有了明显的改变，昔日简陋的办学条件已成为历史。昔日不尽如人意的条件没有了，新的不尽如人意的事情又出现了：新上了许多设备，这些设备的保管、维修不精心；一些专用教室使用率不高；房子多，设备多，于是水费、电费、维修费也跟着成倍增长……

可见，人总要面对一个不尽如人意的环境，总要从改变自己做起，才能适应环境，进而使环境朝着如人意的方向改变一丝，改变一毫。

自强不息

我在语文课堂上站立了30年了，由衷地感觉到教书是一种享受，跟同学们、老师们谈起教书的体会，我一直建议把教书放在第三位，把育人放在第二位，把自强放在第一位。

要自强不息，就要处理好四个关系：

一、处理好和社会大环境的关系

首先要融入为理想社会奋斗的主流中。我1950年来到世界上，读小学、上中学，受的都是为共产主义理想奋斗的教育，那时真的相信共产主义能在几十年内实现。现在急于求成的梦醒了，但对信仰更坚定不移了。现在人类GDP人均只有5500美元，就已经为平等、公正、公平建立了这么多的社会保障体系，再过一万年，到人均GDP1000万美元的时候，谁还想让人类不平等？共产主义不到来，那都是不可能的。越站在悠长的人类历史的角度看，就越容易把自己融入追真、向善、求美的主流中，汇入主流。有了坚定正确的信仰，灵魂才不再流浪，精神才不再漂泊，思想不再浮躁，才能找到精神家园。

要处理好和社会的关系，便要多看光明的一面，要实事求是地比较。

我喜欢和父辈比，和祖辈比，这样比，感觉到自己是幸运的。自己确实是生活在中华民族历史上政治最稳定、经济最繁荣、思想较为宽松的时代。

我从懂事的时候起，一直到 1976 年，几乎总是在政治运动中经受着折腾，10 岁赶上大饥荒开始挨饿，饿得刻骨铭心。到 18 岁下乡正是身体成长的阶段，又开始整年整年地挨饿，饿得头昏眼花。24 岁批林批孔时，我又因为尊孔，而一场又一场地挨批判。有过这些不堪回首的经历，再面对今天改革开放，稳定、繁荣、宽松的社会环境，我自然产生了前所未有的满足感、幸福感，对比我的下乡 108 天便献出生命的同班好友，我成百上千次地叮嘱自己多做工作，以报答时代给予自己的恩情。

从索取、指责的角度看社会环境，容易觉得天昏地暗，难以生存，从报恩、适应的角度看，便觉得天高地阔，随时都有发展的空间。

二、处理好和本职工作的关系

人活在世上两件大事，一是做人，二是做事。做人要紧的是守住平常心，做事就要处理好和本职工作的关系。

首先，人们都盼望得到最理想的岗位。人要得到理想的岗位，一靠素质，二靠机遇，而机遇是留给有准备的人的。暂时无法实现理想时就把目前的岗位当作提高自己素质的训练基地。

1968 年我不愿下乡，但潮流迫使我到农村种地。我只好利用种地的岗位，增强心理和身体的素质，同时看书学习，研究土、肥、水、种、密的关系。

1969年我不愿教书，却让我去教书。我又不敢不服从，只好边教书、边看书，不知不觉发现自己很适合教书，便想教一辈子。

1971年，客观条件迫使我离开学校进工厂。我到厂第一天就请求调转，未获批准前，我把本职工作当作提高自己素质的训练场，白天努力工作，晚间读书思考，等待机遇。

第二，要在主观上把自己的工作看作是最光辉的职业，把平凡的岗位看作一个宏大的世界。

我要求教书的时候，教师地位还不高，排在地、富、反、坏、右等的后面，被称之为“臭老九”。但我愿意教书，我不希望在客观上教师会成为太阳底下最光辉的职业，其实那是不可能、也是不应该的，人类不应该用一种行业歧视取代另一种行业歧视。

但对我来说，真的是最适合的，也是最光辉的。搞企业，当时计划经济，不允许有新想法；搞自然科学，知识基础不足，起步太晚；搞文体，没有先天特长；从政，我又不适应当时的政治路线。

于是我年复一年地申请，长达6年之久，多达150多次，夙愿终于得偿，来到学校教书。

当深爱一种职业的时候，就容易深入到职业的深处去观察，就感到这远看似平凡的岗位，细察其实是一个宏大的世界，其中有无穷无尽的学问，有无穷无尽的科研课题。

置身课堂，探幽索微，乐趣无穷。屈指算来在教育行业30年有余了，当了几年教导处副主任，做了19年公立或民办中学的校长，当了9年教育局长兼党委书记，当了22年班主任。不管在什么位置上，我都一直站在课堂上教书，真不是为了什么支援世界上三分之二受苦人之类的伟大抱负，仅仅是出于个人的爱好。别人觉得是小课堂，我却感到是大世界。

面对红尘滚滚，诱惑遍地，评价标准多元，评价体系多极，发展提速，信息骤增，处于转型期的社会，我有时觉得自己像一片叶子，任风吹起，时而九天，忽而黄泉，浮沉不定，思绪纷飞，无凭无依，惶然亦茫然。但只要走进课堂，我便立即像漂泊的游子回到温暖的家，立即焕发了自信。在课堂上我觉得自己像一棵树，我了解自己从哪里来，也知道自己往哪里去，清楚根须深扎的目标在何处，也明白枝叶舒展的方向在何方。

第三，不仅平凡的本职工作是一个宏大的世界，语文课堂有无穷无尽的学问，语文教学每一个简单的环节都有一百种不同的做法。

倾听学生谈理想，有一百种听法。

说“请喝水”一句话有一百种说法。

读《满江红》一首词有一百种读法。

写教书的“教”字有一百种写法。

这样听、说、读、写更多的内容，当然更有成百上千种做法，一旦这样对待自己的本职工作，这样上语文课，当然就成为一种享受。

三、处理好人与人之间的关系

人类在极落后的原始社会，关系很简单，大家都是没有文化、欲望简单的文盲，自然就没有那么多利益冲撞和矛盾纠纷。

人类到了高度发达的共产主义社会，关系也很简单，人人皆为尧舜，个个都是圣贤，知识渊博，技能突出。自然充满和谐与互助。

我们生活的这一阶段是一个比原始社会高一些，比共产主义社会低得多的初级阶段，不只是中国处于社会主义初级阶段，世界各国包括美英法德，照未来的高度文明富裕的阶段比，现在也都是在一个一点都不高级的阶段。

这样的阶段注定了生活于其中的人也大多都是一些不低不高的人。人是一切社会关系的总和，每个人的心灵世界便是这个不高不低的阶段的缩影。

要处理好这个阶段人与人之间的关系就只能是：一不神化人，二不鬼化人，三要多互助，少互斗。

先说不神化，对先贤先哲不神化，对英雄模范不神化，感到孔夫子、诸葛亮做点错事、说点错话很正常，才会觉得他们在那个时代做了那么多的好事，说了那么多至理名言是多么伟大。对优秀教师、先进学生不神化，才感到老师们、学生们不断战胜自己的弱点，不断追真、向善、求美的品质是多么可贵。不神化人，才不会对普通人提出毫不利己、专门利人的要求。我不对师生提出超出实际的要求，反倒容易引导优秀的教师、学生们迈上一个力所能及的台阶，再迈上另一个力所能及的台阶。

再说不鬼化。对小人、对坏人、对犯人都不鬼化，他们幼年、童年、少年原本心中都有善，是社会的恶先施加于他们，才诱发助长了他们的恶。既已成阶下囚，就该帮他们心中善的种子再萌发，再长大，以帮助他们重新回到人民群众之中。对后进的学生，我们更不该指责、数落、埋怨，强化他后进的一面，那只能使他更后进。我喜欢走进后进学生的心灵世界，帮助他好学、向上、勤奋、宽容的苗，长高再长高、长多再长多。

再说互助。我一直觉得与人互助其乐无穷。

坚信每位学生心灵深处都有我的助手，我也一直认定，我是每一位学生的助手。靠什么教语文课？是靠两个班，146 位学生做我的助教。我靠什么当班主任？是靠 146 位副班主任。

我提出，凡是普通学生能做的事，普通班委不做，凡是普通班委能做的事，班长不做，凡是班长能做的事，我就不做了。

我们班级由吃社会主义大锅饭，到建立了联产承包责任制：刘月承包教生字，陈小闯承包教生词，张颖承包教文学常识，孟欣承包教修辞方法，张雪松承包教汉语知识，刘宁承包教阅读写作知识，雷蕾承包教课后练习题。1979 年我就请林华、刘诗奎、吴铮、王天飞等同学备课，分别到讲台前面讲语文课。后来全班倒数第一的同学都曾经当着外省市老师的面，到讲台上替我讲公开课。刘菁菁同学承包督促同学们写日记，甄慧同学承包督促大家自己留作业，刘品同学承包督促同学们写左手小楷，杨奕同学承包督促大家抄格言，张卓伦同学承包督促大家轮流办《班级日报》，刘洋同学承包督促大家每天带名人传记或中外名著……

我真切地感觉到每位学生都能帮我教语文，都能成为我的助教。作为班主任，我的助手更多了，20 多年来，我们班级做到了人人有事做，事事有人做，权力分解，责任分担，大家都是管理者，又都是被管理者，一人帮助大家，大家帮助一人，每位学生都帮助我，我也帮助每位学生，尽管我这个班主任基本不管班级的事，我们班级照样充满了生机和活力。

当了校长我仍然觉得，最重要的任务就是建立互助的人际关系，提出：教师能做的事，主任不做，主任能做的事，副校长不做，副校长能做的事，我不做。这种管理方式，使不同层次的人工作主动、关系和谐，都有较大的发展空间。

当了局长兼党委书记，我还是尽力建立互助的人际关系，努力做到：科员能做的事，科长不做，科长能做的事，副局长不做，副局长或县、区教育局长能做的事，我不做。全体同志责任明确，职权清楚，分工具体，合作愉快。我当局长两年，市局被市委市政府评为文明单位，第六年被省委省政府评为文明单位标兵，第八年被全国文明委评为先进单位。

工作能够取得一点成绩，主要不是我出了多少力气，而是我有许许多多的好助手。主要在于建立了互助的人际关系。我经常觉得，我的每位学生、每位教师、每位科员、每位领导都像天使。当我把周围的人都看成天使的时候，我觉得自己天天生活在天堂里。反过来，“文化大革命”期间，当把许多人看成阶级敌人的时候，我常觉得自己的灵魂煎熬在地狱中。

有人问：“你怎么看某个时期整你、批判你的那位领导？也把他看作天使吗？”我现在觉得他也是天使，是专门磨炼我的意志，开阔我的胸怀的天使。这样想来，我自己感觉占便宜，他也容易被感化。双方互助，一举两得，何乐不为？

四、处理好自己和自己的关系

自己和自己有什么关系需要处理吗？我觉得人生最难处理的关系是自己和自己的关系。人生最难管理的，实际是自己的心灵世界。

我觉得，对我来说，最重要的还是要不断解放自我，珍爱自我，超越自我。

先说解放。精神罗网，全是自己编织的，精神监狱都是自己砌筑的，精神陷阱都是自己挖掘的。一个人不在精神上捆绑自己，那么世界上不会有第二种力量能捆绑得住一个人的精神。某个时期我受压抑的时候，曾痛苦忧虑过，但和成千成万的先烈一比，我便觉得幸运多了，只挨批而没有受刑，只挨整而没有丧生，那时我总引导自己这样想，不仅忘记了不公，反倒为自己庆幸了。

我经常吟诵自己写的一句话："处天外遥望地球很小，居体内细察心域极宽。"我用前半句话把自己从骄傲中解放出来，站在天外的位置遥望我们生存的地球，它真是一颗极小的星星，那么我当然仅是这小星星表面的极小极小的微生物，做的成绩再大，也仅是宇宙中的一粒尘埃。这样想来，便永远没有值得骄傲的资本。另一方面，进入人体细察，每个人的心灵确实是一个宏大的世界，终其一生，对自身也认识不尽，对自身潜能也挖掘不尽，站在这样的角度思考问题，生活的大浪把自己冲向低谷，冲向岩隙，自己也永不自卑。

再说珍爱。人应该把自我正当权益这面旗帜高高举起，珍爱自我正当权益，其实也是在维护集体、维护社会的利益。

时间上，珍爱自己目前拥有的生命的每一个阶段，每一年、月、日、时、分、秒。20 岁时，我喜欢着 20 岁的优势，40 岁时，我爱感受 40 岁的长处，现在 56 岁了，我便常常发现这个年龄的独特感悟。昨天已然流逝，明日尚难预知，于是我更珍爱今天，珍爱此刻，珍爱完全在我把握之中的这一分钟……

空间上，我珍爱自己生存的每一处空间，我知道瑞士文明、富裕，但我更爱中国，因为只有中国是我自己的。我承认桂林山水甲天下，但我更爱盘锦大平原，因为盘锦市内有我家。

我珍爱自己的特长。我的长处只有教书一条，因为少，就更加珍惜，不像人家有二十条长处，丢掉一半，还剩十条。于是我不舍得放弃，一直眷恋着课堂。

我珍爱自己的特点，前提是这些特点不伤害别人，便不放弃自己的特点去追时髦。工作程序，我喜欢简化，生活方式，我喜欢简单。不开会能正常工作就不开会，不要办公室能写书就不用办公室，不用手机能搞好管理就不用手机。

第三，超越自我。人生最大的幸福是实现对自我的超越。把工作、学习、压力、打击、磨难都当作超越自我的阶梯，踩着它，一步步地提高自己的素质。

超越不是颠覆，不是折腾，不能浮躁，不能没有根基。

对我们这样的普通人来说，所谓超越，就是在昨天做得好的基础上，把平常的观念强化得再牢固一些，把平凡的事情做得再好一点儿。我的许多工作实际都只是一点一点量的积累，时间久了，也许会实现质的飞跃。即使没有达到质的飞跃，正确的信仰观念不断强化，有益的事情越做越多，精神家园越建越牢固，心灵自然宁静、充实。

我该继续强化哪些平常的观念和做哪些平凡的事情呢？最主要的观念是：一靠民主，二靠科学。学习、工作、尽责、助人是享受，一个人的物质价值 = 干的活儿 - 吃的饭，一个人的精神价值 = 给别人的快乐 - 给别人的痛苦。最应该做的平凡的事情是：继续教书，要求学生做到七个一分钟，自己每天也全都去做：做家务、读名著、写日记、练跑步、唱军歌、闹中求静、培养定力，畅所欲言、练习说话。

在自强不息的路上，我告诫自己，处理好四个关系，守住平常心，多做平凡事，更多地享受到为祖国、为人民、为集体、为亲人尽到责任的快乐。

发展自己的长处

1990年，辽宁省中学历史教研会在我们盘锦市实验中学召开，会场内的横幅上写的是：学习魏书生教改经验，深化历史教学改革。

会议总结的那一天，领导找我说："魏校长，你给讲一讲吧！"我说："会议代表中很多人都是名牌大学毕业的前辈，我又是历史教学的外行，哪有资格讲。""会议中心议题就是历史教学怎样学习魏书生经验，你不讲怎么行？"

推辞不过，只好上台。这次发言，我只讲了发展长处的问题。

就课堂教学的形式而言，衷心希望大家千方百计发展自己的长处，千万不要都来模仿魏书生的"六步教学法"。有的老师擅长讲授，他讲历史课，好、中、差学生都非常愿听，兴趣浓，注意力好，边听边理解边记忆。老师讲的知识入耳入心，在大脑皮层上留下较深的痕迹，学生考试成绩好，那就证明这位老师的课是成功的，他还应该讲下去，还应该发展讲的长处，讲得更生动、形象、科学、系统，讲得更有趣、更吸引人、更迷人。他不应该看了魏书生上课，很少自己讲授，于是也不讲授了，也去组织学生讨论。那样丢了自己的长处，再学一种方法，即使成功，也多用许多时间。

有的老师擅长写，字写得漂亮，还会绘画，板书设计极吸引人，学生像欣赏艺术品一样，欣赏研究他的板书。在欣赏研究的过程中，学生很容易便理解了历史事件复杂的起因，记住了历史人物、大事年表等知识。学生学历史兴趣浓、成绩好，显然老师写的长处起作用了。这样，老师当然应该继续发展写的长处，写得更科学、更艺术、更迷人，而无需看魏书生一堂课有时只有十几个字的板书，于是自己回去也很少板书了。

也有这样的老师，不善讲，有人听课就脸红；不善写，练了十几年字，字还是写得歪歪扭扭。但他不自卑，因为他有一个长处：善于个别辅导。无论教什么班级，好、中、差学生一经他辅导，都学有动力，学有目标，学有方法，学有兴趣。他教不长时间，各类学生都有明显进步，这就说明他的辅导功夫过硬。他应努力发展这方面的长处，写出论文，写出专著。那么，尽管他讲得不好，写得也不漂亮，但他完全可能成为辅导方面的专家，成为特级教师。

我接着说："能不能说擅长唱的老师就可以在课堂上唱起来呢？"

会场上一阵笑声，大概是觉得不可能吧。

这时省历史教研室崔主任站起来说："我就接触过这样一位老师，善于唱，把知识点编成唱词，一上课就唱给学生听。教学效果非常好。"我想学生上这样的课一定感觉是一种享受，课前盼望着老师快些来，课上听着老师讲，欣赏着老师的唱，思考着老师的唱词，下课了，不愿让老师离去，考试成绩高。这位老师能因为学魏书生的"六步法"，发现魏书生上课并不唱，于是他便也抑制了自己唱的长处，由一位有特长的老师重新变为平常的老师吗？这样学习显然是片面的，还不如不学。

我不是主张不向别人学习，而是主张坚持自己的长处。学习的目的是为了发展而不是抑制自己的长处。一个人有很多长处当然好，长处不多，只有一点儿，只要努力发展，同样能取得突出成绩。

一个人瞧不起另一个人的时候，喜欢把人家的长处说成是雕虫小技。且不说雕虫原指篆字书法这门艺术，单是引申义——微不足道的技能，真要努力发展也能有突出成绩。如在小器物上雕刻这些小技能：在桃核上刻舟，在枣核上刻人物，在牙签上刻山水，都给人以多方面的启示。一位中国微雕艺术家在国外表演，外国友人当场拔下一根头发，请求在上面刻字，艺术家顷刻之间，在头发上刻了“寿比南山，福如东海”8 个字，外国友人在放大镜下看了这 8 个字，喜不自禁，当场酬谢。

我 18 岁下乡，19 岁当班主任时跟几位年龄大的学生只差一两岁，没经过师范训练，不会做班级工作，我承认自己的不足，但又不能自卑，便努力寻找自己的长处。

我发现自己的长处是善于商量。班级纪律不好，找班干部一商量，大家帮我想了许多办法。用这些办法维持纪律，班级秩序比以前好多了；我不会开主题班会，又和学生们一起商量，大家帮我想出了提高班会质量的好办法。个别学生劳动时不积极，我和学生们商量出了开展劳动竞赛的办法，极大地调动了学生的劳动积极性。

凭着商量的长处，我这个从没带过班的人，居然使班集体有了极强的凝聚力。后来，离开农村，到工厂，又回到学校教书，当班主任，我一直记着自己这一点长处，并努力发展这一点长处。

后来，当了书记、校长，我也是凭着“商量”这两个字，最大限度地调动了全体教职员工的积极性。6 年多来，大家齐心协力，使学校面貌发生了较大的变化。

不仅同自己的学生商量，给外省市的学生上课我也依靠“商量”这两个字，顺利地完成了教学任务。

8 年多来，我给中苏边界的黑河市的学生上过课，也给南宁、桂林、广州、深圳的学生上过课；给西部城市乌鲁木齐、拉萨、兰州、重庆的学生讲过课，也给东部济南、南京、上海、厦门的学生讲过课。

应该说，给学生上课，要比向老师汇报教改情况复杂得多，困难大得多。

有一次，教研部门的一位领导跟我说："魏老师，您把明天要讲的课文告诉我们，我们组织学生先预习一下，讲课成功的把握不是更大吗？"

"我从 1981 年 9 月起，讲公开课就从来没让学生预习过，这次也不破例为好。"

"那失败了怎么办？"

"失败了我也没负担，本来我就应该实实在在地向老师们袒露一个真诚的自我，露出缺点毛病，才能得到老师们的帮助。"

"您是没有负担，可是我们有压力呀。"

"为什么有压力？"

"明天听课的人很多，老师们从四面八方赶来，最远的山区老师，用了 3 天时间，换了 4 次车专程赶到这里，倘失败了，我们组织者要受责备。"

在洛阳，老师们告诉我："明天有 1600 人听课。"在武汉，是 1900 人听课，在哈尔滨，2000 人听课。到郑州，马正老师告诉我："明天在郑州大学礼堂的舞台上讲课，下面是 2000 个座位，票还不够分，在过道上又加了 200 个小方凳，听众 2200 人，刘副市长也来听课，不预习行吗？"

我心里比较踏实，原因在于我有"商量"的长处。

1989 年国庆节，我到北京参加全国劳模会。刚到京，北师大张鸿苓教授和北京教育学院刘全利主任便到住处找我。"你给我们讲公开课吧！”我说：“事先不是说好到京后的第三天讲课吗？”“第三天是给全市语文教师代表和教研员讲，上课的是普通中学的学生，今天下午重点中学的老师想听听你怎么给重点中学的学生上课。”

我说：“讲就讲吧，我现在正讲第三册教材，从中找篇课文吧。”

“不，老师们想听听你怎样调动刚入学新生的自学积极性，就讲第一册教材。”

“那我没带教材怎么办？”

“不要紧，下午到会场就有了。”

下午1点50分，张教授给了我一本教材，我匆匆忙忙备了8分钟课，2点进会场。上课的学生是北京师范大学实验中学的学生。我便实话实说：“同学们，我上午10点多赶到北京，10分钟以前才拿到教材，没备好课就上课来了，怎么上，咱们商量着上吧！”同学们一听都笑了，学生愿意接触没有架子、和他们说心里话的老师。

“今天我们讲小说《最后一课》。大家说说学一篇小说，要完成几项任务？”同学们很热烈地发言。“好了，我们完成这样5项任务。”“大家首先做哪件事？”“60分钟完成5项任务行不行？”“分析人物形象这项任务，是老师讲好，还是学生干部讲好？是大家讨论好，还是分头查资料好？”

实验中学的学生非常聪明，尽管我课备得不好，但在同学们的帮助下，教学任务还是准时完成了。同学们都嫌时间过得太快，不愿下课，下课后团团围住我，问长问短，让我给签字……

在西藏，我给学生上完课，第二天，我要走时，学生们又赶来看我，送我。在乌鲁木齐，课讲完了，要下课时，学生一齐要求我压堂。在厦门上完课，学生喊：“老师，我们要求拖课。”我问：“什么叫拖课？”学生说：“拖课就是到下课时间也不下课。”“原来如此，我们北方学生管这叫压堂。”“咱们压堂多长时间呢？”“老师愿压多长时间就压多长时间。”于是我便用十几分钟讲一讲人脑潜力开发的方法。

也有时讲完课刚回到盘锦，便接到全国各地师生的来信。安徽和四川听课的学生寄来了问候信，兰州的学生寄来了祝福卡……

于是有老师问我：课前你和学生素不相识，到了讲台上师生才第一次见面，才宣布这节课讲哪篇课文，你是凭什么秘密武器在这么短的时间内和学生沟通了感情，在这么短的时间内获得学生的理解与信任的？

其实，我真没有什么秘密武器，如果非要说有，那就是我这两个字的长处，多和学生商量。

一个当班主任的，如果凡事都和学生商量，一定容易成功。

商量，就不全是教师说了算，即使是我们的主张和办法都正确。如“我们应到客运站劳动”这件事，你用不容置辩的命令口吻，学生就不愿意接受。用商量的口吻呢，就好接受多了。再让大家商量商量劳动的好处，那么学生的劳动积极性就更高了。

多挑重担，少推卸责任

1991 年 7 月 17 日，我自成都飞抵西藏贡嘎机场。

踏上高原，感觉置身画中，阳光明丽，草翠山青。高原上的山石草木都比平原的看上去清晰明亮，大概是空气稀薄，且又很少有污染的缘故。

刚到，人们都劝我多休息，说是报上登了："赵本山到西藏说小品要吸氧气，冯巩来说相声，刚下飞机便进了医院。"拉萨市孔繁森副市长对我说："休息几天再讲吧！这里的空气只及平原的 60% 多，中央有位领导来视察，一下飞机便进了医院。你讲课时间长，体力消耗大，一定要多休息几天，体力恢复了再讲。"

我说，还有别的会等着，只能休息一天，明天就开始讲吧！

"那怎么行，累坏了怎么办?""累坏了我就不讲了，就休息嘛！"

第二天，在拉萨市政府礼堂，我开始讲课。讲了 20 分钟还行，30 分钟还可以，一小时感觉良好，中间没休息，一直讲到中午。上午感觉挺好，下午又讲了半天。这一天我讲了教育改革的指导思想。

第三天，我讲了一天，讲的是怎样管理班级，怎样做一位好班主任。

第四天，我先给西藏的学生们讲了两节语文课，接着又谈怎样教语文。

第五天，我讲怎样当校长、书记，怎样管理学校，一直站着讲，讲到1点过10分。我说："各位老师，我明天早上5点钟就要奔飞机场离开西藏。这是我第一次来拉萨，拉萨市容还没看，请允许我到此结束，剩下半天时间游览，行吗？"全场老师都笑了。但大家还不放过我，要照完相再走。于是各个单位轮流合影，到2∶15，我才走下舞台。

下午，参观了大昭寺、小昭寺和市郊的古寺。

晚间回到日光宾馆，一看房间里坐满了人，等着我座谈。谈到半夜12：05，送走了副市长、教委主任、副主任等领导和教师。

第二天早晨5点钟，副市长、教委主任等领导又起来给我送行。孔副市长说："在拉萨这样的高原，连讲3天半课，这么繁重的劳动，西藏当地人也讲不了，你能承受得了，有什么秘诀吗？"

我想了想，回答说："要说有秘诀，就只有一个，那就是：平时多抢挑重担，少推卸责任；多干活，少闲着。这样，体力就好，适应能力就强。"

我从在农村当班主任至今，共当了17年班主任。17年来，我从没请过一天病假，也没花过党和人民一分钱药费。有人问我不得病的原因是什么，我觉得原因也在于平时多干活，少闲着。

在老区开会，去宾馆、剧场有个四五里路，我都是步行。有人看见了，问："魏老师，怎么不骑自行车呀？""我在锻炼，在占便宜。"

到新区开会，往返20公里，倘时间允许，即使是数九寒冬，我也爱骑自行车去。有的领导遇到了，问："魏老师，怎么不坐车呀？"我们学校有3台东风大卡车，有面包车，还有伏尔加轿车（去年市领导又把我的伏尔加给换了一台桑塔纳）。见我有车不坐，有人便说："典型难当呀！魏书生得注意自己的形象，给国家省汽油。"在全市干部大会上作报告时，我讲自己的观点："在骑自行车开会这个问题上，我真的一点都没想党和国家的利益。那我为什么骑车不坐车呢？实在是出于自私自利的目的，想占一点小便宜——白捡一次锻炼的机会。20 公里路，一边骑，一边锻炼，还增强了体质。"

人就是这样，有动的机会，有锻炼的机会，不能白白丢掉，要紧紧抓住。生命在于运动，多锻炼才有较强的体质。

工作也是如此。我多次和青年教师谈心："每月给你 200 元工资不变，面前放着两副工作担子，一副 100 斤，一副 200 斤，挑哪一副占便宜?"有的青年教师说："当然挑 100 斤占便宜。"我问："为什么?"答案是省了力气。我觉得不少青年人能力差，工作平平，原因恰在这个观念上，工作挑轻的，力气是省了，增长力气的机会也放过了。

人的能力强是工作多逼出来的，铁肩膀是担子重压出来的。有的青年人推卸掉领导让他担任的班主任的担子，自以为是占了便宜，实质是把机会推出去了，把自己变得无能力。另一部分青年人抢挑重担，抢着当班主任，抢着当比较乱的班级的班主任，他便抢到了一个增长能力、锻炼自己、显示自己才干的舞台。在这个舞台上，他开头的表现不会很出色，但随着实践机会的增加和学习的深入，他定能成长为成熟的班主任，一定会具备驾轻就熟管理班级的能力。而推卸了班主任重担，特别是推卸了乱班班主任重担的人，一定不会有当好班主任的能力，一定不会有当好乱班班主任的能力。

同样，一年又一年上班工作，倘若一个人工作量不足，有充分的剩余时间没法消磨，便只好用闲思，或用忧伤，或用牢骚，或用闲话，或用百无聊赖的心绪，或用自责懊恼的感情，或用玩扑克、打麻将来消耗掉剩余的时间，一年又一年重复着自己低水平的工作。

抢工作干的人呢？如同没有时间叹息的蜜蜂，忙于工作，忙于学习，忙于提高，忙于自我更新。几年过后，便是一个能力强的班主任了。

我们的社会正朝着公平合理的方向发展，少劳不少得、多劳不多得、无能的人不少得、能力强的人不多得的可悲现实正在改变。如今，社会已进入尊重教育、尊重教师的时期，同时也对我们教师提出了更高的要求。

我们应该储备能力，增强能力，而增强能力的有效途径便是：多抢挑重担，少推卸责任。即使不是为了明天，仅仅为了使我们今天活得有价值，活得少一点懊悔，多一分自豪，我们也该多抢挑重担，少推卸责任。

专业阅读，提高班主任工作效率

刚当班主任的青年人没有经验，要做好工作，提高效率，比较有效的方法是读几本关于班主任工作方面的书。这些书，一般都是有经验的班主任十几年、几十年工作的总结，有的是人家毕生心血的结晶，从他们的成功中我们学到经验，从他们的失败中，我们吸取教训。他们用过的许多方法，我们也能照着用；导致他们失败的做法，一般情况下，我们也不可取，即使硬要试一试，他们的失败也告诫我们用起来要谨慎小心，以免重蹈覆辙。

这些年，我读过十几本关于班主任工作的书，其中看的次数最多的是《班主任》这本书。

这本书是苏联恩·伊·包德列夫编的。人民教育出版社根据 1955 年莫斯科俄文第二版译出，于 1956 年 9 月出版，到 1980 年 3 月第 10 次印刷时，已印了 156700 册。全书共 30 万字。

这本书分为 10 章。

1. 班主任的作用和任务。
2. 研究学生。
3. 班上学生集体的组织和培养。

4. 班主任提高学生学业成绩的工作。

5. 班主任培养学生自觉纪律的工作。

6. 班主任与本班少年先锋队和共产主义青年团组织的协同工作。

7. 学生课外活动和公益工作的组织与进行。

8. 班主任对学生家长的工作。

9. 工作的计划和考察。

10. 提高班主任的业务水平。

10 章共分为 46 节。如第 1 章又分 4 节。

1. 青年一代的共产主义教育是苏维埃学校最重要的任务。

2. 班主任是全班学生的教育和教导工作的组织者。

3. 班主任工作的目的和基本任务。

4. 对青年一代的教育者——班主任——的要求。

又如第 4 章班主任提高学生学业成绩的工作，编者分为 5 个小节。

1. 争取达到优良的学业成绩是班主任最重要的任务。

2. 班主任为了提高学业成绩对学生集体进行的工作。

3. 班主任为了提高学业成绩对本班个别学生进行的工作。

4. 班主任对科任教师进行工作的内容和形式。

5. 班主任在提高学业成绩方面对家长工作的组织和内容。

我觉得这本书写得最好的是提高学生学业成绩的工作这一章。这一章的第二、三节我反复看，并加了批注，许多话下面加了着重号。例如，下面这些句子给我以多方面的启示。

> 班主任力图使学生为了提高知识质量和对学习的自觉态度而斗争；他力图在儿童集体中，形成有关学习的一些原则性问题的舆论。这样的一些问题是：对待学习的责任心，学生的互相帮助，消灭考试时偷看夹带的现象，消灭在考试时暗示和抄袭的现象。在班上对那些学习上的懒汉和那些只是珍惜自己的知识而不愿意帮助同学的学生形成不妥协的态度。
>
> 举行班会的经验证明，如果有关学业成绩的问题是由学生自己来讨论的话，那么，会议的效果就会大大地提高。
>
> 常常说明学业成绩问题的墙报，对形成舆论来说也有重大的意义。墙报是培养对本班学生成绩的集体责任感的许多种手段之一。
>
> 谈到学生中的友好帮助时，应该着重指出这种学生共同工作的形式，不仅对成绩不好的学生有益处，对成绩好的学生的益处也不小。
>
> 优良成绩的获得多半由学生是不是爱好学习和他对学校的学科有没有兴趣来决定的。
>
> 有经验的教师在工作中采用各种方法来培养学生对知识的兴趣和爱好，其中的一种方法是游戏。
>
> 成绩不良的最普遍的原因是，有些教师的教学水平低，由于往年的教学大纲使学生的知识当中有缺陷，学生不善于独立而系统地工作，对学习缺乏责任感。学生学业成绩落后有时是由于家庭环境不好和患病的原因。

如同这本书第二版序言所说："本书作者在研究和总结优秀班主任工作经验的基础上，对班主任工作的内容、组织和方法等许多最重要的问题提供了一些建议和意见。"

由于这本书出版于 1956 年，以后又多次重印，在此期间，国内又没有更完整、更系统的篇幅超过它的班主任研究的专著，它便在我国班主任研究领域占有了近 30 年的统治地位，我国班主任工作研究，我国许多班主任的工作实践都或多或少地受到它的启示与影响。

我愿意向青年班主任介绍的第二本书，是苏联 B·M·科罗托夫等编写的《中小学班主任手册》。这本《手册》由苏联教育部组织编写，苏联教育出版社 1979 年出版。

《手册》着重介绍了不同年龄学生的特点及教师如何根据这些特点开展教育教学工作，并推荐了生动活泼的教育活动形式。

《手册》由李兴汉等人译成中文，1982 年 2 月由中国农业机械出版社出版，一次就印了 12 万册。看来，11 年前，中国农业机械出版社的同志便有了较强的市场竞争意识。

这本书共分为 5 章 25 节。

> 第一章，关于班主任工作方法。
>
> 第二章，关于现代学生的个性和普通学校教育活动的总任务。
>
> 第三章，普通学校一至十年级学生教育的内容。
>
> 第四章，全校性教育活动的示范形式。
>
> 第五章，学校、家庭、生产单位和社会团体联合做好教育学生的工作。

其中第 3 章分为 8 节，分别介绍了一至三年级、四至六年级、七至八年级、九至十年级学生的基本特点和教育任务，以及教育活动形式。

第 4 章分为 11 节，介绍全校性教育活动的示范形式：全校性集体的组织机构及其组成——固定性和临时性团体；全校性集体的内部关系及校外联系；参加普及中等教育的工作，帮助学生树立认真的学习态度和发展求知兴趣；参加社会政治活动；高年级学生的社会公益劳动与培养他们的职业兴趣；确立共产主义道德、纪律和文明行为的准则；参加军事爱国主义教育工作；提高审美修养和发挥学生的创造才能；参加体育锻炼，开展体育活动和旅行活动，搞好卫生保健教育；树立和保持学校传统；学生的暑期活动。

第 5 章有 5 节：提高家长的教育学修养；学校和班级家长委员会活动的示范形式；小区委员会活动的示范形式；住宅、街道、村镇公众委员会活动的示范形式；改进学生家庭作业的布置工作。

这本书共 17 万字，244 页，除了 80 页的附录外，164 页的正文中有 106 页是第 3 章，即一至十年级学生的基本特点和教育任务，教育活动形式的内容，这显然有助于班主任了解自己的教育对象的一般特点，针对这些特点，《手册》提出了不同年级学生不同的教育任务。

谈到七至八年级学生基本特点时，《手册》中写道：

> 七至八年级学生是少年后期，他们的求知欲、才能和创造性都有了很大发展。
>
> 这个年龄的少年的兴趣已超出所学课程的范围，变得越来越广，越来越固定。他们不只是对科学发明、文学、医学、技术和艺术上的有趣事实发生兴趣，而且试图对这些事实进行思考，对它们作出自己的评价。……如果少年的兴趣得不到大人的指导，那么，这些兴趣就会沿着不健康的方向发展，变成无谓的消磨时间。

> 他们道德品质的实质和周围人们的性格特点，以及对个人的品质和自我教育的必要性的认识，要比五至六年级学生深刻得多。
>
> 升入八年级的少年，开始认真思考选择职业的问题，因此他们的学习兴趣将发生变化。
>
> 一般来说，学生在少年后期已经懂得如何用适当的方法来从事脑力劳动，但是他们并不总是运用这种方法。学生在少年后期往往宁肯劳动而不愿休息，即便休息的条件极其优越，也是如此。

《手册》还较细致具体地介绍了各个年龄阶段中小学生的特点，这便提高了教师认识学生一般特点的效率。

《手册》的附录有 80 页，即全书三分之一的篇幅，共有 10 方面内容。

> 1. 普通中学条例。
> 2. 评价学校工作的标准。
> 3. 普通学校学生公益劳动的组织方法。
> 4. 普通学校学生暑期活动章程。
> 5. 普通学校学生体育章程。
> 6. 组织和开展普通学校学生行军、旅行、游览工作细则。
> 7. 关于正确安排教学教育工作的建议书。
> 8. 中小学学生标准守则。
> 9. 评定普通中学学生品行的细则。
> 10. 对学生实行奖惩措施的意见。

我自己感觉这本《手册》较之《班主任》较少一些理论的演绎，较少一些不说明问题的议论，其实用价值更大一些。兼之两者的出版相距 24 年，显然《手册》的时代色彩更浓一些。

我国也出版了一些班主任工作经验专辑和怎样当好班主任一类的专著，也有《班级教育管理学》等理论性较强的专著，在我书架上放着的国内十几本关于班主任工作的书中，我觉得实用性最强的是《新编中学班主任工作指南》。

这本书由辽宁师范大学、浙江师范大学、山西师范大学、河南师范大学的部分思想政治教育工作者合作编写，原国家教委副主任柳斌审阅了初稿，提出了修改意见，拟定并题写了书名。中国高等教育管理研究会理事长、教育界的老前辈于北辰同志撰写序言。1988 年 5 月，这本书由辽宁教育出版社出版。

《新编中学班主任工作指南》全书共五编，第一编为班主任工作总论；第二编为思想政治教育指导；第三编为学习指导；第四编为体育、美育、劳动教育指导；第五编为生活和课外活动指导。

这本书广泛运用教育学、心理学、管理学、美学、行为科学等科学理论，立足于中学班主任工作实际，着眼于当前中学生的现状，力图反映在社会主义初级阶段和社会主义商品经济条件下以及改革开放的新形势给中学带来的新思想、新观念和新问题，寻求培养有理想、有道德、有文化、有纪律的新一代的新方法和新途径。

这本书五编共 80 个问题，第一编 9 个问题。

1. 班主任的地位和作用。

2. 班主任的任务和职责。

3. 班主任的工作原则。

4. 班主任的思想和道德素质。

5. 班主任的能力及其培养。
6. 班主任的性格及其修养。
7. 班主任同校长、科任教师及其他方面的关系。
8. 班主任要树立正确的学生观。
9. 班主任工作的评估。

谈到班主任的任务时，书中写道：根据我国教育方针的要求，促进学生德、智、体、美、劳全面发展，是班主任的基本任务。

班主任工作责任重大，工作内容繁杂，概括起来主要的工作任务有如下六个方面。

1. 抓好学生的思想政治教育。
2. 搞好班级的日常管理工作。
3. 教育学生努力学习，关心学生身体健康。
4. 指导学生团队活动。
5. 指导学生课余活动和业余生活。
6. 协调各方面的教育影响。

这些任务的提出比起四十年前苏联所出版的《班主任》的五方面任务，多了一个方面，在表述上也更简洁，更符合我国国情。

单独将班主任工作原则列为一节，也是本书和以上介绍的两本书的不同之处。《新编中学班主任工作指南》提出中学班主任应注意六个原则：目的性和方向性原则；理论和实际相结合的原则；正面教育与自我教育相结合的原则；尊重热爱与严格要求相结合的原则；塑造教育与改造教育相结合的原则；教育的持续性与整体性原则。中国另一本班级管理的理论著作更进一步概括出八项原则，看来，善于概括出一些原则，是中国某些研究者的特点。

有的中国研究者，论述班主任应具备的能力素质时，提得高而又高，玄而又玄，不仅我这样的人做不到，优秀班主任做不到，其实连提出班主任应具备的能力素质的某专家也做不到。《新编中学班主任工作指南》中所提班主任应具备的四种能力就比较实在，书中提出的四种能力是：了解研究学生的能力；教育学生的能力；组织管理能力；教学能力。

谈到班主任应具备的性格时，书中写道：现实生活中的教师，包括班主任的性格是复杂多样的，我们只能对班主任的性格提出一些基本的要求。

1. 班主任性格的情绪特征应当是稳定的，含蓄的，不是易暴易怒的，喜哀无常的。2. 班主任性格的意志特征，应当具有坚忍不拔、百折不回的特点。3. 班主任性格对现实态度的特征，指人在处理各种社会关系时表现出来的性格特征。譬如对社会、对集体、对他人的态度，对自己、对工作、对学习的态度等。班主任对社会、集体、他人的态度的主要特征应当是正直、诚实、富于同情心、敢于伸张正义等。班主任对自己的态度应当是自信、自强、自尊、自爱，并能严于律己。班主任对工作学习的态度应当是勤奋、认真、细致，并且富于首创精神。这些提法，我感觉既不苛刻，又不是轻易便能达到的。

其余几编所提的一些目标及达到目标的方法，我也感觉比较符合实际。我建议青年班主任能看一看《新编中学班主任工作指南》这本书。另外我还想简单介绍一下《小学班主任工作方法和技巧》这本书。

这本书由日本杉山正一等 4 人编著，日本东京、神奈川、琦玉等 5 个都县的 30 余所小学的优秀教师和校长参加执笔。1970 年首次出版，连续再版 9 次，在日本，是一本颇有影响的教育专著。耿申将其译为中文，1990 年 6 月由职工教育出版社出版。

全书 11 万字，分为 4 个部分：1. 学生和班级；2. 学生和学习；3. 学生和家庭；4. 班主任咨询室——苦恼、忠告、建议。

全书 70 余个题目所包含的内容，所展示的画面，既亲切生动，又实际中肯，读后给人以启示和鼓舞，引人在工作中去探索和创造。

杉山正一是日本著名的小学教育专家，他长期担任教师和校长，几十年从未离开过教育第一线，他编的这本书可读性很强，使人读起来既感觉轻松，又产生联想，受到启发。

这本书第一部分学生和班级中第四个题目《指导交通安全的方法和技巧》，作者写了 3 点方法和技巧：1. 学会沉着镇定；2. 过人行横道的方法；3. 防止乱跑的指导。

单是学会沉着镇定，作者便讲了 4 种可操作性很强的方法，现把第一种方法，全文照录如下：

> 我们班里正在搞“猜猜 30 秒”的游戏。等学生做完回家的准备，对他们说：“闭上眼睛，呆 30 秒钟。估摸到了 30 秒时再睁开眼。”“现在闭眼，好，开始。”老师边看着表边说。
>
> 开始时，大多数孩子还不到 10 秒钟就睁开了眼。“哎呀，还不到啊。真长啊！”他们吃惊地说着。但反复几次以后，就比较准了。
>
> 不过，做这个游戏可不是为了教学生如何判断时间，真正的目的在于让学生心里平静、沉着。小学生往往一到放学时心里就乱了起来，所以要设法让他们安下心来，安安全全地走出校门。
>
> 对于孩子们来说，让他们做这个“猜猜 30 秒”的游戏，要比对他们说“要平静、沉着”更为有效。而且孩子们很高兴做这种

游戏。

又如第四部分。在《车上学习》这篇文章是这样写的：

> 当班主任很忙，得会巧妙地挤时间学习。
>
> 乘公共电、汽车上下班的老师，完全可以利用车上的时间钻研教材或读书。比如单程乘车30分钟的老师，每周在车上的时间就有6个小时，一年约有250个小时。按每周6小时算，一年就有41天半的时间可用于学习。建议老师像下面那样把这些时间利用起来。
>
> ①拟订一天的计划——翻阅手册，拟订当天的计划，记些要对学生讲的话什么的。一天的生活由此可以过得很有秩序。
>
> ②读专业书籍——作长期的计划，有效地利用车上的时间通读《教育学全集》《日本历史学全集》等专业书籍，会得到很好的收益。
>
> ③读完善自己性格的书——从《日本文学全集》《世界文学全集》一直到流行的文学作品等，都是阅读的对象，自己的性格修养会大大丰富起来。
>
> ④读杂志——读各种各样的杂志，以丰富自己的知识。
>
> ⑤从车窗外寻找话题——例如用这样的话作为上课的开场白，会使上课的效果更好："今天我在电车上看到路旁农民正在插秧……"

这本书提到的方法和技巧，写得都这么具体，这么生动，使人读了，立即就能产生试一试的欲望。

读关于班主任工作的书还可以比较着读，即同时看三四本，看它们的内容提要，看它们的目录，看它们的共同点。往往几本书都反复强调的问题，我们在工作中就一定要注意。共同点记得清，理解得透了，对班主任工作的基本原理和方法就记住了，用来指导实践，当然容易成功。找出了共同点，就更容易发现每本书的特点，这些独特之处即使不能直接应用于我们的工作实践，至少也给我们以启示，激励我们在工作中更有独创性，引导我们创造出有特色的、闪耀着智慧光芒的班级管理方法。

服装与发型

班主任的服装与发型对学生们也有一点教育作用。说一点，意思是没有太大的教育作用，用不着大惊小怪，无限上纲。这一点作用可以忽视，但不忽视总比忽视要好一些。

对于班主任的服装与发型，我想两点要求即可：1. 整洁；2. 大致符合当时当地的大众服饰习惯。

见到有的青年教师穿不整洁的衣服，我总要建议他去洗、去换，道理很简单：我们要求学生做到衣着整洁。有的便举出藤野先生的例子，说："他的衣着那么脏，不照样受到鲁迅的尊敬吗？"我说："此一时，彼一时也。也许那时日本教师生活困难，负担极重，不讲卫生的人多，学生便也见怪不怪。倘此时再在日本出现一个穿相同衣服的人，人们怕是普遍会怀疑为精神病人吧！学生也会为有这么脏的教师而感到羞惭吧！"

第二条要求便不好把握。原来我提出教师服装应俭朴。我的一件蓝平纹衣服，洗了一水又一水，式样是中山装，在工厂已穿了两年，到学校穿了 4 年，蓝色已退成灰色，领、袖、兜盖处还磨成了白色。有同学说："老师，衣服这么旧了，您到各市去开会，该换一件了。"

"穿这样的衣服有什么不好？不是很俭朴吗？"

“反正我们觉得不太好，都八十年代了，俭朴过分，就像给社会主义掉价似的。”

给社会主义掉价（北方话，大致指降低威信的意思），我还是第一次听人这么说。细一想，也有理，社会发展了，时代进步了，人们生活水平提高了，还总穿五六十年代的衣服，穿下乡劳动时的衣服，显然不合时宜，不仅给社会主义掉价，也给教师这个职业掉价。

我也感到自己在这个问题上想得太简单了。1982 年 8 月 1 日，我结婚时穿的“礼服”，上衣是穿了两年多的白衬衣，裤子是一条以前花 10 元钱买的灰裤子。那时受“越穷越革命”的思想影响很深，宁肯花几百元买书送给学生，也不肯花几十元买件衣服。

学生一批评给社会主义掉价，我才慢慢转变观念，逐渐觉得，穿得太落伍，也是给自己掉价。于是开始穿质地好一点的衣服。

1987 年，我到香港考察前买了一套西服，并且第一次打了领带。已毕业的学生见了说：“老师这回更新换代，跟上形势了。”听了这话，再看看这身衣服，自我感觉确实比过去穿那退色的衣服好一些。

写此稿时，我穿的是一套 1991 年 5 月去广州时花 80 元钱买的深蓝色西装套服。穿这套衣服，我走了十几个省、市、自治区，感觉良好。对服装很有研究的郜老师认真看了这套衣服，说：“至少要在 350 元以上。”穿着这样的服装自然不掉价了。

但我对穿奇特服装的教师仍看不惯。当校长以来，我一直要求学生穿校服。既然不允许学生穿奇装异服，教师怎么可以呢？我批评衣服穿得过分花哨奇特的教师：“不能忘记我们从事的职业是教师，不是演员，不是服装模特，不是服装柜台的售货员。”目前我感觉自己批评得有理，不知过了十几年后，会不会像否定我提倡服装俭朴一样被否定。

我盼望，教师这个行业能够大致统一一下服装，或者统一由国家制装。不知道这一愿望能否实现。

我不让校内的男教师蓄长发、留胡须，也不让女教师把头弄得奇形怪状的，理由是因为我们不让学生这样做。我自己先做到及时理发。12年前，我们班理发小组刘志军同学技术很高，那几年，由他给我理发。刘志军毕业后，新一届的学生怕自己技术不行，都不好意思给我理。我到理发店去了一段时间，觉得浪费时间。当校长后，我开始自己理发，每个月对着镜子理一次，十几分钟即可，这些年来再没去过一次理发店。许多人都不相信自己能给自己理发，有时我就表演给别人看，这确实是一件很简单的事，不仅节省理发费，最可宝贵的是节省了时间。

做园丁，当然收获硕果

尽管生活清苦，绝大部分教师仍以为国分忧为荣，以为民吃苦为乐，情系祖国未来，心付颗颗童心，以自己的辛勤劳动表达着对人民教育事业的忠诚。许多教师心甘情愿在这住房条件差、额外收入少、耗心费神的学校工作着，心甘情愿当这许多人瞧不起的孩子王。

我属于愿意当教师的这一类人。这样，我们这些愿意教书的便常常聚在一起，谈我们这行又穷又苦的事业中的乐趣，以激励自己更踏实、更认真、更有效地做好本职工作。我们觉得教师的工作尽管又苦又累，但又确实是一项很吸引人的工作，主要原因在于教师的劳动有三重收获。

1. 收获各类人才

农民劳动，收获粮食、蔬菜等农业产品；工人劳动，收获钢铁、机械等工业产品。

农民和工人生产出了社会需要的粮食机器，看到自己生产的粮食机器服务于社会，满足人民的需要，于是产生幸福感、自豪感。

教师呢？教师的直接劳动对象是人。一个开始知识面很窄，各方面能力很低的娃娃，经过幼儿教师、小学教师、中学教师、大学教师的精心培育，就成了知识较丰富，有一定分析问题、解决问题的能力，有理想、有抱负的人才了。看到自己培养的人才在工农商学兵战线上为党为人民做着实实在在的贡献，哪一位教师能不感觉到幸福自豪呢？

当然，人才的培养周期不像粮食机器的生产周期那样短，那样很快就看到效益，那样容易引起领导者的重视。唯其如此，才更使教师产生一种为祖国未来而鞠躬尽瘁的历史责任感，产生一种更加神圣的自豪感与幸福感。唯其如此，才使教师不那么急功近利，而是培养了较为宽阔的胸怀、较为远大的目光和较为坚强的韧性，从而强化了把自己的命运和国家民族的未来命运紧密联系在一起的观念。许多教师之所以爱自己的事业，就是因为他们爱自己的劳动收获——各类人才，他们爱看到自己培养的学生们正在各行各业大显身手，他们爱想象自己正在培养的学生们将来去实现自己的梦。

2. 收获真挚的感情

教师除了收获各类人才之外，还有一个更大的收获，就是真挚的感情。

人是有感情的，特别是学生时代培养的感情尤为真挚。师生的心与心之间的呼应就像人们在群山之中得到回声一样，教师对着学生心灵的高山呼唤："我尊重你，我理解你，我关怀你……"学生便在心灵的深处回应："我尊重你，我理解你，我关怀你……"

年复一年，教师就像从一条河的岸边接一届届新生上船，用满腔热情和真挚的爱，把他们送到理想的彼岸，让他们奔向远大的前程。学生们不仅在船上时不断表达着对老师的满腔热情和真挚的爱，就在他们奔向远大前程以后，三年、五年、十几年，甚至几十年以后还不断表达着这种满腔的热情和真挚的爱。公式可能淡漠，定理可能忘记，而师生之间培养起来的真挚感情，却常常经年累月不仅不淡忘，甚至会越积越深。有许多毕业十几年甚至几十年的同学不是相约重到母校聚会，去表达自己对老师的感激之情吗？

随着人类征服自然的能力的提高，人类对衣食住行等温饱问题基本解决之后，对感情的需要，对人际关系的和谐，人与人之间互相理解、尊重、帮助、信任、谅解的需要会越来越强烈。而教师的工作恰恰最容易使人的感情得到满足。有时候老师也批评学生，当学生咬着死理、脾气执拗起来时，老师也会生气。然而一旦风波过去，学生明白了道理，明白了老师的一片善心之后，师生之间的情谊会愈加深重。当学生走上工作岗位以后，他们甚至把读书时受到老师的批评也当成了感激老师的理由。

我曾和一些原来教书，后来改行从政的同志多次谈心，发现大家有一个共同的遗憾，失去了来自学生的那些激动人心的、纯真的感情。

我也曾见过不少这样的教师，有关单位请他们改行做行政领导工作，房子好，待遇高，可他们不为所动，偏偏眷恋着这又穷又苦的教师工作。问他们为什么这样，他们也都有一个共同的认识：人活一生不单是为了名利地位，我们教书惯了，把一片真情捧给学生，也感觉到学生一片真情对自己，这才是人世间最美好的。这里应该补上一笔的是，师生之间感情的交流是一种崇高的美。老师在对事业，对学生的奉献过程中并不希冀学生的报答；受到美好感情陶冶的学生，热爱的也不仅是自己的老师，他们更热爱祖国，热爱人民，热爱事业，热爱生活。

3. 收获创造性劳动成果

教师的工作对象是人，人是千差万别的，要做好教育工作，就得充分发挥创造性。正是这种工作性质，决定了教师必须学识渊博，并且每时每刻都要开动脑筋，针对当时的情况和学生的差异，创造性地处理各种问题。从这个意义上说，教师随时都有科学研究的机会。

不要说学校、社会这样的大范围内有科研题目，单讲学校教育，单讲德育、智育、体育、美育、劳动教育，就各有数不尽的科研题目。以学生的注意力为例，就能写出上百篇科研文章，诸如男女同学注意力的差异、一节课各类学生注意力的变化、练习题设计对学生注意力的影响、增强学生注意力的若干办法……这用武之地该有多么广阔！

我之所以爱教书，重要原因之一，就是觉得教师从事的是最富有创造性的劳动。它的每一段时间，每一处空间都有科研题目，都能有新发现，能看到学生中新的、积极上进的因素，能看到教师自己向更高层次发展的潜能，还能看到环境中的各种有利因素。教书不是自古华山一条道，而是条条大路通罗马。我总想，同一课书，能有上百种甚至上千种讲法。我们应该研究更科学的讲法，即使今天这种讲法比昨天科学，那也仅仅是向后看得出的结论。向前看呢？一定还有更科学的方法等着我们去探索研究。

这些年来，我边工作，边探索研究科学的教育教学方法，先后在报刊上发表了66篇文章，出版社先后出版了《魏书生教育方法100例》《魏书生语文教育改革探索》《魏书生教育文选》等书籍。另外，还出版了我主编的《中学生用功术》和我写的20万字的《语文教学探索》，我深深体会到教师的劳动确实有利于收获科研成果。

从研究的角度看教育，常看常新，常干常新，不仅能增加工作兴趣，还有利于提高工作效率。我现在除了任校长兼党支部书记，还兼两班 140 名学生的班主任和语文老师外，还有不少社会兼职。许多同志问我，这么多工作怎么做，我觉得主要靠科学研究。从科研的角度去进行工作，就能调动教师及学生们的积极性，使教师成为学校的主人，学生成为班级的主人。大家以主人翁的姿态去研究教与学，自然就提高了教与学的效率。

每个人都有不同层次的多种需要：衣食住行的需要，劳动、学习、研究、创造的需要，人际关系和谐，亲情、友情、爱情的需要，为他人、集体、社会尽责任，尽义务的需要，追求理想社会的需要……不同层次的人对不同层次的需要的强烈程度也不同。有的强烈地需要物质，有的强烈地需要感情，更有的强烈地需要追求理想。

尽管教师穷，不能满足人们物质的需要，但由于教师的劳动能有重要收获，收获各类人才，能满足人们为社会尽责任尽义务的需要；收获真挚的感情，能满足人们感情和谐融洽的需要；收获科研成果，能满足人们研究创造的需要。所以，大部分教师还在穷苦的条件下，呕心沥血为人民的教育事业奉献着自己的青春和年华。

有人说，教师像蜡烛，燃尽自己，照亮了别人。其实各行各业的人，谁又不像蜡烛呢？一个人来到世间，便像一支蜡烛点燃，燃尽自己是历史的必然，是大家都相同的。不同点在于有人只燃自己却不肯照亮别人，甚至去伤害别人，有人却想方设法去照亮别人。同样是燃尽自己，为什么不去照亮别人呢？照亮别人不是一种幸福吗？教师的职业恰恰是最有利于照亮别人的职业。从文化积累对社会发展的意义上说，我们的理想社会，也是在人们的心灵不断地被照亮的过程中，通过无数心明眼亮的人去拼搏、去奋斗、去牺牲才实现的。从这个意义上思考，教师工作的深远意义又远不止上述的三重收获。

当然，在教师现有待遇较低的情况下，仍然有大部分教师忠诚于人民的教育事业，这是问题的一个方面。另一方面，教师待遇也确实需要提高。好在国家已注意到了这一问题。我们相信政府会创造条件，尽最大的努力提高教师待遇。

种一棵育人为乐的心灵之树

学习名师是成长的一条捷径。我反复学习于漪、钱梦龙、欧阳黛娜、宁鸿彬老师的经验，多次向他们当面请教。这些教师精湛的教学艺术、独特的育人风格，给我以多方面的启示与帮助，其中使我获益最多的，还是他们共有的那种敬业、乐业的精神。他们都把从事教育事业当成自己生活的第一需要，把育人当成自己人生最大的快乐。

我拜访过300多座城市中的600多所大、中、小学的许多优秀教师。在克拉玛依市郊的戈壁滩上，在拉萨八角街藏民家里，在深圳喧嚣的闹市中，在黑河边陲的大江边，我发现他们有很多的不同点：有的居住在四室一厅的教师楼，有的生存在家徒四壁的茅草屋；有的每月有6000元的工资，有的全年收入不足2000元；有的置身于数亿元投资兴建的花园般的校园，有的工作在一人一间房屋的陋室里；有的在兴旺发达的沿海都市，有的在贫穷落后的密林深山；有的面对的是从数百所学校选拔出来的天之骄子，有的教的是世世代代务农的山里人的后代。

接触到他们心的时候，我曾慨叹机遇的不公，但同他们谈得深了，我才发现这些优秀教师有一个共同点：感觉快乐与否主要不是个人境遇的富贫升迁，而是事业的荣辱兴衰，学生的进退得失。谈到学校搞了新建设，班级得了新荣誉，尖子生竞赛得了奖牌，后进生进了及格线，

“小博士”有了新发明，大胖子体育达了标……他们脸上挂着笑容，他们眼里盈着泪花。他们笑得那么动情，透过那笑容、那泪花，我看到的是一颗颗敬业乐业的心，是一颗颗把自己的全部快乐融进事业、融进育人的心，他们的心田里有一棵“育人为乐”的心灵之树。

名师、良师的经历和经验都似乎是在叮嘱我：人要获得精神的自由，获得灵魂的幸福，要紧的是要有一颗敬业、乐业的心。教师要成为名师、良师，要紧的是要种一棵“育人为乐”的心灵之树。

教师像园丁，在学生心灵的田野上耕耘、播种。我常想：每位教师又都是自己的第一位学生，教师先要在自己的心田上播下一颗“育人为乐”的种子，然后浇水、施肥，侍弄它长成“育人为乐”的心灵之树，再让这心灵之树经常接受周总理服务为乐、孔繁森尽责为乐、雷锋助人为乐、徐虎便民为乐的雨露阳光，使“育人为乐”能在自己心灵的世界中，长成参天大树。

据了解，1995 年全人类的生产总值，等于 1950 年世界各国生产总值总和的 11 倍。生产力的迅速增长，为人们树立敬业、乐业的人生观价值观，提供了物质的基础。同时，快节奏、大信息量的现代社会，也使人们面对更多的诱惑。

做一名优秀的教师，面对喧嚣的诱惑，只有守住心灵的一片宁静，不断培植“育人为乐”的心灵之树，才会最大限度地实现自己人生的价值。“育人为乐”的心灵之树常青，便能够苦中求乐，便会觉得备课很快乐、写板书很快乐、讲课很快乐、批改作业很快乐、帮学习尖子夺标很快乐、帮后进生进步很快乐、搞科研很快乐、写论文很快乐。由此，就一定能成为对祖国、对人民有较大贡献的教师。

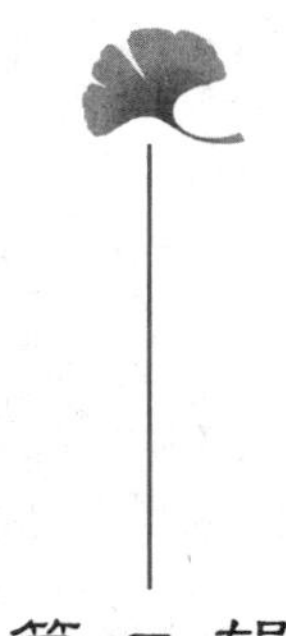

第二辑

班级管理，贵在民主科学

民主像一座搭在师生心灵之间的桥。民主的程度越高，这座连通心灵的桥就越坚固，越宽阔。

民主管理，在某种意义上，就是多数人参与政治，参与管理，参与决策，参与比较复杂的工作。这与分工和专业化并不矛盾。

班级管理要靠民主与科学

我非常愿当班主任。为了当班主任我从工厂来到学校快十一年了。这中间做过七年多教导处副主任，近三年来又担任书记兼校长，但我一直不愿放弃班主任工作，一直兼做班主任。1987 年我到香港考察后，未及返校便直接参加党的“十三大”。在离校二十多天这段时间，新疆、黑龙江、云南等省的老师们仍不断到我校、我班考察，老师们问：“你们学校是省重点中学，外省客人多，又有 1500 多学生、110 多教工，学校的事就够多了，你为什么还能当两个班的班主任并教两个班的语文课?”“你是靠什么来管理两个班级的?”说心里话，我没有什么新办法，只是认真思考 70 年前“五四”运动提出的口号“民主与科学”，并诚心诚意地将其运用于班级管理，结果使我和学生都获得了一定程度的思想解放与个性自由，从而提高了工作与学习的效率。

下面从民主与科学两个方面，分述我对班级管理的认识与实践。

一、班级要实行民主管理

一言堂、个人迷信是愚昧、落后时代的产物，靠这些管理愚昧落后时代的团体会有一定成效，但管理文明进步时代的团体就非失败不可。

民主管理是文明与进步时代的选择，大团体如此，小的团体如班级也是如此。

班级民主管理要从五个方面入手：①教师要有做公仆之心；②师生要建立互助关系；③发展学生自然的人性；④发挥学生的主人作用；⑤决策过程注重商量、对话、集体表决。

（一）班主任要有做公仆之心

班级要实行民主管理，关键在班主任要摆正自己的位置。如果班主任高踞于学生之上指挥学生，命令学生，那就根本谈不上民主管理。我跟学生讨论班主任的作用，有的学生认为班主任是保姆，负责看这些大孩子，有的认为班主任是警察，负责维持班级的秩序，有的认为班主任是监工，负责监督学生们干活（即学习），也有的认为班主任是他们的朋友，和他们平等，帮他们排忧解难。

我则认为班主任是公仆，是船工，是为学生服务的。我多次讲：班主任在岸边接了一届新学生上船，奋力将船划向彼岸，学生们上了岸奔向远大前程了，老师又把船划回来接下一届新学生。学生一届届奔向远大前程，班主任却在这条河上由黑发变为白发。从本质意义上讲，班主任确实是学生的公仆，是为学生服务的。只有从这个意义上思考问题，班主任才不至于做凌驾于学生之上发号施令的蠢事，才不至于脱离学生实际去执行各种外行“婆婆”们的指令，才能摆正自己的位置，俯下身子给学生“当牛马”，把学生高高举起。

（二）建立互助的师生关系

班主任与学生之间是什么关系？不同班集体的学生对此认识也不同。有的说是平等的朋友关系；有的认为是警察和小偷的关系；有的甚至认为是猫和老鼠的关系。从教师是学生的公仆的意义上讲，师生关系是服务与被服务的关系，又从和谐的双方不存在单边受益的角度来讲，师生关系应该是互助关系，教师帮助学生发展，完善美好的人性，使人生有意义，同时学生也帮助老师进一步发展完善自己，使人生更有意义。

1985 年我到外地讲课，散会后青年教师围住我非让我签名留念。有的让我写一句关于班主任工作的最重要的话，我便写了这样一句话："坚信每位学生的心灵深处都有你的助手，你也是每位学生的助手。"1986 年 5 月有学生问我："您还能做我们的班主任吗?""为什么不能?""我们看您太累了，抓教学工作，还要办工厂、搞基建，接待各地客人，外出开会，哪还有时间管我们呢?""那我就请副班主任来管嘛!""副班主任在哪?""就在每位同学的脑子里。"去年我也常跟两班学生说："我带班靠的是在座的 135 位副班主任、135 位助手。如果大家脑子里的助手都帮老师管理班级，班级工作一定井井有条。反过来如果学生不做老师的助手而做'对手'，不要说 135 个对手，就是一个对手，我也对付不了。"

师生建立起互助关系，便减少了许多猜疑、对立，甚至斗争。师生关系和谐了，班集体便有力量克服前进中的阻力。

（三）发展学生自然的人性

科任教师也要教书育人，班主任不同于科任教师之处在于他的主要任务是育人。我觉得育人，首先要尊重学生自然的人性。所谓自然的就是在我们接手教育之前，学生的内心深处就已经形成了一个宏大的世界。对这个"自然"的世界我们显然应该因势利导，而不能置之不理。所谓人性，就是那些真诚、善良、勤劳，尊重人、关怀人和愿意为别人、为社会的利益做出自我牺牲的品质。人来源于动物界这一事实决定了人永远不能完全摆脱动物界，因此每个人的心灵世界中既有人性的成分也有兽性的因素。人类在不断进化这一事实，又决定了人心灵中人性的成分会越来越发展，会占主导地位，占绝对优势。教师的责任在于顺乎这一趋势，发展学生的人性，而不是迫使人们恢复残忍的你死我活地人整人、人害人的兽性。

学生自然的人性越是得到发展，班集体民主的气氛就越浓。

(四) 发展学生的主人作用

谁是学生命运的主人，显然应该是学生自己，谁是班级的主人，显然应该是全班学生。但如果不努力发挥他们的主人作用，时间长了，他们也就丧失了自主、自立、自强的信心，失去了对集体的主人翁责任感。有许多人在家依赖父母，长大依赖单位，工作依赖国家。长到三四十岁还依赖父母的遗产，自身没能力，优化组合被淘汰，却大骂国家改革不该取消大锅饭。这种可悲的依赖心理，不能不说是我们多年来不注重发挥人的自主作用的结果。“用进废退”的规律也适用于人的自主能力。一个班级越是努力发挥每个学生的主人翁作用，他当班级主人的能力就越强。学生在班集体中的主人翁作用发挥得越充分，他对班集体就越热爱，越关心。只有对同学、对集体有责任感的人，才谈得上对国家有责任感。

我们班级力求使每位学生对班级的各项制度、规定和活动都有表决权、建议权和批评权。

(五) 决策过程注重商量、对话和集体表决

我们班级的每项制度，每件比较大的事，在确定之前都要有一个商

量的过程，大家分别提出自己的意见，然后由集体或举手、或投票表决。

每届新生入学，我都建议第一周为无批评周，同学们发表意见，都觉得很好。一周结束了，有同学还建议，变为无批评月，建议一出又获得了赞同。许多同学还就如何避免犯错误及犯了错误以后的处理方式提了很好的意见。

一次，外校老师告诉我，你们班的班会开出了一片哭声。原来同学们遇到了个无法解决的难题，便要求班长召开班会，集体商量，让不同意见进行辩论。事情起因是赵广民同学特别关心班级，花钱为班级买了不少东西，可个人穿得不好，到冬天衣服仍很单薄。一些同学偷偷凑了近 50 元钱，买了衣服和文具送给他，他不仅不要还生气了。这些同学只好求助于集体商量。班会上，同学们谈起赵广民同学的忘我之处，潸然泪下，听的同学，也流了泪。

发展了学生自然的人性，学生便很容易意识到自己是命运的主人和班集体的主人。班主任再有公仆之心，师生之间便很容易建立起互助的关系。有了互助的关系，决策很自然就要采取商量、对话、集体表决的方式。这样，班级的民主管理成为一种需要，不是空洞的口号，而是实实在在的行动了。

二、班级要实行科学管理

民主管理与科学管理是班集体这只鸟的两翼，缺少任何一方，班集体都无法腾飞。管理的重要目的之一是要培养学生良好的习惯与品质。显然良好习惯与品质的形成，单靠说教、单靠认识是不可能的。科学管理的表现形式之一就是要研究规律而后制订制度，制订“班规”“班法”，从而使班级摆脱“人治”的不规则轨道，而走上“法治”的轨道。“法治”既可以避免班主任的失误，也可以避免学生因认识、情感的不稳定、不持久、不正确而导致的行为偏差。当然，科学管理是一个内涵很丰富的概念，我这里所谈科学管理，主要是指“法制（制度、计划、规定）管理”。

我们班级从三个方面进行科学管理，即建立计划立法系统，建立检查监督系统，建立反馈系统。

（一）建立计划系统

从组织上讲，班会是最高的计划（立法）组织形式，班会做出的决策，班委会、班主任、班长都要执行。其次是班委会。班主任、班长的决策权仅限于那些时空范围都没有太大影响的以及一些偶发的事情上。

我们制订了哪些计划或者说班规班法呢？我们从空间、时间、偶发事件三个方面制订了一系列的计划、规矩、制度、程序。

1. 从空间上讲，我们提出了“班级的事，事事有人干；班级的人，人人有事干”的口号，即一个管理得好的班级，不应该出现没人管的事，也不能有不为班集体做实事的人。

我们经过商量、讨论，逐渐完善班长责任制、班委会成员责任制、图书保管员责任制、值日班长责任制、物品保管责任制、分扫区责任制。这些制度都比较明确、具体。例如值日班长责任制规定，每天设一名值日班长，全班同学按学号轮流当。值日班长有十条职责：①负责统计当天出席情况；②处理当天班级偶发事件；③带领两名值日生搞好室内外卫生；④组织全班同学上课间操；⑤组织上好眼保健操；⑥往黑板上写一条格言；⑦办好当天的班级日报；⑧组织同学上好自习；⑨组织好当天的长跑活动；⑩参加当天学校召开的班主任或班干部会议，完成学校布置的工作。这样明确、具体的制度，使没有当过班干部的同学也很易于执行。

总之，从空间上讲，大到运动会的各项组织工作，小到男女同学的发型，我们都有比较具体的规定。

2. 从时间上讲，我们提出了“事事有时做，时时有事做”的口号，即每一件该做的事，一定事先安排好具体做的时间，不然的话，做事就常常成为空话。每段时间都要有明确、具体、有意义的实事可做，这个实事也包括休息、娱乐、吃饭，使学生的生命之舟减少盲目性，增强计划性。

经过长期讨论、实践、修改，我们逐渐完善了一日常规、一周常规、一月常规、学期常规和学年常规。

一日常规包括：春天时早晨到校锻炼 30 分钟后做记忆力体操；每天早自习前黑板上必须写一条新格言；每节课前必唱一支歌；自习课前两分钟确定本节自习计划；中午放学利用边角余料开展路上记一个单词活动；中午 12 点之前将当天的班级日报夹到报夹子上；下午有一节课是活动时间；集体跑步后自由活动；放学前十分钟每人做 100 个仰卧起坐和 100 个俯卧撑（指毕业前）；每人写一篇日记；完成当天各种最佳作业量；晚间对一日情况作自我总结。

一周常规包括：周一调换座位，讨论本周班级工作重点；周二上美术课（在无美术教师时）；周三上书法课，教唱一首新歌；周四搞竞赛活动；周五文学欣赏课；周六大扫除等。这些事具体怎样做也都有明确、细致、具体的规定。比如星期三的教唱歌，过去是由班主任教。后来班里提出，“干部能做的事老师不做，学生能做的事干部不做”的口号，目的在于给干部、学生以更多做实事的机会，以增强做事能力与主人翁责任感。大家讨论通过了教新歌这件事由同学们按学号轮流做的决定。集体通过的决定最具权威性，不爱唱歌和唱歌跑调的同学也都千方百计想办法完成自己的教歌任务。为了既放开又不失控，我们还规定，凡个人选定欲教的歌曲，须交文艺委员审定歌词与曲调，看其是否适合中学生唱，文艺委员拿不定主意时则找班委或班主任商量。十年来，每届学生，每学年平均学新歌都在 40 首以上，不仅丰富了学习内容，陶冶了情操，而且提高了学生的组织能力，增强了主人翁责任感。

每月常规是：月初订出本月德智体全面发展的计划，月末每个人都对本月计划执行情况进行总结等。这些实事的做法也都规定得比较具体。例如座右铭，班级在规定 6 厘米宽、9 厘米长的纸上写三部分内容：第一，针对自己的心理弱点写一句激励自己的话；第二，写上自己平生最崇敬的人的名字；第三，写上自己在本班同学中选择的学习榜样。又如期末将各种作业分科装订成册，班级规定将本学期政、语、英、数等科作业，按科目集中在一起，按日期排好，装订后每科写好封面、写好自检报告，然后同学们分别复查，复查合格后，放教室后面统一保管。毕业后愿拿回去就拿回去，不拿回去仍在班级保管。班级以此激励学生们战胜自己的惰性。

每年我们还有一些必须执行的规矩。例如，元旦的联欢会我们连续四年不交一分钱，但大家玩得极开心；每年农历立春时节，我们班学生都集体到野外，踏着冰雪去寻找生命的踪迹；每年三月八日，班级规定每人都要为自己的母亲做一件好事，然后写一篇记叙此事的日记或作文，使母亲欣慰，并请母亲在文章上签字。班级特别强调要热爱自己的母亲，因为一个不爱母亲，不会给母亲带来欣慰的人根本谈不上爱祖国、爱人民。每年五月份同学们都要到山里或到海边游览一次……

事情看起来很多，但用统筹方法制订计划，安排进程，设计程序，就不至于顾此失彼，而使每件事都落到实处，且提高了办事效率。

3. 对偶发事件也尽可能制订具体的计划，设计细致科学的程序。

1986 年春，全市修大坝，各学校都分了土方，落实到我们班的是十多立方米土。有两种干法：一种是大锅饭式的，另一种是事先设计程序。我们选择了后者，将 13.5 吨土落实为每人 500 斤，工具选择了各家都有的、好装好端的盆，每人端 50 盆，端每盆往返 100 米，共跑 5000 米路程。经过具体设计，同学们一致认为我们一小时就能完成任务。结果我们只用了 55 分钟，市里就验收合格了。同样的任务量有的学校的班级干了一天还没有完。又如植树、给实验室和仓库搬家等，我们都这样事先设计程序，大大提高了劳动效率，还增强了大家的劳动兴趣，也更明白了“凡事预则立，不预则废”的道理。

不以规矩，不成方圆。有了计划、规矩、制度，就使学生的思想、行为有了明确的目标导向，避免了盲目性，减少了犹豫的时间，减少了选择错误目标的可能性，为学生善良人性的发展，爱集体、爱国家、爱人民的品质的形成创造了条件。

（二）建立检查监督系统

班集体成员都是班规、班法的执行者，同时又都是检查监督者。为坚决执行班规、班法，班级努力强化检查监督系统。我们主要建立了五种检查监督方式：

1. 自检。把着重点立足于自检上，才有利于发展学生自然的人性，有利于全面发挥学生的潜能，有利于增强学生战胜自己的力量，增强学生自我教育的能力，有利于学生成为自己命运之舟的主人。学生自己检查执行各项班规、班法的情况，发现失控，发现“违法”现象怎么办？有这样五种自我惩罚的措施，任学生自己挑选：①为别人或为集体做一件事，以使歉疚心理得以补偿；②极小的错误，例如迟到，则为大家唱一支歌，在轻松谅解的气氛中滋生避免错误的能力；③写一份说明书，摄下事前、事中、事后心理活动的三张“照片”；④写一份“心理病历”，写清疾病名称、发病时间、发展原因、治疗方法、几个疗程这样五部分内容；⑤写一份“个人法院审判程序”，原告、被告、法官、辩护律师都是自己一个人，引导自己从多种不同的客体角度看待自我这个不完善的主体。这些方法都有助于挖掘学生内心深处的真、善、美，来战胜自己的假、恶、丑，有助于点燃学生积极的欲望之火，去吞没消极的欲望之火，有助于掀动学生心灵深处高尚的感情波澜，去淹没低级的感情波澜。班级只有把着眼点主要放于自检，才能最大限度地减少“违法”事件。

2. 互检。互检有三种方式：第一种方式，是“保护人”式的。一名后进的同学自愿找一名德智体都很突出的同学做自己的“保护人”。自己心甘情愿在“保护人”检查监督下执行班规、班法，一旦失控甘愿受保护人的批评与惩罚。第二种方式是“互助组”式的。两名性格、爱好较一致的同学要求组成互助组，班级同意了，他们便互相检查、监督执行班规班法的情况，两个人共同商量纠正失控的措施。第三种是“临时”式的。临时检查这段时间全班同学的执法情况，每个人都写出自检报告，临时确定复查人，而每个人都当另一个人的复查人，然后写出复查报告。

3. 班干部检查。班干部按照各自的责任，分别检查有关职责范围内的班规、班法执行情况。

4. 班集体检查。利用班集体的正确舆论是第一种检查监督方式；定期评选“执法”不认真的同学是第二种检查方式。

5. 班主任抽检。有了以上四种检查监督方式，实质上留给班主任的任务已经微乎其微了。这就是我 1984 年担任两班班主任时，一年离校开会四个月零十三天，既不请别的老师带班，我也不监督、不检查，两班学生却能秩序井然、各项活动照常样样领先的原因。

这些监督和检查措施保证了班规、班法的顺利执行。

（三）建立反馈系统

单有计划系统和检查监督系统还不是一个完整封闭的良性管理系统。因为计划、班规班法都有一定的时空范畴，一旦时过境迁，还非要按老规矩办事，就免不了犯错误。怎么办？我们又建立了反馈系统，对执行过一段时间的班规班法进行总结、评议，对不合理的进行修改，对不完善的加以补充。

班级采取了四种反馈方式：

1. 个别讨论反馈。学生们经常自觉讨论班级的各项规定制度，发现问题，便随时提出。例如《班级日报》办了一段时间，有同学提出摘抄不宜过多，班级就做了每期报纸，本班内容必须占60%以上的规定；还有同学提出病句、错字多，班级便做了每期日报必须设“文章病院”专栏，专给上一期日报看病；有同学对《班级日报》保管不善提出了批评，班级又做出了每月必须装订好《班级日报》合订本的决定。由于同学们的意见不断得到反馈，才使办报的规定越来越完善，报纸越来越吸引人。

2. 班干部反馈。我们的班干部经常自觉讨论班级计划、制度等是否合理，是否健全。如值日班长和科代表等责任制，都是经干部反复讨论、修改，才使其逐渐趋于完善的。

3. 班集体反馈。仅举一个小例子：同学们每天放学前要做的仰卧起坐和俯卧撑，刚开始做时规定是8个，后来集体多次讨论，数字一增再增，一直增加到每次每人做100个仰卧起坐和100个俯卧撑。应该说这是一个惊人的数字，如果不是对结果及时进行反馈，是无论如何不敢规定这么大数字的。

4. 家长反馈。我们通过和家长通信，和少数家长座谈和召开全班同学家长座谈会的方式，征求家长对班规班法的意见。

有了较周密的计划、较完备的班规班法，再建立了检查监督系统和反馈系统，班集体的管理就基本走上了科学的轨道。

班集体展开民主管理与科学管理的双翼便很自然地得以腾飞。

我们教的几届毕业学生，离校以后聚在一起时，常常满怀深情地回忆起班集体的团结、友爱，人与人之间的互相尊重，回忆起他们那对祖国对人民单纯的真挚的爱，回忆起班规班法是怎样培养他们具有远大的理想、无畏的胆略、必胜的信心和坚强的意志，回忆起他们怎样在班规班法的约束下自觉发奋地进行体育锻炼。同学们深情眷恋的这些东西，是不被社会上许多人所重视的，社会目前评价教育效果的工具只有一把尺，那就是考试分数。即使用这把极不标准的尺来量我们班级的教育效果，也是无可挑剔的。前几届学生的成绩已多次量过，确实领先了。1985 年入学我即当班主任的学生，1988 年毕业。三年中我的主要精力用于学校管理，三年中我离校开会近 300 天时间，不在校时班级自动化管理，学生自学，没请人代过一节课，我回校后也不再补一节课，星期天和假日从没补过课，班级还接待了全国 20 多个省、市、自治区的老师近万人次听课，补充了大量的课外教材。1988 年暑期升学考试时，我教的两个班 135 名学生全部达到了上级学校录取分数线，全市政治、语文、英语、数学、化学、生物六个单科第一名都是我们班学生。全市 44 所中学总分超过 600 分的考生共 30 名，其中我们班就占了 10 名。全市总分第一、第二、第三名都是我们班学生。

我深知，我们班级的民主管理与科学管理的两翼还极其稚嫩，但我相信这稚嫩的双翼会在改革的大潮中锻炼得强健起来。

最好的管理就是让学生自我管理

1984 年我在上海师大做报告，结束之后，学生围着我，让我写一句最重要的话，表述怎样才能当好班主任。我想了想，写下了这样一句话："坚信每位学生的心灵深处都有你的助手，你也是每位学生的助手。"

很多年过去了，我到过祖国各地，从白雪皑皑的黑龙江到遥远南方的海南岛，从相对贫困的山区到富庶的长三角、珠三角，每当有人让我写班主任应该记住的最重要的一句话，我都会把上面这句话一遍一遍地写给他们。

这是我当班主任以来感受最深的一点体会，也是我当班主任的一条最根本的原则。

班主任要敢于放手，要相信学生。学生心灵深处孕育着无穷无尽的力量，优秀的、充满智慧的班主任，应该善于利用这些力量。班主任借助学生，建立合理的管理机制，让学生来运作这个机制，这样不仅能管理好班级，使教育教学环境秩序井然，而且能给学生提供成长和锻炼的机会，一举两得。从另一个角度说，班级管理不是班主任一个人的事，班级的事情，人人有份，人人有责；学生也不只是被管理的对象，他们是班主任最好的助手，是班级管理的主人。

班主任不是万能的，不要事事亲力亲为。这不只是从能力上来说的，更是从教育的本质上来讲的。班主任要秉持一个原则：学生能做的，教师不做。我始终相信，能力是在实践中、在锻炼中一点点增长的。学生视野扩大了，综合素质提高了，沟通起来自然要容易得多，管理工作自然要顺畅得多。班主任要研究学生的需要，不为难、不放纵学生；班主任要守护自己的内心，培养学生自我教育的能力。

从学生实际出发是教育的王道。人是一个广阔的世界，班主任要透过学生“气人”的一面，看到他可爱的一面，看到他的热情上进，看到他的真善美，看到他的纯洁的心灵天空，看到他一次次与困难抗争……于是就可能产生左右逢源之感，就能很快想出许多好的教育方法。管理班级，不一定非要盯着那些“管理班级”的条条框框，有时候，从别的层面另辟蹊径，而不是直奔管理，反而会收到意想不到的效果。

管理也是一种教育，而不只是维持秩序、保障教育正常运行的一种手段。这么多年的教育实践和班级管理实践，让我明白，最好的管理是让学生进行自我管理。当每一个学生都能从内心深处反省自己、管理自己的时候，那才是教育和管理取得最终胜利的时候。

条条大路通罗马

初夏的盘锦，赶上艳阳高照的时候，已经很热。教室内我正讲课，班内的几个胖子，一边流汗，一边听课。

忽然，室外起风了，而且越刮越大。我们三年级七班的教室在教学楼外面，有 18 米长，专供听课用的，走出教室便是大走廊。走廊的门被风吹得关上又打开，关时撞在门框上，开时撞在墙壁上，发出咣当咣当的响声，搅得人心烦。

这时李威娜同学从座位上走出去，到走廊把门关住，用插销插上了。回到教室，我问她为什么插门，她说："老师，我是承包门的。"

"这么热的天，把门插上，室内不通风，胖子们热坏了怎么办？"

"门开着，风一刮就乱响，影响大家听课怎么办？""难道风大时，让门不出声音只有插上门一种办法吗？老师不是常说，并非自古华山一条路，而是条条大路通罗马吗？不是常说每件事都有 100 种做法吗？明天请你把这个问题解决了：刮大风时，门要开着，还不能让门发出声音。一种办法还不行，要写出 10 种办法。"

李威娜是一位思维敏捷、想象力丰富的同学，用不着指导，她就一定能想出好办法来。

果然，第二天，问题解决了。她找来一根比门框的宽度略长的方木，方木的两端各开了一个槽，槽的宽度等于门的厚度，然后将两扇门打开，将方木横在门的上端，槽恰好卡住两扇门。这样一来，门被顶在两端的墙壁上，风大也不能再往墙上撞了。往内呢？因为有槽顶着也回不来。同学们看了，都称赞这个办法想得妙。

大家正欣赏着这项小发明，李威娜同学又递给我一份材料，我打开一看，材料的题目是《刮大风时开着门但没有碰撞声的 10 种办法》：

1. 如目前使用的方木顶门。

2. 可在门与地之间的缝隙处加两个楔子，使门稳定。

3. 可在门下方设两个顶门的墩子。

4. 可在门后贴墙壁处钉两个橛子，橛子上设挂钩，门上设羊眼圈，一挂即可。

5. 可在门的中部设弹簧，弹簧力向内拉，而门外再设小弹簧拉住，成为有弹性的固定装置。

6. 跟 5 的办法大致相同，用橡胶皮条内外拉住亦可。

7. 在门的上部安上类似窗户扇下部挺钩那样的防风动装置。

8. 门上部内侧各钻一个不透的凹洞，然后制作一个可伸缩顶门闩，两端顶住凹洞。

9. 门下朝地面部位安上门插销，然后在水泥地面上打孔，门开后，将插销插入孔内固定。

10. 可安装像钢窗那样的构件，虽然复杂一些，但却是防风动效果极好的挂钩。

我看着这份材料，认真一想，这些方法确实都行得通，都能达到刮大风时，开着门还没有碰撞声的目的。

教学活动中，我经常提出这样的问题：我们要做某件事，大家想想有多少种办法？

张军同学感冒了，大家想想，有多少种办法能治好？同学们七嘴八舌地议论开了：“吃速效伤风胶囊。”“吃感冒片。”“吃银翘解毒丸。”“打退热针。”“打消炎针。”“针灸也能治好。”“按摩也能治好。”“轻微的感冒，洗洗热水澡，一出汗就能好。”“喝姜糖水治感冒。”……

“吃速效伤风胶囊需白开水送下，请同学们想一想，烧开水有多少种方法？”就容器而言，大家说“用锅”“用壶”“用盆”“用盘”“用饭盒”“用杯”都能烧开水。就容器的质地而言，金的、银的、铜的、铁的、铝的、陶的、瓷的都可以。就燃料而言，有天然气可以，没有天然气，用液化气，用煤，用木头，用稻草，用废纸，用酒精灯，用煤油炉，用电饭锅，用太阳灶。这样想来，人的思路开阔，做事时容易成功，不至于因缺少某一个条件，一种办法行不通了，就宣布此事没法办。

甚至同一句话都有 100 种说法，比如只有 5 个字的一句话：“为人民服务。”就语速而言，可慢，可快，可先快后慢，先慢后快，就这 5 个字的距离至少可有 100 种不同的摆放方式。就音量而言，可悄悄地耳语，可小声说，可大声说，可高喊。就音调而言，可高音，可中音，可低音，ABCDEF 等 14 个调值均可用来说这句相同的话。就语气而言，可陈述，可感叹，可疑问，可祈使。就说话时的感情而言，或喜，或怒，或哀，或乐，又有相当大的差异。不同性格、不同品质的人说这同一句话，别人听了感受不同。周总理、雷锋说这句话，人们觉得真诚、恳切、发自内心，听了以后使人感动，使人共鸣，使人受教育。坏人说这句话，流露出的是假大空的虚伪，是只知空喊、不想实做的欺骗，人们听了，受到的是不说假话办不成大事的反面教育，是不得不做形式主义敷衍的教育。14 亿人同说这一句话，方式方法不就更多了吗？一句话既然有上百种说法，我们为什么不尽可能选择那种能鼓舞人、教育人、感染人、激励人的说法呢？

再往细说，一个字也有 100 种写法。比如学习的“学”字，甲骨文、金文、隶书、篆书、魏碑、行书、楷书、草书、仿宋等哪种写法写出来都读“学”。单就楷书而言，柳公权、颜真卿直至现代的启功、赵朴初这些大书法家，写法又都风格各异。这样看来，仅仅一个“学”字，也不仅有 100 种写法，1000 位书法家，或 1000 位学生同写“学”字，至少会有上百种区别吧！更值得思考的是，我们很难比较隶体的“学”字和篆体的“学”字孰优孰劣，也很难一致做出哪个书法家的“学”字能排在第一位的决定，而是觉得书法家的“学”字千姿百态，变化万千，各具特色，妙处无穷。

烧开水这样的小事，一句话、一个字这样的小事，尚且有这么多种不同的做法，最后殊途同归。为什么对当班主任、管理班级、任命班干部、讲课等许多教育教学过程中复杂得多的事情，却认为“自古华山一条路”，只有一种模式呢？

马克思在《评普鲁士最近的书报检查令》中说：“你们并不要求玫瑰花和紫罗兰散发出同样的芳香，但你们为什么却要求世界上最丰富的东西——精神，只能有一种存在形式呢？”

人的思想一旦从一种模式中解放出来，就会发现，教育教学改革的天地十分广阔，方法非常多。

一个班会可以由班主任主持，也可以由班长主持，普通同学主持亦可；大家轮流主持可以，几个人同时主持也可以。找到一种方法，再找到第二、第三……第十种方法，比一比，试一试，哪种方法大家感兴趣，效果好，就用哪一种。

有一天，天气闷热，似乎要下雨了，一位同学跟我说："老师，天气一闷热，我就心烦意乱，上自习的时候心烦意乱就什么都做不下去，看书、写作业，都静不下心来。怎么办呢？"

我说你用原来的老办法，大概控制不了自己的心绪，但你必须有这样一个坚定的信念：这种不良心情我能控制，老办法控制不住，我还能想出新的几个、十几个、几十个控制办法。有这个坚定的信念，你的情绪稳定些了，接下来就想办法，如：这段时间回忆自己过去学习效率最高之时或回忆自己战胜逆境时的经过，胜利者的心态便容易恢复；你也可以闭目冥想，自己是一个神奇的圣斗士，眼前一些不利的气候根本不算什么；你还可以从所学的 11 个科目中挑选自己最愿意学的科目，再选最喜欢的科目中最愿学的章节，从最爱学的章节中选最喜欢做的习题，这样越挑选越高兴，越愉快，逐渐会忘了心烦意乱的情绪而开始做实事。"好了，好了，老师您先别说了，让我自己再想一些新办法吧！"

一旦把学生从"自古华山一条路"的思维定式中解放出来，他就有豁然开朗、"柳暗花明又一村"之感，老师点出一个办法，他就能想出一串符合自己实际的办法来。

自习课如此，战胜自己好动的毛病、语言不规范的毛病，以及听课、作业、参加社会活动和旅游参观等，莫不如此。

牢记"条条大路通罗马"，就能在做事一筹莫展时持积极的心态，想出几种、十几种，乃至几十种、上百种办法来。

我当班主任，绝大部分事请学生做。刚开始时，个别所谓理论家也持批判态度，觉得我和某位理论家的某个观点不一致。但由于这样管理班级效率高，我便一直坚持这样做，时间长了，便也成了一种办法。

我喜欢"条条大路通罗马"这种思维方式，这种思维方式，不至于使人钻牛角尖，容易使人变得开朗、乐观、豁达。

运用某种方法没做好，无须懊悔，无须烦恼，再换一种就是了。

运用某种方法挺好，也无须骄傲，无须故步自封，因为事物在发展，方法在更新，我们目前运用的方法绝不是最好的方法。我们应该不断研究、探索，再往前去寻求更好、更科学的方法。

选好常务班长

1993年1月18日，我在宁夏体育馆中间的篮球场上给银川十五中的学生讲《得道多助，失道寡助》，四周看台上坐的是从四面八方来的老师。翻译课文时，学生让我给译，我说："我这个人很懒，总让学生自己试着干，实在不行了，我再帮忙。"学生没了依靠，便自己查资料，讨论翻译，也译出来了。课讲完了，我征求同学们的意见，一名男同学说："我对老师的'懒'，感到满意，正因为老师'懒'，学生才勤快，能力才强。"我接下来说："这就是俗话所说，没娘的孩子早当家。"

没娘的孩子早当家这个道理，我一遍又一遍地向一届又一届的学生讲，意在引导学生不要什么事都依赖父母，而要更多地为父母分忧解愁，以增强自己的能力。

反复讲这个道理也是为了使学生不要什么都依赖班主任，而要以班级主人的姿态为班级做工作，为班级尽责任，这样才能增强自己的管理能力。

十几年来，我一直跟学生讲，老师之所以不管班级具体的事，之所以做甩手班主任，主要不是因为我的事多，为了省时间，而是为了培养学生的能力，增强学生管理班级的能力，增强学生协调自己与他人、自己与集体关系的能力。

班级要实现管理自动化，先要培养一批热心于班级工作的干部。班委会委员、团支部委员、值周班长，这些干部中最关键的是常务班长。

我们班的常务班长，用我校老师们的话说，其实就是一位班主任。班级从纪律、卫生，到出勤、学习、体育、劳动、集体比赛、社会服务，都由常务班长总负责。

常务班长的选择确定，是我新接一个班之后的一件大事。

我先注意发现上学放学身后都有一些学生跟着的“孩子王”，这样的学生一般都有组织能力，所以才成为领袖人物。再注意从发现的几名领袖人物中，寻找心地善良、胸怀开阔的。领袖式人物有两类，一类凭好心，凭帮助别人，凭能容人等取得威信，这样的威信能够长久。个别学生也有凭逞强霸道，暂时吓住了几个人，似乎也有一定的威信，但难以长久保持住自己的威信，即使保住，他也活得很累，和好同学的关系总处于紧张状态。在心地善良的领袖人物中再对比一下谁的头脑聪明、思维敏捷。

一有组织能力，二心地善良、胸怀开阔，三头脑聪明、思维敏捷。我选择常务班长主要看这三条。

大部分常务班长由我提名，同学通过，有时也由我任命。刚开学就能发现常务班长的人选吗？第一天不容易看清楚，过了三五天，就能发现几名人选，拿不定主意怎么办？可以让七八位候选人轮流当值日班长，每人轮上四五天，一个多月过去，几个人的差异便显露出来了。

倘若再拿不定主意，也可宣布几个人同时为代理班长，轮流执政，过一段时间，征求同学意见，便确定了。

1988 年入学的那届学生，我采取了竞选的方式来产生常务班长。原因是这届学生相当活跃，愿意当班长的较多。谁想当班长，便在竞选班长的班会上发表竞选演说。

有一次辽宁电视台记者来采访，恰逢我们班召开竞选班长的演说会。记者在录像过程中不断称赞学生的演讲才能和为治理好班级出的闪耀着智慧火花的办法。

每名演说者都要说明自己为什么要当班长，以及采取哪些具体可行的措施建设好班集体。

本届班长竞选演说由上届班长负责主持，那次参加竞选的有8名同学，经过比较，大家觉得王海波同学的措施更切实可行，投票时，王海波的票数遥遥领先。

谁当常务班长，谁便有权确定以自己为核心的班委会成员由谁担任，就像谁当总统，谁提名组织自己的内阁成员一样。

有一次我外出开会半个月归来，发现膀大腰圆的体育委员不组织体育活动了。这名同学跑得快，跳得高，投得远，是全市有名的运动员，还有一定的组织能力，今天怎么不负责任了呢？

我问经过竞选新上任的班长郭丽娇："怎么体育委员不负责任？"郭班长答："我把他撤了！""为什么撤他的职？""他工作忽冷忽热，凭自己的情绪，高兴时一心一意工作；情绪低时，体育活动谁愿干啥就干啥，他不管。不撤他的职，咱班体育活动的成绩上不去。"

谁当班长谁组阁，这是她职权范围内的事，我尽管有点不理解，也不好更改过来。

郭丽娇任命一名女同学范海蓉当体育委员。

初冬的一天下午，寒风凛冽，寒风中班长郭丽娇正同另外两名同学立正站着。我从办公室出来，见操场上这三人冻得发抖，便不解地问："这么冷的天，你们在这儿站着干什么？"

"我们犯错误了。"

“犯什么错误了?”

“按体育委员规定的集合时间，我们迟到了一分半钟。”

原来这天下午第三节活动课，体育委员规定要练集体舞，以参加学校的集体舞比赛。规定上课铃响便立即集合。班长和这两名同学有点别的事，来晚了一分半钟，体育委员为强调纪律的严肃性，便罚她们在操场站着。

我反对体罚学生，但新上任的班干部由于经验不足，而偶然使用一点体罚办法，当时我并不制止，以便维护干部的威信。过后我再找干部说明这样做为什么弊大于利，并让全班同学设身处地地理解班干部当时的心情。

更重要的，是要引导全班同学树立这样的观念：只有对同学严格要求、不讲情面才是对同学的尊重，才是对同学最大的关怀与帮助。

看到范海蓉是郭丽娇亲手提拔的体育委员，对班长尚且如此不讲情面，别的同学就更服从命令了。郭丽娇心甘情愿接受体育委员的惩罚，威信反倒更高了，大家觉得她身为班长，深明大义，以身作则，于是更敬重她，她成为竞选连任时间最长的班长。

这次参加学校集体舞比赛，全班同学动作协调，舞姿矫健，配合默契，获得全校总分第一名。

我 1979 年开始进行班级管理自动化的实验，那时的班长张筠工作认真负责，性格开朗，勇敢泼辣，办事公正，维护团结。别的教师用她来教育自己班上的干部：“看人家的班长，教师不在时便领着同学们开展活动，老师放假回沈阳，她便组织同学送行；老师回盘锦，她又领着同学到车站接。”

1989 年 6 月，武汉《学语文报》副主编马鹏举老师在盘锦市卫生防疫站采访已工作两年的张筠。马老师写道：

张筠蓄着三节式的短发，显得十分潇洒，她面孔圆而红润，乌黑明亮的眸子透出灵敏、智慧。

她落落大方地接待客人，并马上沉浸在愉快的回忆之中："魏老师接班前，班上很乱。他来了后，5点半到校，在操场上跑步、打拳，早自习，再吃早餐，上课。课外活动挺多，练书法，唱歌，游戏，出学校写生，大家挺愉快。二年级时，魏老师建议八一建军节与部队联欢。我问怎么个做法，他说：'我不管，你们班干部组织。'我犯难了，只好大着胆子到部队去。也不知找谁联系，就对一位站岗的战士说：'我们班同学想同你们联欢，你们同意吗？'战士一听挺热情，连忙说：'好呀，我带你找指导员。'见了指导员，我也不慌了，我们很快谈好了，他们对我们的提议很感兴趣。我回来后加紧组织节目。八一那天，我带着全班同学打着彩旗，敲着锣鼓到部队营房去了。战士们的节目是打拳，我们的节目是唱歌、跳舞，联欢会开得很成功。慢慢地，我的胆子大起来了。"……

马老师继续写道：

我在盘锦市高中（重点中学）同时采访了魏书生第四轮（1985届）实验班班长周继明、戴明峰。我们一同坐在该校政教处办公室里，周继明坐在我旁边，戴明峰坐在我对面，他们都是去年考入这所重点中学的。周继明说："在初一时，我是文娱委员，初三分班，一个班分成两个班，因为教室坐不下了。我当一个班班长，戴明峰当另一个班班长。班上的小事，魏老师从来不管，他强调班干部要主动、独立、创造性地开展工作。班长代表班主任，是有权的。比如：为了配合工作，我自己挑选了几名班委，条件是肯讲话，活泼胆大，学习好，表现好。我把班委名单交给魏老师，魏老师马上同意了。然后再提交同学们表决。我一个月召开一次班干部会，在会上讨论、决定一些重大问题。比如一次歌咏比赛，事先就召集几个干部开会商量，唱什么歌，什么时间排练，怎样排好队列……这次合唱，我任指挥，我们先唱了校歌，又唱了《黄河颂》。我到校外借来手风琴，请一位老师伴奏，这次演出很成功。”说到这里，他情不自禁地笑了，那是人们在回忆愉快的往事时，由心底发出的微笑。“有一次，一名同学生病，有两天没上学，又没有送请假条来。上学时，我在班上批评了他，他不服，就顶撞起来，完全不虚心——因为他是新转来的，不习惯我们班的做法，还是其他同学劝解开了。放学后，体育委员赵广民同学上我家来，批评我不冷静，劝我上那名同学家里去做自我批评，也疏导疏导他。我一想，也对，于是一道到那名同学家去了。那名同学很感动，我们很快就和好了，这件事魏老师还不知道。”

“同学们听你们干部的吗？”

“都很听，因为许多事都是大家讨论通过了的，只要举手超过半数，就算通过了，就得执行。”

“现在许多学生不愿当干部，怕吃亏，你当时怎么想的？”

“没想到吃亏不吃亏，只想到应该把工作做好。”

“老师对班干部有什么优待吗？”

“没有。老师对干部要求更严。第一，事情来了，要求比别人先干、快干、多干。第二，如果团员、干部和群众同时犯错误，团员、干部加倍处罚，群众写500字的说明书，团员、干部则要写1000字的说明书，要求干部有更强的自我教育能力。”

周继明侃侃而谈，谈话间，常常皱皱眉思索着。拘谨而内向的戴明峰在一旁不停地点头，补充着什么。他们很乐意谈初中这一段生活，不时流露出深深的眷恋。

孩子们同我握别了，他们要上课了。当然我们成了好朋友。我很关心他们现在的表现，戴明峰的班主任赵鹤鸣老师介绍戴明峰道："他仍当班长。学习很努力，肯动脑子，自学能力十分突出。工作挺负责，很有组织能力，很能自我约束。在家里有自己的小书房，一放学就关在小书屋里学习。他为集体想得多，教室后排有一个大个子同学上课时爱讲话，他主动向老师建议：'我到后面去坐，好维护课堂秩序。'这在一般人是做不到的，学生上高中了，一般都不愿意管事儿。"

周继明的老师介绍周继明："他是我班文娱委员，思想状态不错，性格开朗，关心集体，文娱活动组织得很出色，学习成绩中上游，挺聪明，但偏爱文科。"

前几天，到德国同外商谈判归来的刘斌同学来看我，他十一年前是我第二届毕业班的常务班长。他回忆起当年的学习生活，谈到刚当班长时，还对老师把什么工作都交给他做有些不理解，现在想来，正因为那时做的工作多，才锻炼了自己的工作能力，才激发了自己的学习积极性，激发了自己的创造性。到现在，面对一个全新的世界，才充满了信心。

我发自内心地感谢我的一届又一届毕业班的常务班长：1981 届毕业班是张筠；1982 届是刘斌；1985 届，三年级一班是高岩松，三年级七班是纪磊；1988 届三年级二班是戴明峰，三年级八班是周继明；1991 届，三年级二班是杨丹，三年级七班是郭丽娇；现任班长是蔡乐。

一名又一名常务班长不仅帮我做了大量工作，也给我以多方面的启示。我从他们身上不仅吸取到了前进的力量，也学到了许多科学的符合实际的工作方法。

没娘的孩子早当家。孩子学会当家，学会理财，学会处理各种人际关系，处理有关的社会事务，显然有利于他们步入社会。他们步入社会之后的工作能力肯定要比从小娇生惯养，长到十七八岁还要母亲给洗袜子，长到三四十岁还琢磨怎样搜刮父母钱财的人要强得多。

那么班主任是不是真的像没有一样，一点不起作用了呢？当然不是。

班主任是班干部的后盾，是班干部的顾问，是班干部的教练和导演。

人都潜藏着组织领导能力，之所以有的人显示不出来，是因为没有后盾，唯恐做错了事，自己承担不了责任。我同一届又一届的学生讲明："老师要培养同学们的工作能力，不管谁承担那一份工作，刚开始做都没有经验，都可能出现失误。失误以后，不要害怕，责任不在大家，在于老师，大家尽管大胆开展工作。特别是当老师不在家时，就更要班干部大胆工作。班干部指挥可能失误，即使失误了大家也要先服从，不争论这样做的对与错。等老师回来，再研究确定以后纠正的方法。只有这样坚决地给班干部做后盾，班干部才没有后顾之忧，才敢于放开手脚大胆工作。"

在较复杂的问题上，学生初次做时确实一点经验都没有，班主任则不妨当当学生的顾问。如入学后初次组织到千山或到沈阳旅游，学生不知怎样联系车辆，我则简单告诉几种联系方法，任学生们选择。又如学生们跟部队、跟机关团体有了较深的交往时，我也给学生提供一些使关系更为融洽的方法。

还有的问题属临时发生的，时间要求紧，倘干部开会讨论则可能贻误机会，如修大坝劳动、突击城区内某段的卫生等，班主任则完全可以扮演教练或导演的角色，比较具体地指导班干部怎样活动，自己在台前幕后观察，发现漏洞也不到前台，待休息时再加以指导，或如同教练要求暂停一样，悄悄到干部身边面授机宜。

没娘的孩子早当家，那是逼出来的。倘若孩子的母亲、学生的班主任都立足于培养学生的自主能力，当好后盾、顾问、导演，那么孩子们的自主能力一定比自然逼出来的要更强一些。

设立值周、值日班长

学校的值周工作每周换一次领导、教师和值周班长，每周对各班纪律、卫生、出席、眼保健操、集体舞的情况做一次全面的评价。

班级的值日班长每天换一次，班级总体工作由常务班长负全面责任，两者和学校的值周联系都不够紧密。

为强化班级管理，使班级管理与学校值周工作实现某些方面同步，几年来我尝试设立值周班长。

值周班长的人选自报，我确定。一般都是班内责任心强、头脑聪明、思维活跃、勇于大胆开展工作、组织能力较强的同学。每学期每班挑选 10 名同学，轮流负责。每人轮过两周，一个学期就结束了。

值周班长向常务班长负责，可以指挥值日班长。

好处在于进一步减轻常务班长负担，使组织能力强的同学获得了较多的进一步增强能力的机会。另外，值周班长要根据上周班级管理状况，围绕一个中心问题，开展本周的活动，能对本周诸位值日班长加强指导，克服上周班级管理的薄弱环节，提高本周班级评比的分数。

亓峰、滕玉欣、雷蕾等同学当值周班长都当得非常出色，他们既善于为常务班长分忧解愁，又能指导值日班长不费冤枉力气，把工作做到点子上。

有的值周班长还提前找本周的 7 名值日班长开会，讨论上周管理中出现的问题，分析上周扣分的原因，提出本周改进的具体措施。

由于值周班长和常务班长、值日班长的职责有相互交叉的地方，权力又没有常务班长大，职责又没有值日班长那么多、那么细，因此，能力强的同学，干起来能有声有色，而能力较弱的同学常常觉得自己可有可无。

值周班长工作开展起来，总体讲来没有常务班长和值日班长那么好，这是有待今后努力的。倘若所有的值周班长都能像亓峰、滕玉欣、雷蕾那样开展工作，班级管理水平将会提高一大步。

设立值日班长

常务班长工作多、负担重，集班级大小权力及事务于一身，显然既不利于提高班级工作的质量，也不利于常务班长自身的学习。于是我自 1983 年开始设立值日班长。

我觉得现代社会的特点之一，就是由集权制向分权制发展。愚昧落后社会形态的特点，都是权力高度集中于统治机关，千百万人的积极性受到了压抑，千百万人不得不把自己的命运交给别人操纵，不得不变得被动，直至变得懒惰、愚昧。

回忆过去，七八亿农民都去种粮食搞饭吃，结果，种地的硬是吃不饱饭。我们知识青年拼命干一天活，回到知青点，连玉米面窝头都吃不饱，类似大锅清水汤的盐水煮白菜，每人只能分到一小碗，刚喝到半饱，饭菜就都没了。那时，中国农民和我们这些知识青年没少费力气，可为什么弄到连饭都吃不饱的可怜地步？重要原因之一，就是农民自己的权力太少了。

农民是种地的，可地里种什么，农民说了不算。种了点果树，种了点香瓜，便批判为对抗“以粮为纲”的最高指示，统统让拔了不算，还要挨一通批判。现在说起这些像笑话，但在那个年代，都是真真切切的事实。

一个村的农民必须统一步伐，集体下地，集体收工，甚至连农民每天挣多少工分国家都要管。

农民卖几个鸡蛋，卖几只鸡，都可能被抓住批判一通，真是动辄得咎。

农民本应该钻研农业技术，但钻研技术被批判为白专，于是几亿农民不得不学“无产阶级专政下继续革命的理论”，不得不去大呼小叫着批判“孔夫子”，不得不都大轰大鸣地学习小靳庄，都去写诗。明明吃不饱饭，还要写各种各样的诗……这些事尽管荒唐，但那时没有别的权力的农民只好无可奈何地一件一件地跟着做，地怎么能高产？饭怎么能够吃？还想什么鱼肉蛋！

党的十一届三中全会以后，中国农民焕发了极大的生产积极性，人们这才发现不需要那么多人种地，中国的地里长出了吃不完的粮食不算，还养种出了这么多的马牛羊、鸡鸭鱼和瓜果梨桃。

细细想来，同是这块地，同是这些人，差距为什么这么大？重要原因之一，就是不再喊以粮为纲了，由集权制向分权制转化了，由什么都要管农民到许多事情让人家自己说了算了。种什么，怎样种；养什么，怎样养；卖什么，怎样卖，农民自己可以自由选择了，几亿人的脑子都从自己的实际想问题，当然比一个人想好得多了。

何止单对农民，对工厂，对教育，对文化，对商业，由于权力过于集中，强调计划，强调集中统一，带来的可悲后果确实令人痛心疾首。

大到联合国处理国际争端，治理国家，小到一个班级的管理，甚至家庭过日子，许多基本原理都是一致的。

我发现有的班级管理效率低，重要原因就是班主任集权于一身，事无巨细，统统亲自出马，亲自决定，忙得不可开交，焦头烂额。学生或是莫名其妙，或是手足无措，或是紧张焦虑，或是隔岸观火，帮不上忙，也不会帮忙，结果，按下葫芦起来瓢，效率甚低，最后集烦于一身，集怨于一身。

我总回忆个人受压制、人民群众受压制的往事，决心在自己的班级不让此类事重演。十几年来，我不断向学生宣传分权制的好处，提出班级管理的一个原则：

干部能做的事，老师不做。

普通同学能做的事，干部不做。

我觉得，替学生做人家自己能做的事，同替学生吃饭一样有害。学生失去了吃饭的机会，便失去了生理上汲取营养的机会；学生失去了做事的机会，便失去了心理上汲取营养的机会。

我们设立的值日班长，便给每个同学都提供了做事的机会，提供了施展才能的机会，提供了使用权力的机会。

值日班长，按学号轮流，每个人都要当，轮到谁，便从早到晚对班级工作负责任。经过讨论，班级拟出了值日班长 10 条职责：

1. 负责记载当天的出缺席情况，及时在班级日报上登载，对迟到的同学提出批评，予以处罚。

2. 维护自习课纪律，对自习课说话的同学予以批评、处罚。自习课有准假权。

3. 维护课间纪律，及时发现并制止课间大声喧哗以至于在走廊打闹的行为，在无声日期间，对课间在教室内说话的同学予以批评、处罚。

4. 领导两名值日生搞好班级卫生，每天早、午、晚各拖地一次。发现地面上的碎纸，谁的座位底下谁负责，及时征求值周班长对班级卫生的意见。

5. 协助体育委员，督促同学们认真做好课间操。

6. 协助生活委员，督促同学们做好眼保健操，发现眼保健操不认真的同学，则予以批评、处罚。

7. 在任班长的前一天晚上放学后，选择一条对班级现状有针对性的格言，抄写在黑板的右侧。

8. 协助体育委员组织好体育活动。

9. 在当天的12点之前将班级日报装订在班级的报夹子上，并在第二天的班级日报上刊登自己在任职期间的工作总结。值周评比若对出席、纪律、卫生、课间操、眼保健操中的某项活动不满意，被扣分，值日班长则需写清失误分析登在日报上。

10. 当天学校若召开班主任会，则可代替班主任参加会议，倘若召开班长或班干部会，而干部不在或不能脱身时，则可参加班长或干部会议。

有一次，我们班较淘气的张铁同学轮上当值日班长，那天正赶上学校召开班主任会。我要求政教处开会就要解决实际问题，要做实事，不开不干实事的会。既然开会的目的是为了干实事，那么只要能把事落到实处，谁来开会就是次要问题了。所以我进一步主张，管理自动化程度高的班级，可以由学生代替班主任开会。

张铁同学参加班主任会，坐在老师们中间，增强了他的自豪感，他做的会议记录，比别的班主任都详细。初次担任新角色的人都有一种格外认真的心理。回到班级，他把当天学校要开展的活动布置得井井有条，同学们都奇怪，他怎么会有这么强的组织能力？到他往下传达第二天的活动时，他灵机一动说："明天我就不当班长了，当然也不能主持明天的活动，我向常务班长个别汇报吧！"

1986年初冬，我到北京、河北、湖北、云南连续开了几个会。离开学校半个多月，回到班级一看，前面贴的值日班长职责不是10条而是14条了。我问常务班长戴明峰，值日班长职责为什么增加了4条？

戴明峰说："老师不在家这些天，我们发现班级有的事没人干。老师不是总告诉我们一个管理得科学的集体，应该做到事事有人做、人人有事做吗？经过讨论，有几件事便落实给值日班长了。例如，老师在家的时候，总给我们出日记题目，老师不在家，日记不知写什么题，怎么办，就把这项任务落实给值日班长了。"

我看第12条写的是：值日班长要负责给全班同学打开水。原来班级的开水无固定人打，只是由具有雷锋精神的同学自觉拿暖壶到水房去打水。赶上大家学习紧张都很忙时，就顾不上打开水。靠"雷锋"去打水，不是法治，而是人治，人治就没有规律，于是把这项任务也落实给了值日班长。

第13条，是负责提醒同学们放学时开展路上一个单词的活动。

第14条，要求值日班长督促检查同学们的座右铭。

这几件事原来没有专人负责，我不在家时，学生察觉出了管理的疏漏，于是将任务落实给了值日班长，这显然比没人具体负责强多了。

我觉得，这又违背了我们班级管理的另一个原则：一般同学能做的事，班干部不做。值日班长的职责多到14条，容易顾此失彼，反倒不利于开展工作。于是我又组织学生讨论，将这4件事分别落实给了其他4名普通同学。

当值日班长的过程，既是为同学们服务的过程，也是教育同学们的过程；既是提高工作能力的过程，也是增强主人翁责任感、义务感的过程，还是自己受教育的过程。

一些纪律较差的同学就是通过当值日班长改好了自己的某些毛病。

有名同学谈体会说："原来我自习课爱说话，我当值日班长那天，发现一名同学自习课说话，便去罚他。他说，你平时还总说呢，还好意思管别人！一句话，使我感觉心里很不是滋味。平时干部管自己时，我还不愿听，今天轮到自己当干部，才体会到当干部真不容易。要抓好自己的学习，还要维持班级纪律，今后我可不让干部操心了。"后来他的纪律果然好起来，自习课效率提高，学习成绩也好起来。

值日班长的设立减轻了常务班长的负担，调动了全班同学的积极性，为每个人都提供了一次当班长的机会；使同学之间、干部与群众之间加深了了解，密切了关系。干部不觉得自己总是处于管理者的位置，同学也不认为自己总是处于被管理者的位置。管理者和被管理者经常有转换的机会，这也是现代社会的一个特点。学生从小多次经受这样的角色转换，长大以后，便容易适应社会了。

班级要做到“八有”

教室里要养花，要养鱼，窗户上还要有窗帘，教室前面要有脸盆、毛巾、香皂等洗手用具；还要有暖壶、茶杯等饮水用具；有推子、剪子等理发用具；有纸篓，有痰盂。加在一起是八样公用的备品，我们管它叫“八有”。

“八有”是逐渐增加的，七年以前，我刚当校长时，只提倡班级“七有”，那时还没有养鱼这一项。

这几种备品，花钱不多，学校可以发。但我觉得，为了强化学生的集体观念，使学生有一些把班级当作家的观念，这些东西，还是要求各个班自己准备比较好。

这些备品都可以鼓励学生献，献花、献鱼、献盆、献壶……也可以说借，毕业了再拿回去。这样，个人献给集体东西，他会更爱集体。

我体会到，培养学生的集体主义精神，最有效的办法，便是吸引他为集体出力，为集体流汗，为集体贡献出一些个人的东西，吸引他为集体倾注心血。倾注得多，感情自然就会深起来。个人对集体，集体对个人，父母对子女，子女对父母，基本都如此。

有的孩子先天不足，是残疾儿童，但孩子的母亲却总觉得那孩子是世上最可爱的孩子。为什么？就是当母亲的为这个孩子倾注的心血太多了。有的子女之所以直到晚年也一直惦念着为年事更高的父母做点事，就是因为他们从幼年时，就为父母做力所能及的事，以后又不断地为父母尽力做事，深化了他们对父母的感情。反过来，有的人直到三四十岁还总想着如何占父母的便宜，搜刮父母的钱财，就是因为他从小就很少或根本不为父母做事。

从对一届又一届的学生的观察中，我认识到，那些热爱集体、关心班级、对班级有深厚感情的学生，都是平时乐于为班级奉献、乐于为班级做事的学生。某个感情冷漠、薄情寡义、被同学称为“冷血动物”的学生，肯定是遇到集体的事想法逃避，遇到为集体奉献的机会也想办法逃避的学生。使这样的学生感情升温的有效办法，就是千方百计吸引他，甚至是强迫他为集体做事，为集体尽责任，为集体奉献。

这些年来，我坚信，适当地吸引学生为集体做一点奉献，有利于培养学生对集体、对社会的热情和爱心。

为班级献一盆花，献两条鱼，对现代独生子女来说，根本不算什么经济损失；献完之后他们得到的精神上的开阔与满足远比失去的一点钱财要多。

“八有”也可以不捐献，而由班集体收费来买。低档的，每位同学交一元多钱就可以了；买好一些的，每人交两三元钱，就可以使班级有八种较漂亮的备品了。这备品的所有制是集体所有制，切切实实每个人都有一份。每位同学看到这备品也感到自己为集体做奉献是切切实实的。

“八有”还有具体保管人，管花的，叫花长，负责养鱼的叫鱼长，别的具体承包人就不叫长了。

负责窗帘的同学，窗帘脏了便由他去洗。

负责洗手用具的同学，要把脸盆刷好，毛巾洗干净。

张海英同学负责饮水用具，他把暖壶、玻璃茶杯擦得晶莹透亮。学校要求每个班饮水杯不能是搪瓷杯或塑料杯，那些杯太结实，不容易打碎。每个班必须准备玻璃杯，作用同鱼缸一样，有利于约束同学们的行动。

理发用具，我们班从 1980 年开始准备，那时同学们组成了理发互助组，每两位男同学组成一个组，互相理发，不仅节省了理发时间和理发的费用，还学会了理发技能。近几年，理发用具不像以前用得那么好，主要原因还在于独生子女们对发型的要求比原来高了一些，不愿随随便便理发了。

有人问，像痰盂那样的备品都有人愿承包吗？这就需要跟同学们商量承包工作量大的备品的利与弊。当同学们磨炼自己的欲望被点燃起来，燃烧得强烈了的时候，便产生以吃苦为荣、以克服困难为荣的认识，于是许多同学抢着承包痰盂。这时便从中确定一位学习好，且有毅力，心地坦诚的同学，这样他能一包到底，干得出色。工作过程中，他自己也更进一步受到磨炼，不怕脏，不怕苦，于是比以前更有毅力。他承包的成功，也使同学们认识到：一个人为集体、为别人多吃苦，多磨炼自己，不仅有利于他人，而且有利于自己的成熟与进步。

八种备品的集体所有制、承包制，增强了同学们的集体观念，增强了班集体的吸引力。

学生座位自愿组合

1985 年以来，我们班学生的座位，刚入学时，先按大小个头排列，以后随着大家相互了解的加深，可以自愿组合。

组合有两个条件：第一，有利于学习；第二，要四厢情愿。

我常跟学生说，人和人的组合是一门大学问，不要说万物之灵的人，就是简单的物体，再简单一些，构成物体的原子，其组合方式也是一门大学问。

同样是碳原子，排列组合的方式不同，便分别构成了世界上比较软的物质——石墨，和世界上最硬的物质——金刚石。

咱们再谈人，两个人和两个人合到一起，不一定就是 4 个人的力量。比如一个书记加一个厂长，倘两个人配合默契，情同手足，患难与共，相辅相成，那么加在一起就完全可能等于 3 个人、4 个人甚至更多人的力量。遗憾的是这样的例子太少了。另一种情况呢？其中一个人老实厚道，是谦谦君子，心甘情愿当配角，这样一加一便还是一个人的力量。也有的两个合不来，你定的我不同意，我定的你不同意，或一好一坏，一个创业，一个败家，一个挣钱，一个挥霍，一加一等于零。还有的两个人为了个人权力，在堡垒里拼命战斗，打得不可开交，置党和人民的事业于不顾，结果企业亏损，一加一等于负一，甚至负二、负三。

同学之间组合、交友也是如此，有的懒同学交了个勤奋的朋友，不久也变得勤奋起来。有的好计较生气的同学总和憨厚开朗的同学在一起，渐渐不爱计较，不爱生气了。也有的同学本来衣着朴素，不会花零钱，就因为总和社会上几个讲吃讲穿的失学学生在一起，也变得花枝招展，零食不离口了。

一届又一届的学生我都一次又一次地叮咛，要研究和谁接近，和谁疏远。

疏远了谁，不意味着断交，不意味着不是朋友，而是少在一起的朋友，是多鼓励对方，为对方祝福，暗暗地为对方加上进之力的朋友。

对后进同学，也不是让大家都疏远他，而是让后进同学相互疏远，安排先进同学接近他们。这样大家才能共同进步。

生理上的病，如感冒、痢疾、肝炎，有传染性；心理上的病，如懒惰、狭隘、冷酷，也有传染性。大家都认为我说得有理。

7年前，有3个好朋友找到我，要求我给他们做分离手术。我问："为什么分开呢？"

"老师您没发现吗？我们3个人都有懒病，凑在一起，相互传染，相互鼓舞，每个人的懒病都成3倍、成立方地增长了。"

"怎么做分离手术呢？"

"您以后再发现我们在一起，就让我们写1000字的说明书；请您再跟全班同学说，号召全班同学帮帮我们，监督我们。无论在家，在社会，在学校，只要发现我们在一起，就检举，我们保证感谢，保证有一次就写一次说明书。"3位懒学生争先恐后地说。

"但愿你们今后也能记得今天的话，别等以后反悔了，同学们检举，你们恩将仇报，反倒恨人家。"

"那哪能呢？"

“你们要这样想，虽然不在一起，还是好同学，还是好朋友，还要互相在心里鼓舞。为了对得起朋友，为了让朋友勤奋起来，就得暂时和朋友隔离。”

他们3人说话算话，好长时间不在一起，每人都找了勤奋的人作伴，后来都变得比较勤奋了。

我们班四大闹将之一，一天晚上跟我商量：“老师，您让我到第二组第四桌去坐吧，我保证能改好爱说话的毛病。”

“为什么这座能治你的毛病呢？”

“那座的左邻是咱们班的学习尖子，右邻呢？是最不爱说话的女同学，前面是张××，我和他合不来，平时基本见面不说话，后面是咱班的生活委员，我特别佩服他，他也能管住我，坐在这里，您说我和谁说话去。”

“那我得问问，左邻右舍同意不同意你去。”一商量，再加上我的劝说，他们同意了，这位闹将乐得蹦起来，过了两个多月，便基本改了自己好说闲话的毛病。

后进同学要换座，有时我帮着做工作，一般同学要换座，则要具备第二个条件：四厢情愿。假设原来甲乙两同学一桌，丙丁两同学一桌，甲同学要换到丁同学的位置去，必须征得其他3个人的同意；乙同学同意甲离开自己和丁到自己座位来；丙同意丁离自己而去并愿意接收甲；丁则愿意离开丙又愿去和乙同桌。四厢情愿，跟我说一声，立即就可以换，有一个人不情愿也不行。愿意换的同学就去做工作，什么时候做通工作什么时候换，做不通就不换。学生换座四厢情愿就可以换，但必须要跟我说一声，我把4个人找来一问，大家都同意了，立即换。这个权力我没有下放给班干部，我总觉得，这件事比较复杂，涉及一些微妙的关系。学生找我之前一般考虑比较全面了才来，换得有道理的时候居绝大多数。换得没道理，换完之后对学生发展不利时，我能及时发现，给予建议，得到及时纠正。我几次想把这个权力也下放给班干部，但一直没有这么大的决心。

引导学生从科学的角度研究人与人的组合，研究坐的位置，有利于使学生变得更理智，更开阔。

随意调换座位并不是让大家都疏远后进同学，相反地，还提倡先进同学和后进同学同桌，既提高了后进同学的成绩，也提高了先进同学帮助人、改变人的能力。

周继明同学是班长，临毕业前一年，他主动要求我不要把他和一位后进同学分开坐。他帮助这位同学已有两年了，为了这位同学的进步和班级的工作，周继明倾注了大量的时间和精力。我怕这些负担影响他个人的学习，便想给他减轻一些，找一位中等同学和他同桌。他知道了，恳切地说："我和他已经同桌两年了，我们已经有了深厚的感情，互相理解，互相支持，互相帮助。为了支持我的工作，他改了贪玩的毛病，为班级做了大量好事，学习也有了进步。离毕业不到一年了，如果分开，我感到对不起他，也对不起班级。"我问："你不怕影响自己的学习吗？""帮助他虽然失去了一些时间，但也使自己得到了锻炼，给他讲题时，我也加深了对问题的理解。再说，即使失去了时间，我的成绩在班级仍然是上游，将来升学了，不再支付这段时间了，这也是一个时间或精力的储备。那时再全身心地投入学习，一定能挖掘出这些储备，挖掘出这些潜力，从而使自己学得更好。"

张小飞同学是班级的团支部书记，一直热心于帮助后进同学，临毕业的前一年，她主动找到我，说："老师，让我和赵××同学坐一桌吧！"我问："为什么？""赵××同学对人很热心，为别人做了大量好事，可他现在学习成绩不好，我怕他升不了学。"张小飞同学曾帮助过不少同学进步，她已尽到了自己的责任，我没想到临近毕业，她想的还是别人，我答应了她的要求。毕业后，那位同学也达到了录取分数线，升入了自己喜欢的学校。

也有时，两个看来很好的朋友，经过商量成为同桌，起初挺好，过了一段时间，两人一同来找我，请求分开。我没有发现她们两人坐在一起有什么不合适，不解地问："你俩在一起不是挺好吗？"她们回答："正因为我们挺好，好得过了分，彼此之间失去了互相制约的那部分作用，上课时，有时老师让讨论问题，我们便不由自主地谈点知心话。上自习也常常惦记我们下课后去玩什么，明知不对，又不好意思制止对方，也不好意思不迁就对方。这些细微的变化，别人不容易看出，只有我们自己才能感觉出来，再坐一段时间，我们的成绩肯定会下降。"我记得1988年那届学生临毕业前两个月的时间，先后有5对好朋友来找我做分离手术。

也有时，两位看起来很淘气，并且合不来的同学，谁都觉得难以坐在一起，而实际上他们坐一桌，双方都有了进步。

王海鹏同学思维敏捷，理解力强，精力充沛，上课一听就懂，剩余时间不愿深钻，爱说话，多少次班级选举说闲话最多的人，他都位居榜首，最多时高达25票。李健同学原在四班成绩倒数第一，调入我班后，虽有进步，但仍不爱学习，也多次被选为爱说闲话的人。

一天，王海鹏同学来找我，要求和李健同学一桌，我还认为是同我开玩笑，便说："放学了，今天老师要赶写一篇文章，没时间跟你开玩笑，快回家吧！"他像往常一样，脸上仍不失顽皮的笑，瞪大了眼睛："老师，真的，今天不是开玩笑。""不开玩笑是什么，两个最能说的人凑在一起，疾病互相传染，不成了不治之症了？""老师您只知其一，不知其二，我和李健都爱说，不假，但我们说的不是一类内容，有时我们票数比对方多时，彼此还都有过不服气的时候，我们坐一桌，说不定互相制约住了呢。”我心里还是不愿意，他又说：“您不是总说试试并不吃亏吗？让我们试一段时间，不行，再换回来也不迟。”“李健能同意吗?”“一定能同意。”

他们成为同桌，已经两个多月了，效果出乎意料地好。不仅他们两人之间自习课不说话，还能控制着不同左邻右舍说话，并且两个人的学习积极性都比以前高。

他们试了两个月，还要继续试下去，我总感觉他们时间长了相互会有不好的影响。但仅这两个月的成功就足以使我认识到：学生的相互交往中，学生与学生的组合中，有许许多多奥秘远未被我所认识。

将近10岁的《班级日报》

1983年10月，我看《营口日报》，脑子里突然产生一个念头：国家有《人民日报》，但我们省还办《辽宁日报》。那时我们归营口市管，市里也办有《营口日报》。不同部门办的报纸有不同的宣传重点，起到了促进本地区两个文明建设发展的作用。我们班级不也像一个小社会吗？班级若办一份日报，一定能有利于提高班级管理自动化的能力。

我和同学们说了自己的想法，同学们热烈赞同我的建议。1984年1月10日，第一期《班级日报》由团支部书记刘勇同学办成了。

先由几位班干部带头办了5期，以后，就按学号轮流，每人办一期，每天轮到一个人。

有同学问："星期天、节假日、寒暑假期间还出不出报纸？"同学们说："照常出报，《人民日报》节假日还扩版呢！我们怎么反倒不出报呢。"

"寒假一个多月，怎么办报，出了报谁看？"

"放假前，先排列好顺序，大年三十，大年初一……都分别轮到一位同学办报。他可以到同学家去采访新闻，反映同学们的寒假生活，开学以后拿来，三十多期报纸展览，就是丰富多彩的寒假生活的再现。"

报纸的篇幅像《营口日报》《参考消息》那么大。纸张要选择质量好的，有的同学为办报买来了大张的图画纸，有的找来绘图纸，更多的同学用挂历的背面。

下面是1984年一张《班级日报》的主要内容。

主编：黄医兵。主办单位：盘山三中三年级一班、七班。出版日期：1984年7月25日。

一版头条是《要闻简报》四则。

> ★今天学校放暑假，但还有一部分同学和老师不怕炎热，放弃休息来护校，使学校财产免遭损失。
>
> ★班长和刘颖连续两天拿着水壶到校外为同学去打水，他们自己却不喝，这种精神值得赞扬。
>
> ★今天班级来了一名新同学叫杨佚成。傅代诚同学去海城，今天回来了，同学们都很高兴。
>
> ★我们班从明天开始放假。

一版二条是特写《今日三·七》："……今日的三年级七班，歌声就是命令，两支歌唱完后，听到的便是翻书声，一分钟后，教室里'沙沙沙'，只有这一种声音。自习课上说话的人极少，唱歌时拉长声的没有了。无论老师在与不在，教室里都是那样静，同学们在拼搏，在奋发。各种各样的计划在日记中订好，各种各样的课外书摆在同学面前，下学期崭新的教材同学们已经看了一半。学习风气正浓，锻炼身体也不忘，同学们一下课就出去玩，打篮球、捉迷藏、散步，丰富得很，既完成了学习任务，又锻炼了身体。同学们，让我们拉起时代的纤绳前进吧！"

两个版之间的中缝是《班级实事》，报道班级总人数，缺席人数及迟到、早退、违纪的人数。

中缝里还有《箴言》。

> ★段国清：生活是考场，你一言一行全是考卷。
>
> ★李庆：轻信他人容易上当，不信他人一事无成。

一版下面的文章是通讯《前进队伍中的路长——潘忠良名列榜首》，文章写道：

> 同学们早已预料到了，这次期末考试总分第一名一定是潘忠良。不错，正是。那么他为什么名列榜首呢？我想主要原因有两点：①他上课认真听讲，基础知识掌握得比较牢。正像吕厚昌说的那样：课堂上45分钟就像一日三餐，三顿饭吃不饱，靠吃零食能健康吗？②他学得活，把所学的知识真正变为自己的了，不管出什么题，他都能灵活运用公式。学习潘忠良吧，掌握好方法，以便提高成绩。

下面的一个栏目是《班级四方》："我们班同学哪来的都有，可谓来自五湖四海。有来自四川的张延仲，有来自贵州的李琦，有来自新疆石河子的张晓辉，还有来自北京朝阳的严俊华，来自丹东的曹旭红，来自锦西的周轶男……大家从各地走来，进入一个班集体中生活，情同手足，但愿我们互相关心，互相爱护，努力学习，刻苦锻炼，成长为共产主义一代新人。"

第二版，我们从下面读起，专栏是《人物趣谈》三则：①刘勇数学得了100分，班里的数学大师还没得100分，出乎同学们的意料，可是，这又有什么奇怪呢？谁努力谁就有好成绩，这正应验了一句名言：

天才是百分之一的灵感，加上百分之九十九的汗水。②一头牛又在耕地了！他默默地修好了教室内的几张桌子，这就是副班长侯耀东……③丁健是一个很有趣的同学，他活泼、乐观、学习好，是一个很值得研究的人。他下课龙腾虎跃，玩得最快活，但一上课就严肃认真，不说不笑了。预习完化学就做一些课外数学习题，一会儿又写物理习题，一天下来，发现他净学理科，这样他理科基础好。等到期末考试了，他用大部分精力学文科。他的学习成绩逐步上升，已进入前10名的行列。

二版上方是两个醒目大字标题——品格，副标题——班长二三事。

如果她是一滴春雨，她就会落在干涸的沙漠；如果她是一滴露珠，她也会去滋润青翠的绿叶……这不正是班长的写照吗？

“我爱中华”歌咏比赛的日子即将到来，班长紧张地忙碌着。她组织同学们好好练，口干舌燥，毫无怨言，还要维持纪律。有的同学不听话，她开导教育，个别同学仍难改，她着急得流下了泪。可是，老师的信任使她重新振作起来，她记住了老师的一句话：“你是班长，同时还是一名普通的、为大家服务的同学。”她的行动，她的耐心，终于感动了那几位同学。

快考试了，谁不想抓紧时间复习呢？可班长却为我们印提纲、抄题，她在考试的前几分钟还在帮值日生扫地，难道她不想取得好成绩吗？不，她把宝贵的白天时间贡献给别人，自己只好向夜间索取，她奋斗在长明灯下。

让她作为我们生活中的一个楷模吧！

这样及时反映班级学习生活的报纸，每天一期，报上的内容给同学们以启迪，以教育，好的激励同学向上，不好的苗头给同学们敲响警钟。

《班级日报》像一切新生事物一样，有一个逐渐走向成熟的过程，随着年龄的增长，日报比昨天好得多了。到日报八周岁生日的时候，班规班法中关于《班级日报》的法规增加到了 10 条，这意味着，日报比昨天更完善了。这 10 条规定是：

第一，日报的纸张需长 54 厘米，宽 39 厘米，上面留出 3 厘米宽的白边为装订线，左、右、下分别留出 1 厘米的白边，使它看上去有整体美。

第二，写清办报具体时间、办报单位、办报人姓名，以利于若干年后查找。

第三，当天的日报必须在当天中午 12 点之前夹到报夹子上面，不能拖拉成晚报。

第四，日报须用碳素墨水或彩笔誊写，以利于长期保存。

第五，直接反映本班同学学习生活的内容要占 60% 以上的版面，如班级新闻、学先进专栏、本班好同学的学习方法介绍、好人好事、警钟专栏等。

第六，必须设有“文章病院”专栏。

第七，对班级纪律、卫生、出席、课间操、眼保健操得分情况必须及时报道。

第八，为昨天的值日班长开辟一小块工作失误及补救的分析园地，及时分析班级工作失误的原因及制订补救的措施。

第九，每期报纸必须有图画点缀，黑白的可以，彩色的更好。

第十，日报每月装订成合订本，也由同学按学号轮流负责装订。

这些规定都是同学们在办报实践中发现不足、发现失误后提出来，经同学们讨论后确定的。刚开始，日报没有统一的尺寸要求，报纸积累一个月后，装订时大小不一，长短不齐，很不雅观，有的同学为充分利用版面，不仅上面不留装订线，连下面和左右也不舍得留空白，这样报纸的容量确实增加了，但总体看起来不美观，大家便作出了第一条规定。

有同学办报只写月日，过了几年便不好查找，也有的不写办报班级，甚至忙乱中忘了写自己的名字，针对这些失误作了第二条规定。

有同学提出："咱们的日报该改名字了。"我问："为什么？""常常到晚间才和读者见面，这不成晚报了吗？"我问同学们怎么办，大家提出了当天日报在中午12点之前推出的建议。有同学提出，那怎么报道当天下午的新闻？当天下午的新闻归第二天的记者报道不就行了。于是便通过了第三条规定。

以前有的同学用纯蓝墨水誊写，过了一两年，因墨水质量不好便模糊不清了，甚至《班级日报》展览专栏中，一份纯蓝墨水写的日报已成了一片空白，从那以后，便规定用碳素墨水了。

有同学又提意见："咱们的日报又该改名字了。"我问："为什么？""老师，您看这两期日报，大部分内容都是'世界新闻''谈天说地''笑话台''音乐生活''体育之声''美术与健康'，这不成了《文摘报》吗？"同学们一想，也是，如果办文摘报就用不着我们动手了，订两份不就行啦！大家讨论认为《班级日报》必须以反映本班同学的学习生活为主，才能起到《班级日报》宣传、鼓励、表扬，引导全班同学积极上进的作用，大家一致同意：今后日报，反映本班同学的内容必须占60%以上。达不到这一要求怎么办？撕掉，重办。

日报是学生办的，免不了有错字、病句，为及时指出这些错误，使办报同学今后改正，每天的日报上都设立了一个"文章病院"专栏，今天的总编给昨天的日报挑毛病。有病栏目则大，无病则小。对毛病较多的同学，“文章病院”的小医生们还开办了文字科、标点科、句子科、篇章结构科。既激发了自己给同学挑错的兴趣，又使得同学的批评富于幽默感。

学校对班级的纪律、卫生、出席、课间操、眼保健操等活动每天都要检查、记分，并在值周板上公布，但许多同学并不注意去看。同学们便建议将检查结果公布在本班日报上，班级情况及时反馈，增强了同学们的集体荣誉感，这样便产生了第七条规定。

倘若班级在出席、纪律、卫生或其他方面出现失误，那么值日班长就要对此承担责任，并在第二天的报纸上对失误进行及时分析，查明原因，制订补救措施，以利将来进步。这是日报第八条规定的意义。

《班级日报》不同于许多严肃的国家大报，它来自中学生，为中学生服务，这就要适合中学生的需要。生动、活泼、富于变化、色彩斑斓，可读性、趣味性强，读来使人赏心悦目，于是便作了第九条规定。

刚办报的前两年，承包日报的同学每月将本月报纸从报夹上取下，或折叠，或卷曲，不利于保管，更不利于查找资料。我们从《人民日报》《光明日报》的合订本中得到启示：《班级日报》不也可以搞合订本吗？谁来订？还是班级的老规矩，按学号轮流。装订的同学给每月合订本加了结实的封面，有的封面设计得很漂亮，画一幅山水画或人物画或花鸟鱼虫画，封面上写着：《班级日报》1984 年 3 月份合订本；办报班级：二年级七班；装订人：边闺茹。到现在我们已积累了 8 年多共 100 多个月的《班级日报》合订本。现在如果想要了解 8 年前的学习情况，如 1984 年 12 月的情况，那么找到这个月份的日报合订本，从月初到月末 31 天的学习情况便一目了然。

翻开一期期日报，会感受到学生们创造思维的火花在闪耀，不要说栩栩如生的画面，不要说五彩缤纷的构图，不要说异彩纷呈的栏目内容，也不要说千变万化的报头题字与位置安排，单是版面设计，就不能不使人佩服同学们的创造力，有的把整个版面设计成一个人的头像，用不同颜色的彩笔写字，使头像显露出来，有的将版面设计成一只蝴蝶，远远看去，整张报纸似一只蝴蝶欲翩翩起舞。

张卓伦同学是负责《班级日报》的，他的报纸更具特色，整张报纸如同迷宫，可开可合，成为立体。你想看班级新闻吗？打开写着“班级新闻”的那个“门”便看到了。张颖的报纸最后一个栏目是问题与谜语，全装在一只大靴子里，你有兴趣可以写个条子放在靴子里请编辑回答，也可以到靴子里抽谜语来猜。

写到这里，我看到李东昊同学今天的报纸“出版”了。

这张报纸的报头——“班级日报”四个字做成了五角星和四角星，贴在报纸的中央。

日报共分“赛后”“班级十大怪杰”“班级7日下午新闻”“我们的未来”“班级8日上午新闻”“前任班长评价”“前任班长工作总结”“文章病院”“征求意见”9个栏目，其中6个栏目都用赤橙青蓝紫，打上了底色，然后再在彩色背景上写黑字，再配上栩栩如生的机器猫漫画，整张报纸显得充满活力。

现将李东昊同学这张报纸具体介绍一下。

《班级日报》1992年12月8日　　星期二

本报版面设计：李东昊

本报记者：李东昊

本报插图：李东昊

办报单位：实验中学二年级七班

赛后

昨天与三班的篮球决赛，我们班输了，输得很惨。不是我们的实力不如别班，而是我们队员的情绪不稳定，水平没发挥出来。

可能由于前几场都轻松地过了关，放松了警惕。尽管大家都尽了力，但总是打得不顺手，该进的球也蹦了出来。

比赛结束后，同学们带着压抑的心情进了教室，每个同学都很难受。有的同学说："要是魏老师在家就好了！"是啊！要是魏老师在家，他一定能为我们压阵脚，激励队员们信心十足地投入战斗。可是我们不能依赖魏老师，像一个断不了奶的孩子似的。没人告诉，没人提醒，每位同学都自觉地安慰篮球队员们。

在大家安慰之后，队员们又恢复了常态，脸上又浮起了笑容。这笑容，是苦笑，还是……我也不知道，我也不想知道，因为我明白，这笑容包含的太多太多了，口里不说，心中却似明镜。一场不快从表面上看似乎消失了，我们班又成了往日那个"乱班"，上课时争先恐后发言，热火朝天争论。但是，每个人的心灵深处却留下了一块烙痕。

这烙痕不代表骄傲，也不代表屈辱，只代表着那一刻我们跌倒了，我们受了挫折。可我们不会一蹶不振，我们会重新鼓起勇气，去勇敢地迎接一次又一次新的挑战，因为我们是魏书生的学生，因为我们是实验中学的学生，我们要振作，要经受风雨。经过风雨的洗礼，我们会更加成熟。

——摘自步智玲同学的日记

班级十大怪杰

我们班人才济济，许多同学都有独特的长处，现在我来介绍几位。

1. 吕冰。爱说爱笑，上课爱说话，下课爱在操场打闹，还为班级做了大量好事，学习成绩却总在班里排第一。岂不怪乎？

2. 滕玉欣。是一个全能好手，能画画，能中长跑，学习成绩好，还是班级的文娱委员。她这么多爱好，也不知怎么安排时间。对了，她还在联欢会上为同学们表演过小提琴独奏。

3. 张颖。以画国画《竹》在我们班一炮打响，开朗而且活泼，一个瘦瘦的、好单薄的女孩子。

4. 蔡乐。我们班的大忙人，班长，总是腰板直挺挺的，平时很开朗，偶尔考试失败也会心情沉重。他已考了三回年级第一名了。

5. 王海鸥。爱蹦，爱跳，像小猴子一样的小孩子，脸上总挂着顽皮的笑。她今年才 12 岁，是全班同学的小妹妹。

6. 郑兰兰。一个平时说笑起来无边无际，但真正表演的时候慢条斯理的“假小子”。

7. 张晔。勤奋，沉默寡言，在班上默默无闻地无私奉献。

8. 亓峰。文思敏捷，词汇丰富，写起文章来是行家里手。

9. 王娇。我们班的体育骄子，每次运动会，必拿金牌归来。

10. 齐岩。令人尊敬的团支部书记，在自己的岗位上默默地耕耘着。

我们的未来

1. 吕冰。攻下了博士学位，在北京某名牌大学当教授。

2. 朱宏峰。在国务院总理身边任翻译（会八国语言文字）。

3. 滕玉欣。一个著名的女化学家兼业余歌唱家。

4. 王磊。继华罗庚、陈景润之后，又一位享誉国内外的大数学家。

5. 孟昕。全国最大的一家广告公司的特聘人员，她设计的广告、宣传画，多次在国内外获奖。

6. 白桂红。北京某私人律师事务所所长。

7. 孙玲玲。全国著名的大书法家，下笔刚劲有力，刚中有柔，绝！

8. 亓峰。诺贝尔文学奖获得者，著名儿童文学作家。

9. 雷蕾。在教师的岗位上耕耘，是第二个“魏书生”老师。

10. 王娜。全国著名的像亨特那样的大侦探。

班级8日上午新闻

★上午的四节课同学们听讲态度都很好，很认真，老师领着复习，受益匪浅。

★课间纪律较好，没有大声喧哗的同学，但有极个别同学在走廊打闹，提出批评。

★眼保健操做得认真，没有睁眼睛的同学。

前任班长评价

我的前一任值日班长是宋君同学，她平时是我们班的一个大好人，谁都不得罪。可是我发现，她当起值日班长来，倒大有一种“新官上任三把火”的味道。

第一把火，卫生搞得好。在整个教室地面上，你找不到一小片纸屑，或堆积成“山”的土。走廊和教室内都用拖布拖得干干净净，令人佩服。

第二把火，课间纪律搞得好。并不只是喊“别说话了”，而是落到实处，喊到某个人身上，使他不得不停止说话。

第三把火，自己以身作则。以往有的班长，只去管别人，自己却没有做好，使一些人不服气，可宋君却一句闲话也不说。

这张报纸还有 800 字的“国情教育”专栏和 400 字的“文章病院”专栏。

“文章病院”专栏的开头和结尾部分这样写道：“宋君同学办的报纸字迹清楚，版面工整，整体看来，无大毛病，但还存在如下小病……

“这里提一点，宋君同学本没有这么多的错误，由于版面太大，不得不‘鸡蛋里挑骨头’，请多多原谅。”

在报头边上，李东昊写道：“如果哪位同学提什么意见，本人十分感谢！哪位同学指出本报的不足，更要说一声‘谢谢’。”

统计一下，这张报纸的容量当在 4000 字以上，本班内容也超过了 60%。尽管字写得不够好，但总体看来办得很有特色。报纸一“出版”，就吸引了同学们，大家围着看，抢着读，很多内容引起了大家共鸣。

班级每天出一期这样和大家息息相关的报纸，其教育作用是不言而喻的。

办报的编辑呢，不是一个全面受教育的过程吗。

到外地，我喜欢介绍我们的《班级日报》。我班级管理的许多具体做法，我都建议人家无需照着做，我只是抛砖引玉。而对《班级日报》，我却不谦虚地到处宣传，到处劝人家办，谁办谁受益。

我甚至设想，全世界的教学班如果都办班级日报，届时搞一次世界性的《班级日报》大赛，则功莫大焉，善莫大焉！

劳动不吃大锅饭

不仅常规性要做的事要订计划，非常规性的任务一旦出现，我们班级也努力在事前订计划，订程序，以提高效率。

1985年暑期，盘锦许多地方遭水灾，中央电视台播放了盘锦水灾严重的镜头：一片片的民房泡在水里，一片汪洋中露出房脊、树梢。1986年春，为提前做好防洪排涝的准备，市里动员全市城乡人民大修水利。

我们学校也领了任务，我请政教处同志们按年组、班级分配任务。

我们班级领的任务是往20米高的大坝上运10立方米土。劳动前我同学生商量：是制订具体的程序计划，还是大家一齐干？同学们都认为大家一起干是吃大锅饭，任务不明确，程序不清楚，容易窝工，应该事先制订较周密的计划。于是请同学计算出了10立方米土，压得再实，最多也就是13.5吨。我们班72名同学，留出12名同学挖土装土，其余60人平均每人运500斤土就一定能超额完成任务。

每个人的任务量明确了，每名装土的同学给哪5名运土的同学装土明确了，那运土的同学用什么工具最好呢？

有同学提出用土车，有的提用土筐，有的说用编织袋，有的提出用盆。刚有人提出用盆，同学们便觉得荒唐。讨论之后，大家觉得，土车上高坡，占路宽，效率低；用土筐挑不动，得抬；用编织袋，装卸都不方便，感觉最方便的还是盆。

工具确定了，每个人的任务量确定了，还应确定一下完成任务的时间，这才有利于大家开展竞赛，调动大家的劳动积极性。同学们又计算，坝顶到坝底，平均长度 20 米，坝底以南 30 米外才可取土，这样单程便是 50 米，往返一次 100 米。每人 500 斤任务，平均每盆至少可装 10 斤土，则每人需往返 50 次共 5000 米路程。需多长时间？有同学想到平时越野长跑，每次跑 5000 米快的不到 20 分钟，慢的 30 分钟也跑完了。便说，30 分钟便能完成任务。有同学说："那可不行，运土不同于跑步，端着盆负担重，跑不快，上坡陡，跑不快，再加上还得有等待装土的时间呢。我看一小时能完成任务就不错了。"大家确定：一小时。

由于我们制订计划耽误了一点时间，到工地时，别的单位都干上了，和我们班相邻的学校已干了一大段。但见工地上红旗招展，人来车往，宣传车播放着人们的决心书……我们班学生一到，立即引起了工地的注意：我们的衣服特殊，72 名同学全穿清一色的蓝运动服；我们的工具特殊，60 名同学端着 60 个盆；我们的干法特殊，不两人抬筐，也不几个人推车，更不搞多人传送带，而是单干；我们的效率特殊，每个单干户都是一溜小跑，力争尽快完成自己的定额。

从大坝上远远望去，一股蓝色的人流，急匆匆地上下流动着，工地指挥组被吸引来了，他们采访同学们为何干劲这么足，同学们急匆匆地喘着气，回答三五句，就又忙着奔自己的目标去了。50 分钟后，工地指挥组的同志量了量我们新筑起的那段大坝说，坝角那儿再加点儿就达到要求了。同学们更来劲了，坝角迅速长到了标准尺寸。5 分钟后，工地广播车便传出了捷报："报告大家一个好消息，经工地指挥组检查认定，实验中学一年级七班的任务段已达到合格标准。他们全班同学不吃大锅饭，落实承包任务，争先恐后，你追我赶，力争在最短的时间内完成每人 500 斤土的运输任务。从进入工地到胜利报捷，只用了 55 分钟!”相同量的任务，有的班级一天还没有干完。

完成任务后，我们全班同学又适量地支援了外班、外校同学。然后，全班同学在工地开了一个小联欢会，到郊外去游玩。中午在田野里野餐时，同学们感慨地说：“如果我们事先不订计划，也吃大锅饭，分工不明确，任务不具体，工具不科学，互相牵扯，窝工阻塞，不仅效率低，而且心理上消耗还大。这样大家干就像个干的样子，省下时间痛痛快快地玩有多好。”

绿草地上，同学们朝广阔的地平线跑去。

又过了不久，市湖心公园搞建设，团市委组织各校去栽树。校团委书记来问我：“咱们全校什么时候去?”我问：“为什么全校去?”“人家都是全校去，任务多，人少了完不成，另外人多显得声势大。”“多少任务?”“每校要栽 4000 棵树。”“多高的树？让挖多大的坑?”“一般不到两米高，挖多深的坑没说。”“两米高的树，挖一尺见方的坑就够了，栽完以后还不用学校浇水，由园林处统一浇。这样的树，一个人半天就能栽八九十棵，别去那么多人了吧!”“那显得多没声势。”“我们把实事做了，要声势有什么用？声势挺大，实事干得很少，反而不利于教育同学们。”“去多少人呢?”“一个班就可以了，我们班去吧。”

这时，我们班已达到 82 人，一听说劳动都来劲了。

我说：“咱们还像修大坝一样，提前制订一下计划。”

同学们问：“多少任务?”

“栽 4000 棵树。”

“那么平均每人 50 棵。”

“男子汉呢？该不该多栽点?”

“应该！男同学每人栽 60 棵，女同学 40 棵。”男同学喊着，女同学不服气，不愿少栽。

我说：“分任务时先这样分，女同学若嫌少干得快，你们干完了来支援男同学不一样吗？大家去了以后先挖坑，每个组的组长负责先检查坑够不够尺寸，合格了，再往里栽树。栽树的程序知道吗？”

“知道，根须分开，埋土，一踩二提三浇水。”

“水不用大家浇，园林处统一浇，咱们一定注意坑要挖得够大，埋土的时候根须散开，埋一层，踩一层，用力适当。咱们听说过盖房子是百年大计，咱们栽的树，立在那也是十几年不动，甚至活上百年、几百年。咱们把树一行行地编好号，谁栽的几号树，共多少棵，半年、一年、几年以后，咱们多次来看成活率。”

同学们下午两点钟兴致勃勃地来到工地，迅速分好了自己承包的 60 或 40 棵树的位置，热火朝天地展开了竞赛。湖心公园岸边，空气本来很凉爽，但有几名同学汗水已浸透了衣衫。力气大的同学不到两小时已栽完了 60 棵，同学们互相支援，两个半小时，任务全部完成。园林处负责验收的同志来检查，横看竖看，行距棵距均匀，整齐，每棵树都正直。往上拽一拽，不动；往侧面扳一扳，不歪。负责同志跟我说：“你们学校干得最快，栽得最整齐，最结实。”

同学们听了，互相传递着这喜人的检查结果。有同学说：“他们如果知道完成这么多任务只来了我们一个班级，就更满意了。”

今年暑假前，我们全班领取了往学校小花园内运土的任务。同学们问怎么干，我向大家介绍以前几届学生劳动不吃大锅饭的做法。同学们纷纷提出具体的建议，谁挖土，谁运土，每个组应怎样分配挖土、运土的位置。事先规定每人定额 50 盆。极有力气的张军同学非要突破定额，他找了一副担子，一人顶两人，完成了 90 盆。赵伟同学也不甘示弱，他膀大腰圆，个子高，力气大，端一盆觉得不尽兴，自己将两个盆摞在一起，最多时竟装了 3 盆摞在一起，端起来跑。一边跑，别人还替他数着：“赵伟，这趟已 115 盆了！”由于目标明确，数量清楚，能力差的也不甘心完不成任务，能力强的呢，超额完成了任务。有明确的数量互相比着，激发了劳动积极性。

平时班级劳动，包括大扫除，我都努力做到计划明确，分工具体，数量清楚，质量可比。

大锅饭害苦了我们这个国家，一定要让学生从学生时代起就和大锅饭告别，从小学会劳动前制订计划，明确责任，落实数量，提高效率。

大扫除 15 分钟结束

一天，学校广播紧急通知：明天市里有关部门要利用我们星期天休息的时间，占用我们的教室进行招干考试，下午各个班级可以用两节自习课的时间进行大清扫。

那天下午，我没有外出，在教室里写材料，后来听到各个班都开始搬桌椅大扫除了，就问生活委员尤亮："咱们班怎么按兵不动呀？"

"老师，咱们班用不着两节课。咱们离水房近，大家分工又很具体，等别的班干一节课咱们再干也来得及。"

"咱班大扫除，一次需要多长时间？"我问。

"15 分钟就能完成任务。"

"哪能那么快？"

"老师您不信，咱就试试看，您用手表计时，我指挥。"

他走到前面，站上讲台，说："同学们请注意，我们马上要开始大扫除。这次老师要看咱们的效率，我说预备起，大家开始干，15 分钟以后，老师和我检查，看谁承包的部位不合格。"

生活委员一声令下，大家立即奔向自己承包的岗位。

我们班学生大扫除的任务都是固定的，谁承包什么任务，由自己报，然后生活委员再分配。

南面的6个大窗户，每个窗户两个人；北面8个小一些的窗户，每人承包1个。谁包哪个窗户便从入学包到毕业，如南面西数第一窗，内外8扇共24块玻璃，其中西面的12块玻璃归邵迎新同学，那么她就一直负责擦这12块玻璃，平时也负责保护这12块玻璃。大扫除开始，她用不着考虑别人，只一心一意完成自己这12块玻璃的任务就行了。

别人也是这样。教室共有6个门，分别包给3名同学。侯耀芳同学负责的是走廊的两个门共4扇，大扫除开始，她便立即擦这4扇门。

其余同学，承包黑板的，承包讲桌的，承包四壁的，承包灯具的，承包打水的，承包拖地面的，承包擦暖气片的，承包风琴的，承包壁报的，承包教室外面分管区的，凡有一样活，必有一人承包，大家都争先恐后地为尽快尽好地完成自己的任务而努力实干。

生活委员是总指挥，他不时提醒某个部位上次检查出了什么漏洞应加以注意，有五六名同学跟在他的后面要任务。原来，这几名同学没有具体工作，叫作“待业青年”。不是应该人人有事做吗？为什么还要有“待业青年”？生活委员也很有头脑，说这叫弹性原则。如果每个人都安排了满额工作，那么大型劳动时就难以应付失误。有时，某个同学病了怎么办？有时，某个工作环节因工具或特殊原因窝工了怎么办？没有待业的，没有富余人员，只好大家都干完了自己的本职工作再去突击。某个缺席人的任务虽少，但大家插不上手，最终还是一个完成任务的同学去承担病号的任务，这就等于全班同学等待一个人，全班同学的劳动时间都延长了一倍。手头有了机动人员，事情就好办多了，有三四个人缺席，他们便可临时顶替，哪一处窝了工，他们可以上去突击。没人缺席，没人窝工，他们便担任临时检查员、质量评比员。

我暗暗佩服生活委员的管理能力。不知不觉，时间过去了12分钟，不少同学已完成了任务等着检查了。15分钟后，同学们各就各位，回到自己的座位埋头上起自习来，尤亮请我检查。

我摸摸两层窗户之间的缝隙，很干净。再蹲下往走廊后边的暖气片下边接头处去摸，也没有一点灰尘。门框顶上，分管区角落，黑板粉笔槽内，荧光灯管的上部，都没挑出毛病。

最后，我朝着教室前面的讲桌走去。这个讲桌较大，同大剧场内的讲桌一样，结构较复杂，正立面是弧形和矩形组成的图案；顶部有挡板，还有隔板；背面，上部是3个抽屉，两端还有两个窄窄的小柜。正面、上面与两侧不容易有漏洞，抽屉和小柜内能没有灰尘吗？我打开小柜，胳膊使劲往里伸，柜角没有灰尘，再抽出抽屉，很挑剔地将抽屉翻过来，摸底部的角落，也没发现灰尘。我不得不佩服学生的劳动效率。

这样较复杂的备品，承包者也只是一个人：黄书兵。她从入学就开始承包擦这个大讲桌，擦时带什么工具，第一遍先擦哪里，从上到下，还是从内到外，哪个部位容易被人查出漏洞来，她早已积累了较丰富的经验。

现代化大生产的特点就是专业化程度高。专业化程度越高，熟练程度就越高，劳动效率自然就提高了。

学生从小承包任务，增强了责任感，减少了劳动时当场分配任务的互相推诿现象或互相攀比现象，节省了重复分配劳动任务的时间，提高了完成所承包任务的熟练程度，不仅提高了劳动效率，也有利于他们将来走向专业化较强的现代社会。

两分半钟收好书费

又一届新生入学了，学生们领了新书：数学、语文、英语、地理、历史、美术、音乐、劳动技术教育、青春期教育、公民，十来种课本再加上数学用表、地理填充图、语文补充教材、书法以及有关部门要求必订的辅导读物、学习指导等，每名学生领到了 25 本各种各样的书。面对这么多书，他们感到又兴奋又惊讶，又害怕学不好，但更多的还是有一种自豪感：自己长大了，成熟了。

第三天便是交书费。新上任的学习委员得知学校要收书费，便告诉我，意思是让我收。我说："我从开始教书到今天，从来没有自己收过费。这件事，学生完全可以做，老师若做了学生能做应做的工作，那就使学生减少了一个锻炼自己的机会。你说呢？"学生笑了。

自习课，学习委员到同学们的座位去收书费，显然他想一个人一个人全由自己收。这样做，学习委员的出发点肯定是好的，他不惜牺牲自己的时间，热心为大家服务。但在一个人一个人的收费过程中，要说话，要打扰前后左右的人自习。再者，学生刚入学，注意力还不好，不时有几个人在说话，在走动，还可能影响班级大部分同学上自习。

我便跟学习委员讲："以前我们班干部收书费或学费或班费时，我看主管同学站在前面一下就收完了。"

“站在前边怎么收?”学生问。

“用手表收。”

“用手表怎么能收书费?”

“那就要靠你自己想了。”

当学习委员的都是很聪明的同学，一点就通。“啊！我明白了。”他说。

说完，他走上讲台:“同学们请注意！各组组长请注意，没有组长的便由你们组第一座右侧同学代替，下面我们开展收书费比赛。昨天讲了本学期书费 30 元，请大家准备好。各组组长站在前面，我说预备，大家便进入竞赛状态，我说开始，组长便开始收。收完以后，组长要将你们组的钱数一遍，共计多少人、多少钱，写在一张条子上，用绳子把钱扎好，送到我这儿来，看哪个小组速度最快。”

听说比赛，群情激昂，大家很快便做好了准备。有的组四个人还把钱放在一起，以争取加快速度，被别的组发现，告诉主持者，又立即退回去，参加公平竞争。

学习委员站在前面，看着表，喊:“各就各位！预备——开始!”

小组长立即进入工作状态。为加快速度，各组同学都积极参与，帮自己的组长数钱，找钱，记名单。

第三组最快，每人 30 元，16 人 480 元，交到学习委员手里时，只用了 1 分 15 秒的时间。最慢的一组，交上来也只用了 2 分 20 秒。

全班 72 名同学，入学后第一次收书费，共 2160 元，仅用两分半钟，全班同学都为这样高的效率感到自豪。学习委员边从组长那里接收边验收，验收完毕，立即上交给教导处。全班同学两分半钟后便开始上自习了。

在校内我要求各教学班的班费都由生活委员收支。班主任只指导，不经手。这样做有利于锻炼学生当家理财的能力。班费收支账由生活委员定期向同学们公布，有利于培养学生的民主意识。

班费收取一次不宜过多，以免保管时发生意外，损失大不易弥补。

收数额较大的书费时，一定要在放学前上交教务处，避免较大数额的现金在学生手中存放时间过长而发生意外。

收费时为提高效率，减少麻烦，应尽量避免或减少尾数。

如书费，实际是 29.50 元，计算收取都麻烦，便多收五角，留作下次电影费，既提高本次效率，又减少了下次收费所用的时间。

总之，收费这件事也让学生增强效率感，增强集体观念，增强与别人协调一致的能力。

坚持民主与科学，培养良好习惯

民主与科学，是我在教育教学和管理中一直坚持的两大法宝。《人民教育》任小艾老师让我写一篇短文，寄语班主任老师。我反复斟酌，觉得要做一名好班主任，还是要坚持这两点，因为 33 年语文教学、22 年班主任工作，我确实从中受益，才向老师们建议。

所谓民主，就是班级的事情大家办，大家的事情大家说了算，就是增强主人翁责任感，满怀善良仁爱之心，平等善待班级每位同学，坚信每位同学心灵深处都是一个宏大的世界，那里面有日月星辰、江河山川、花鸟草虫，真善美、假恶丑、积极乐观进取、消极悲观懒惰并存。班主任的责任，在于帮助学生坚守住内心深处追真、向善、求美的阵地，坚守住积极、乐观、进取的阵地，坚守坚守再坚守，决不放弃，有余力的时候再一点点、一寸寸地拓展拓展再拓展，使师生之间、同学之间形成一种互相服务、互相帮助的关系，帮助学生成为班集体的主人，引导学生分头承包班级事务。普通同学能做的事，班委不做，班委能做的事，班长不做，班长能做的事，班主任不做，循序渐进地引导学生按学号轮流当班长。

班主任要帮学生养成这样的习惯：大事做不来，小事赶快做，元帅当不成，好好当士兵，高处不能成，低处要肯就，上边不着天，下面要着地；引导学生逐步体验到人生最大的幸福在于增强主人翁责任感，即使当了市长、省长、总理、总统、地球球长、太阳系系主任也不骄傲，仍然勤勤恳恳尽职尽责。即使一辈子种田、养猪、焊接、售货，也不自卑，而是把平凡的岗位看作一个宏大的世界，往深处钻研，干得有声有色，品尝尽责的快乐。而主人翁责任感的增强，不是说出来、喊出来的，不是开班会开出来，写决心书写出来的，而是在为班集体尽责任的实践中，持之以恒，一点一滴积累起来的。

民主就是大家的事大家商量。班级怎样管？知识怎样教？能力怎样练？作业怎样留？班会怎样开？都和同学们商量。和优等生商量怎样层楼更进，和后进生商量怎样超越自我，和特长生商量怎样发展优势，和贫困生商量怎样自强不息……商量是民主决策最有效的方法。

民主绝不是学生想怎么办，就怎么办。上课时，想下座就下座，想接话就接话，想睡觉就睡觉，想溜达就溜达，那不是民主，而是害人。有人说自由就是为所欲为，不守规矩。我反复向同学们强调：世界上最大的自由是遵纪守法。一个人在制度允许的范围内，施展自己的个性才能，那就进入了一个谁也不能限制他的自由王国。

所谓科学，就是按规律办事情。按照班级管理规律，制定班级管理制度。近 30 年来，我一直提依法治班、依法治语文教学。口号与说教的力量，极其有限。真正解决问题还是要靠班规班法，靠班级管理制度，和同学们一起研究班级管理的规律，共同制定班级管理的制度。有了制度执行制度，制度不全补充制度；制度过时，废除制度；制度过粗，细化制度；制度过繁，简化制度。

制度面前，人人平等；制度之内，人人自由；制度之上，没有权威；制度之外，没有民主。

班集体建设在某种意义上讲也可以称为制度建设。

制度应该是无时不在的。如：一日常规、一周常规、一月常规、一年常规，把班级要做的事情和时间紧紧联系起来，做到事事有时做，时时有事做。

制度应该是无处不有的。从空间上讲：班级的事，事事有人做，班级的人，人人有事做。大到运动会的组织，小到拧紧椅子上的螺丝，都由大家一起去商量由谁去承包，怎样去承包。

制度应该是铁面无情、坚持不变而又通情达理、不断创新的。比如：每天读好书，唱好歌，写日记，练体操，抄格言，练演讲。这些事，1979 年我们班便规定下来，每天用心做，直至今天 29 年过去，我教的学生还在做，坚持不变，决不动摇。但具体到每天读什么，唱什么，写什么，练什么，就不断根据学生的兴趣，规定不同时期的不同内容。比如写日记，相同一段时间不同同学写日记，班级规定优秀同学每天需 1000 字以上，可写文学作品，后进同学 200 字即可，只写应用文。最后进的同学，也可以只写五六句话。制度规定，一般情况当天完成，逢大型活动、集会、旅游非常疲劳时，则第二天语文课补上。坚守与变化结合，继承与创新同在，制度才能往深处扎根，往高处舒枝展叶，充满活力。

民主与科学，其实也不是在老师们同学们的心外，而是每位班主任、每位同学心中久已有之，并已经实践过的。建议大家把心中民主、科学的阵地守住，把自己成功的经验守住，把觉得自豪的事情，把帮助自己进步的制度坚持住。说了算，定了干，不怕慢，只怕站，绳锯木断，水滴石穿，持之以恒，养成习惯。班级管理一定会出现既井然有序又生机勃勃的局面。

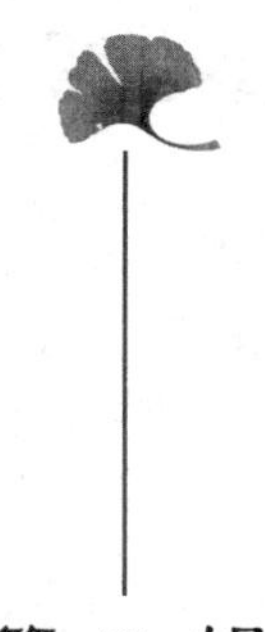

第三辑

学生问题，贵在激励引导

淘气的学生在几年的淘气史中，会有过上百次的自食其言，会有过上百次拒绝良言相劝，会有过上百次逃避父母管教，会有过上百次敷衍老师。对我们某一次成功的教育来说，只要不是第一百零一次拒绝、敷衍，只要有了一步朝前的跨越，就很不容易了。不要期望过高，期望过高，既不利于教师树立教育的信心，也不利于学生树立改过的信心。

要走进学生心灵世界中去观察，多想学生的难处，引导学生看到自己脑子里的方方面面。

培养什么样的学生

学校、班集体绝不是制造统一型号、统一规格的升学零件的机器。学校、班集体是将学生载向远大前程的渡船，是培养学生生命的幼苗在合适的阳光、土壤、肥料、水分中长大的园地，是学生走向社会各个不同岗位的实习场所、实习小社会，是学生德、智、体、美、劳得到最大限度发展的培训基地。

班主任应研究国家规定的学生守则，大而言之，还可研究外国学生守则，然后再根据本班学生的实际，提出某些更具体、针对性更强、可操作性更强的要求。

我国教育部1981年8月颁布的中学生守则如下。

1. 热爱祖国，热爱人民，拥护中国共产党，努力学习，准备为社会主义现代化贡献力量。
2. 按时到校，不迟到，不早退，不旷课。
3. 专心听讲，勤于思考，认真完成作业。
4. 坚持锻炼身体，积极参加有益的文娱活动。
5. 积极参加劳动，爱惜劳动成果。
6. 生活俭朴，讲究卫生，不吸烟，不喝酒，不随地吐痰。

7. 遵守学校纪律，遵守公共秩序，遵守国家法令。

8. 尊敬师长，团结同学，对人有礼貌，不骂人，不打架。

9. 热爱集体，爱护公物，不做对人民有害的事。

10. 诚实谦虚，有错就改。

苏联《中小学班主任手册》中所载中小学学生标准守则，分为三个阶段，即一至三年级，四至八年级，九至十一年级，现摘录后两个阶段标准守则如下。

四至八年级

1. 顽强地掌握知识，努力学习和工作，在课堂上要注意听讲并积极发言。

2. 在学校和家里从事有益的劳动。在完成劳动任务和实习作业时要严格遵守安全操作规程。

3. 积极参加班级和学校的社会工作。

4. 爱护公共财物，保护大自然，注意清洁。

5. 参加体育运动，遵守个人卫生规则。

6. 在课余时间从事阅读、技术创作、艺术创作及正当游戏等有益的活动。

7. 珍惜自己和别人的时间，遵守作息制度。

8. 模范地遵守纪律。要谦虚，有礼貌，亲切待人、穿戴整齐、严格遵守交通规则。

9. 尊敬父母，帮助他们料理家务。

10. 认真执行教师和学校其他工作人员的一切指示以及学生自

治机构的决定。

九至十一年级

1. 顽强和坚持不懈地掌握科学基础知识和自修技能。

2. 积极参加公益劳动，作好自觉选择职业的准备，在完成劳动作业时严格遵守安全操作规程。

3. 积极参加本校、本市和本村的社会生活与文化生活，积极参加学生自治会活动。

4. 爱护人民财产，为祖国创造自然财富。

5. 经常参加体育运动，锻炼身体，时刻准备保卫祖国。

6. 掌握现代的文化和技术，发挥自己进行各种创作活动的才能。

7. 合理安排和利用时间，遵守时刻，学会正确组织自己的劳动。

8. 遵守社会主义生活准则。给低年级同学做出文明行为的良好榜样。对不道德的和反社会的行为持不容忍态度。

9. 关心学校全体人员的团结。爱护和发扬学校的好传统。做一个有原则性的和正直的学生。

10. 尊敬父母，经常关心所有的家庭成员，帮助他们料理家务。

11. 尊重教师的劳动，遵守和积极支持教师的要求以及学生自治机构的决定。

《基督教科学箴言报》1987 年 1 月 30 日刊登美国学生品德规范准

则（摘自《新编中学班主任工作指南》）。

到目前为止，在所有的学生品德规范准则中，受到最好评价的是由美国迈阿密大学雷欧·克里斯顿教授制订的21条学生品德规范准则：

1. 明确自律的重要性，把自律作为动力，去做我们认为应该做的事，即使我们不愿意。

2. 做到值得信赖。这样，当我们说要做什么或不做什么时，别人能相信我们。

3. 讲真话，尤其是在讲真话对自己不利的时候，更要这样做。

4. 一生中，在所有的问题上都要诚实，包括在工作上和与政府的关系上。

5. 独自一人时，要有勇气；当有人要我们做自己应拒绝做的事时，要顶得住压力。

6. 不要矫揉造作，弄虚作假，但要显示出自己最佳的自然状态。

7. 用不侵犯他人权利的正当方法达到个人和集体的目的。

8. 在注重道德行为的场合，大胆地表现自己。

9. 要有勇气承认错误。

10. 具有良好的体育道德，认识到，虽然求胜的愿望很重要，但赢得胜利并不是最重要的。

11. 在与他人的交往中，做到谦恭有礼，包括认真倾听别人的发言。

12. 要像自己所希望受到的对待那样对待别人，确认这项原则适用于所有的人，不分阶层、种族、国籍和宗教信仰。

13. 认识到没有一个人是生活在真空中的，那些看起来纯粹是属于个人范畴的行为，实际上常常会影响到自己周围的人或影响到所处的社会。

14. 牢记我们身处逆境时的表现就是对自己的意志和是否成熟的最好考验。

15. 不论干什么工作都要干得出色。

16. 爱护他人财产——如学校财产、企业财产、国家财产、公有财产。

17. 遵守法律。与法律相抵触的行为必须是非暴力的，而且要接受法律的制裁。

18. 尊重言论自由、新闻出版自由、集会自由、宗教自由和进行正常法律活动的民主权利。认识到这个原则适用于我们所憎恨的演讲、我们所讨厌的团体和我们所鄙视的人。

19. 养成有益于身心健康的习惯，制止那些有害于达到这些目标的活动。

20. 避免产生性早熟的经历，形成与家庭生活准则相适应的对性的认识。

21. 认识到人生最重要的问题是自己将成为什么样的人，将具有的性格和道德品质。

参考国外学生守则、要求，结合许多人从校门走入社会之后的实践，思考学生们将要面对的信息量极大，比昨天竞争更为激烈，比昨天更文明、更繁荣、更民主的现代社会，我除让学生遵守我国教育部规定的中学生守则之外，还对我们班学生提出了如下要求。

1. **辩证地分析自己。**

看到自己是一个广阔的世界，尊重并忠实于自己真善美的观念，对自己负责任。做自己的主人，有战胜自己假恶丑的能力。牢记自胜者强。埋怨环境，天昏地暗；改变自我，天高地阔。

2. **尊重别人，对别人负责任。**

从对别人的尊重、理解、帮助、关怀、爱护、谅解中，得到别人对自己的尊重、理解、帮助、关怀、爱护、谅解；从对别人的尊重帮助中获得人生的快乐，从和别人融洽和谐的相处中感受人生的自豪与幸福。牢记人心与人心之间等量交换的定律。己所不欲，勿施于人；己所意欲，尽施于人。

3. **尊重集体、国家，对集体、国家负责任。**

时刻想到自己既是集体、国家的一个成员，也是集体与国家的主人，决不能对集体、国家抱冷漠无所谓的态度。越是以集体、国家主人的身份思考问题、处理问题，个人的潜能越能得到发挥，个人能力增长也越快。牢记为集体、社会做的实事越多，人的能力越强，才智越广。

4. **充满信心。**

即使失败一千次，也坚信下一次的努力会走向成功。

5. **意志坚强。**

有经受失败、打击、挫折、逆境的心理准备，真的遇到失败、打击、挫折、逆境能不退缩，不屈服，将此看作磨炼自己的机会。

6. **胸怀开阔。**

不陷入鸡毛蒜皮的斤斤计较之中，更不陷入窝里斗的怪圈，大事清楚，小事糊涂，有吃亏思想，有容人之量。

7. **除关注学校生活、教科书学习外，对社会、对世界的问题有较广泛的兴趣。**

善于从政治、经济、教育、文化、科技的广阔信息海洋中，搜集有助于自己学习的教材、有助于自己勇往直前的信息。

8. **能做实事，有潜心实干的精神。**

在没有更理想的实事可做时，先潜心做好眼前的、手中的实事。手中的实事虽不是最理想的，但一定能做成同类事中最好的。

每个人都有无穷无尽的潜力，倘挖掘得当，都能很神奇。每项有利于人类的工作都是神圣的，倘用一种神圣的态度去对待，去做，一定能将这工作做得很神圣。种地、养猪可能创造神圣的业绩，做工、当兵也都是神圣的岗位。教书、科研、经商、当官、写作、摄影、唱戏、踢球，如若用神圣的态度，全身心地投入，就会发现工作的神圣、工作的乐趣与幸福。从小养成踏踏实实、潜心实干的品质，进入社会无论为民为官，还是务农种田都能处之泰然，都能做得出色，都能使人觉得他的工作有一种神圣感。

总之，我们要全心全意、不遗余力地培养综合素质全面发展的一代新人。

让中学生学点心理学

心理学正式成为科学，从1879年德国冯特在莱比锡建立第一个心理实验室算起，到现在才一百多年的时间，各门各类的心理学著作大量地涌现出来。心理学是揭示人的心理活动规律的一门科学。人所从事的一切社会实践活动都是需要心理学的，人有多少活动领域或部门，就有多少应用心理学。如：工业心理学、商业心理学、医学心理学、军事心理学、航空心理学、教育心理学、缺陷心理学、运动心理学等等。心理学迅速发展的事实说明它有强大的生命力，各部门的工作人员要想提高效率，取得最佳工作效果就不能不学习本部门的心理学。

培育人、塑造人的中小学教师尤其需要遵循心理学的规律，学习心理学。这一点已经为许多优秀教师的实践所证明。

心理学正在向人们活动的各个领域发展，它也必然要向青少年活动的领域、学校、课堂发展。为此，我萌动一个意念，让中学生学一点心理学知识，可能的话，我甚至想，中学也可增设心理学课程。几年来，我是这样实践的，在语文课和班主任课上，我有意识地经常向学生介绍一些必要的心理学常识，取得了一定的效果。我认为，这样做的好处至少有如下几点：

首先，有利于学生认识良好品德形成的心理规律，从而能自觉地培养自己良好的品德。就拿性格来说，中学生上进心很强，绝大部分都爱集体，爱劳动，具有诚实、谦虚、英勇的性格。就是那些具有孤僻、懒惰、自私、虚伪、不负责任等不良性格的孩子，他们中的大多数对自己也是不满意的。他们也盼望自己能改变这些不良性格，但他们不了解性格形成的心理规律，不知道怎样扶植良好性格的幼苗，不知道怎样铲除不良性格的野草。如果给学生讲一点心理学知识，讲性格与气质的关系，讲胆汁质、多血质、粘液质、抑郁质等气质类型的人分别用什么方法来培养自己的优良性格，讲利用环境、活动和自我修养来培养优良性格的方法，这样就能使学生自觉地按照规律来培养自己的性格，能使他们少走许多弯路，少碰不少钉子。又如教师有培养儿童控制和调节情感能力的任务。但如果不让学生知道什么是激情、心境、热情，也不给学生讲什么是道德感、美感、理智感，那又如何培养学生的能力呢？学生希望自己有坚强的意志，如果给学生讲了意志的三个特征，讲意志与客观规律、认识、情感的关系，讲培养意志的几种方法，这样学生就能自觉地用科学的方法来培养自己的革命意志。自然，提高品德，培育人才是各门学科的共同任务。语文教学不会例外。而尤需特别提出的是，由于语文学科的特殊性，即与学生的性格、情感、意志等有着更为密切的关系（所谓“情动于衷而发于辞”等），因此，让中学生学习一点心理学知识，对于提高语文教学效益将具有更为明显的积极意义。

其次，有利于学生了解学习规律，提高学习效率。心理学可以说是和学习联系最紧密的一门科学，它直接研究大脑的工作原理，研究注意、观察、思维、想象、记忆等的规律，而这些规律可以说是中学生迫切需要认识的。比如说，学习语文离不开记忆。好多中学生都为记不住语言材料而苦恼。他们到处去找材料，找报刊书籍，到那里面去查阅有关论述记忆的文章。有的把那些记忆的窍门抄在本子上。我们为什么不可以在课堂上讲一点学生急需的东西呢？许多学生有意注意能力差，为了增强注意力，他们经常向老师和家长打听怎样才能上课不开小差，课堂上讲一些这方面的知识不正符合学生的愿望吗？毫无疑问，人的智力水平的高低和他们观察能力的强弱有很大关系。如果在他们刚上中学的时候，就给他们讲观察的顺序，用较多的感官进行观察，观察时要积极思维，经常记录观察结果……这样将有很多粗心大意的孩子变得细心认真，将大大提高孩子们的观察效率。近几年来，我是尝试着这样做的。在语文课上，我对学生讲大脑的生理机能，讲大脑中枢神经的支配作用，讲巴甫洛夫的实验，告诉他们，怎样才能做到要大脑中哪个“灯”亮，哪个“灯”就亮。我教给学生观察事物的方法、系统整理的方法。老师们都知道，在学习中，科学的适合学生个性的学习方法是至关重要的，它常常决定着学生成绩的好坏。而学习方法显然不属于中学各学科的范畴，它属于学习心理学的范畴。各个学科都需要它，都离不开它，而中学的教学内容又没有它，显然不够适当。就以上文所说的解决语文学习中增强记忆的问题为例，我认为如果给学生讲一点记忆字词的规律，告诉学生按照艾宾浩斯遗忘率曲线揭示的规律去安排复习的密度，学生的学习效率就会明显提高。给学生讲阅读心理，讲阅读时眼动、眼停的规律，讲回视、扫视，讲视距，就能使学生较快地提高阅读能力，还能激发学生阅读的兴趣。在中学语文教学中，增加心理学知识能够使学生自觉地避免那些错误的学习方法，自觉选择适合于自己个性的学习方法，从而有效地提高语文学科的学习效率。

第三，有利于使学生成为学习的主人。心理学是研究人的心理过程的，这就使学生能够客观地分析认识自己，使他们能辩证地、科学地要求自己。学习心理学和其它学科的不同点是，学习者要联系自己实际的心理情况。这样就使学生感觉到学习和受教育是自己心理的需要，是自己要受教育，要学习的。当他开始思考自己怎样遵循心理规律去学习的时候，他不就由被动变为主动了吗？几年来，我的实践表明，让学生掌握一点心理学知识，对于提高他们的语文自学能力有着很好的促进作用。

第四，有利于教学改革。国外有人研究认为，凡是建立在心理学基础上的教学改革其收效都比较显著。倘若不仅教师研究心理学，学生也在学习心理学，那师生之间配合，定会更为协调，更能够及时纠正那些脱离学生心理实际的教学方法，从而加快教改的步伐。

我说了这么几条，也许，有人会说，这些年来学生不学心理学不是照旧学习吗？不是也培养出了一批批的人才吗？我所说的不是不学心理学就不能学习，而是学了心理学能更好地学习。一个不会使用科学记忆方法的学生和一个会使用科学方法记忆的学生相比，肯定后者的记忆效率要高于前者。一个不懂得观察方法的学生和一个了解观察方法的学生同时到大自然中去，所得的收获相差一定是悬殊的。

我还要说的一点是，在中学阶段，学生是具备了学习心理学的可能条件的。学生在这个阶段，被人们称为“小大人”，他们有认识自我的强烈欲望，他们希望自己能成为命运的主人，他们对周围世界好奇，对自己的心灵世界，对自己的大脑工作原理，对自己的性格特点、智力、能力水平究竟如何有好奇心。教学中，不少语文教师自觉不自觉地给学生讲心理学知识，学生们是怀着浓郁的兴趣去听的。

以上，我是从语文教学的角度提出这个问题的。因为，我是一个语文教师，其实让学生学点心理学绝不是仅仅涉及语文一门学科的问题。它对于中学生学习各门学科，对于培养他们的人生观都是有必要的。我甚至想，总有那么一天，心理学会成为中学课程中一门独立的、重要的必修课程。

立足长处，培养自信

1992 年 5 月 6 日，我刚从深圳归来，校内来了六个省、市、自治区的老师听课。我连上了几天公开课，到 5 月 20 日轻松些了，一天只接待了四个市的客人，都是谈开会的事，我以为不会有人听课了，但是进班级时，教室的过道上又坐满了人，本该复习，听课老师一多，便改为讲课，我选了《扁鹊见蔡桓公》这一课。

同学们查资料，翻译，讨论，教学重点基本掌握了。我想，学习最差的同学能不能熟练地掌握了呢？便说：“张军同学，请你翻译一下第一段。”

张军没有推辞，站起来，很有信心的样子，不料才译第一句话，便引起了哄堂大笑。原来他把蔡桓公念成了“蔡恒公”。在张军之前，已有五位同学读、译此文，没有语音错误，蔡桓公又是这课的主角，一篇短文里“桓侯”“桓公”出现了 11 次。从上课到张军发言，大家读说“桓公”“桓侯”不下 30 次，都是正确的，即使如此，张军也还是读错了，真是“春风不度玉门关”。同学们、听课老师们笑不奇怪，哪有人家说了 30 多遍以后，他还读错了呢？

错已成事实，课堂上，我显然不能停留在笑上，不能停留在张军不听课就批评他一顿了事上。张军就是挨批评太多，已经找不到自己的长处，没法扬长，自信心没有立足之地了。我应该帮他找到长处，帮助他的自信心建立根据地。

课堂上，大家笑过之后，我表扬了张军的长处："我发现，张军同学有了进步，他开始独立思考问题了。"同学们先是一怔，紧接着大家为张军鼓起掌来，大家理解了老师的意思：桓和恒是形近字，上课时张军没听课，这是他的错，但到他发音时，他能根据桓字的字形，想到恒字的读音，这说明他进行了一番独立思考，而不是遇到不认识的字就不读，不想。如果他经常这样独立思考问题，学习肯定会有大的进步。

这表扬使张军增强了自信心，别的同学也从中悟出了一些道理。

张军同学是 1992 年 3 月从六班分过来的。3 月分班，每个班的倒数第一名学生都分到了我们班，而张军在这几名学生中成绩又是最差的。要找他的缺点，批评他，毫不费力就能找到许多条，但这样做，只能打击他的自信心，强化他的自卑感。显然他在自己不长的人生路上，经受的批评打击是够多的，也可以说是过剩的。他不缺少批评，缺少的是鼓励，缺少的是肯定，缺少的是别人帮他找到长处，使他的自信心有个落脚的地方，有个根据地。

刚到班级时，我便请这几位后进同学给自己找长处。他们开头不好意思，觉得是低着头进魏老师这个班的。我说："找不到长处不行，你们肯定有长处，只是你们不肯告诉老师，那可不行！你们有缺点、有错误，不告诉我可以，我也不问；你们有长处、有优点不告诉我，我就狠狠地批评你们，天天批评你们，一直到你们告诉我为止。"

因为学生找不到自己的长处，老师狠狠批评他，批评得再严厉，学生也没有反感，相反还会密切师生感情。学生会想："看看，因为咱看不到自己的长处，把老师急成这个样子，快点找吧，别犹豫了。"

事实上，每位学生都有长处，而且都不止一个长处。最后进的学生，也会有三个五个的长处，有的长处还非常独特，一般人赶不上。问题不在于学生有没有长处，而在于老师和学生自己有没有发现长处的能力。有了这个能力，就能从缺点很多的学生身上，发现许多个长处；没有这个能力，明明有很多长处也会被自己和别人埋没掉。

刚到班时，别的同学不到一天都找到了自己的长处，唯独张军说："老师，我确实没有什么长处。""找不到不行，明天再找不到让你写500字的说明书，后天再找不到就写1000字的说明书，直到你找到了为止。"

第二天，他来找我，我问："长处找到了？什么长处？"他很紧张，脸涨得通红，极不好意思地说："我的心肠好，爱干活。"

"这就是了不起的长处。心肠好，爱帮助别人，到哪里都会受到别人的欢迎与帮助。爱干活，你说的是爱干体力活吧，现在各行各业需要的以体力劳动为主的工作岗位还非常多，你愿干，把这当成乐趣，那就能成为优秀的工人。"

他高兴了，以后心地更加善良，愿意帮助别人，也愿意为班级做好事。班级劳动时，平均每人运500斤土，他一个人挑着担子，来回飞跑，比三个人干的还多。

他学习也逐渐开始认真。过了三个月，他说："我现在开始每天都能完成量化作业了。"又过了一段时间，他说："我的作业已经有将近一半不抄别人的，凭自己的力量写了。"现在，他已学会独立写完日记，写完语文、政治、历史、生物作业。

他的自信心，植根于长处的土壤上，一点点地成长起来。

我体会到，在犯错误的学生面前，困难的不是批评，不是指责，更不是数落他的一系列错误，而是找出他的错误的对立面——长处。只有找到了长处，才算找到了错误的克星，才帮他找到了战胜错误的信心的根据地。

放声高呼：我能成功

有的老师问我：“魏老师，我一上公开课，自己就紧张，学生也紧张，平时发言思维敏捷、语言流畅的学生也变得结结巴巴。您在全国各地上公开课。学生们在舞台上，下面一两千人看着，学生不紧张吗？”

“说不紧张不真实，但做老师的要设法帮他们消除紧张的情绪。”

“怎样消除呢？”

“消除紧张的办法，至少有 100 种，我在全国各地用过几十种，用的次数较多的是培养学生的自信心。”

“培养自信心？那是一朝一夕的事吗？那不是得经过长期努力吗？”

“长期有长期的效益，短期有短期的效益，让学生树立战胜人生道路重重困难的信心，当然要付出毕生的努力，而引导学生树立学会一首歌、上好一节课的信心，显然不必要也不可能付出太大的代价，不可能等待长期的努力。”

“那怎样在很短时间内使学生对做好一件小事建立必胜的信心呢？”

一般情况下，我喜欢这样做：

1991 年暑期，我从西藏拉萨赶到四川成都开会，又赶到哈尔滨市，赶到吉林，从吉林赶到大连市参加全国中语会举办的首次全国中青年语文教师观摩课。

钱梦龙老师第一个讲课，我是最后一个。我讲课是上午最后一节，天热，学生累，观众也比较疲倦了。学生累再加上紧张，这堂课很容易失败。

走上舞台，我问学生："大家愿学一种消除紧张，使自己充满必胜信心的办法吗?"

"愿意!"

"那好，咱们学一种简单有效的消除紧张、建立信心的办法。请同学们站直，目视前方黑板的中缝，面带笑容，好了。下面，请同学们深深地吸气，挺胸，气憋足了吗?"

"憋足了!"

"请大家大喊三遍'我能成功'，要求一遍比一遍声音大。"

同学们听了都大喊起来，但喊得不齐。

我说："这回老师说预备起，请大家齐声喊。好了，预备——起!"

同学们齐喊，但三遍基本一样，没有层次。

"这回请同学们想一想三次力量分配，不要平均使用力气，最后一遍用全身的力气高呼，好！再来一次!"

"我能成功！我能成功！我能成功!"

学生们一声比一声大，喊过之后，会场里充满了活力，学生紧张情绪一扫而光，对上好这堂课，充满了成功的信心。

我的学生一上课也经常这样高呼，特别是全班同学齐声高呼时，有一种群体效应，一种场效应，大家互相竞争，互相感染，互相鼓舞，在这"我能成功"的声浪中，怯懦、紧张、疲劳、懈怠、拖拉、自卑的情绪常常被驱赶得无影无踪，尽管这些情绪过了一段时间还可能回来，但经常这样驱赶，自卑紧张的情绪就少得多了。

也有时候，自习课比较累了，有的同学便建议："老师，高呼几遍吧！”不用说呼什么，大家已心领神会，热烈赞成，一声令下，大家起身，昂首挺胸，吸足气，放声高呼：“我能成功！”

有的学生管这叫“精神充电”，也有的说“这是精神加油站”，“这是精神食粮”。

坚信自己有巨大潜能

每个人都有巨大的潜能。

纵观学业有成、事业有成的人，他们一个共同点，就是不断开发自己大脑的潜能。

反过来，许多学习后进的人，绝不是没有潜能，而是不相信自己有潜能，经受一两次失败，就总是怀疑自己笨，不断强化“自己脑子笨”的意念。久而久之，觉得自己脑子笨的那根神经工作能力越来越强，形成习惯，一事当前先想自己笨，先想自己不行，不给那些潜在的能力、脑神经以工作的机会。于是，潜能当然被埋没了。

有的人埋怨社会埋没人才，细想起来，自我埋没掉的人才要比社会埋没掉的人才多得多。

要开发自己大脑的潜能，开发大脑的智力资源，第一要紧的，就是坚信自己有巨大的潜能。

每个人的大脑皮层舒展开来，都在 $2500cm^2$ 左右，每个人都有 140 亿个左右的脑细胞。倘若每个脑细胞有工作一秒钟的机会便死亡，一个人一生中有效工作时间才 28800 万秒，即使夜以继日，假日都用来工作，也不过 10 亿秒。许多生理解剖学家和心理学家都认为，最杰出的科学家，也只不过用了大脑资源的十分之一。我们这样的普通人，浪费的脑潜能就更多了。

1964年苏联《今日生活》载文：在正常情况下工作的人，一般只使用了其思维能力的很小一部分。如果我们迫使我们的大脑达到其一半的工作能力，我们就可以轻而易举地学会40种语言，也可将一本大百科全书背得滚瓜烂熟，还能够学完数十所大学的课程。这种对人类潜能的推数现在已为人们所接受。

捷克斯洛伐克有位叫米兰·米凯什的语言奇才，他精通40国语言，共懂116种语言。立陶宛有一位叫拉比·伊莱贾的人，只读一遍就能记住的书竟有200册之多。

许多人到了暮年，忽然发现自己有着从来未被发现的这样或那样的能力。美国著名艺术家摩西老母在她的晚年才发现自己有惊人的艺术天才。美国学者往往把她当作范例，解释这类现象，并称之为“摩西老母效应”。与之相提并论的还有“短路理论”：如果人不去唤醒自身的潜在能力，这些能力就会转化或自我毁灭。

人脑的潜能如地下的煤矿、油矿，如果自己不相信地下有矿，只有着眼于砍伐地表的柴草，当然会感觉资源贫瘠，柴草越砍越少。如果坚信自己大脑深处，潜藏着巨大的资源，立足于往深处开采，那当然会有不尽潜能滚滚来的感觉。

每个人都要坚信自己有巨大的潜能，每个人确实都有巨大的潜能，不要紧盯着地表那点野草，大家都信心百倍地向大脑深处去开采巨大的潜能吧！

广阔天地与“小马蹄坑”

我曾收到一份祝福卡，一看地址，写的是“甘肃省兰州市西北师范大学二附中”。打开一看，上面写着：

魏老师：

您还记得我吗？我就是您的观摩课上那个不起眼的小女孩，就是您给了我勇气和希望，就是您教会了我“人是一个广阔的世界”这句话。是您在我生活的里程碑上留下了转折性的一笔。我感谢您，您是一个能教书育人的好老师。

一个不起眼的小女孩舒敏洁

在贺卡的另一页上写着：

祝您：

一路平安！

万事如意！

永远快乐！

1992年暑假，我给河北廊坊、山西太原、广西桂林、江苏无锡、甘肃兰州5个市的学生讲过课，都是到课堂上才和学生见面，讲完课又奔下一个省市，这位同学是谁，一时想不起来。但我依稀记得课后学生们围住我签字，我喜欢在看上去文静、聪明的学生的本子上写“人是一个广阔的世界”这句话。

我的学生和我谈心时，也谈到这句话使人有茅塞顿开之感。这句话曾引导许多学生站在一个广阔而又高远的立足点上看待自己，看待人生。

不只学生，我自己也不止100次地从这句话中受到鼓舞：每思考一次这句话，我都有一种进入广阔的人生世界的感觉，都能把自己内心深处狭隘、自卑、牢骚、愤懑的情绪，驱赶得少些，再少些。

我自感这是一句能给人以力量、信心和勇气的话，于是我便不厌其烦地向自己、向自己的学生、向全国各地的学生宣传这句话，推荐这句话，强调这句话。不，这不仅是一句话，这是一种人生观念，一种人生境界。谁能真心诚意地树立这样的观念，谁能真心诚意地追求这种境界，谁就获得了精神上的解放。

我引导一届又一届的学生，反复写《我的心灵世界》这篇文章。有的同学写道：“以前我只知道自己懒惰、拖拉，自己管不了自己，自己甚至厌烦自己。老师让写《我的心灵世界》这篇作文，我仔细一想，才发现自己的内心深处不那么简单，确实存在着一个广阔的世界。我的心灵中既有日月星辰，也有江河山川；既有风霜雨雪，又有花鸟草虫；有厂矿学校，有阶级政党；有真善美，有假恶丑；有懒散拖拉，也有勤奋惜时。我要发现那些广阔、自信、自强的部分，把握自我，做心灵世界的主人，把心灵世界治理得更文明、进步。”

面对后进的、犯错误的学生，如果我不从人是一个世界的角度看，就容易觉得学生气人、难管，难以想出好的教育方法，还容易一筹莫展，批评一顿了之，自知解决不了根本问题，弄得自己心境也不好起来。

从人是一个世界的角度看呢？常使自己在最难教育的学生面前也自觉信心百倍，很快便透过学生气人的一面，看到他可爱的一面，看到他的热情上进，看到他的真善美，看到他的纯洁的心灵天空，看到他一次次与困难抗争。

这样看，我心境平和了，开阔了，话也说进学生心里去了，他们也跟着一起去找寻那曾有过而又失去了的世界的另一面了，于是顿生左右逢源之感，能很快就想出许多好的教育方法。

我还喜欢在外地学生的日记本上写："世界也许很小很小，心的领域却很大很大。"

班级大扫除，每人都奔向自己的目标。高个子柳铁楠见小不点王惠玲够不着高处的窗户，便说："王惠玲，你够不着，我替你擦高处的玻璃吧！"

起先王惠玲不肯让，禁不住大家劝说、动员，只好退下来。"好啦，现在我退休了，柳铁楠是我的接班人了！"大家笑了，她在窗台上弓着身，想跳下来，窗台前的人得腾出地方来给她立足，柳铁楠身子往后一闪，张开的手臂碰倒了身后的暖瓶。嘭的一声瓶胆迸裂，周围女同学惊呼："哎呀！不好！暖瓶打了！"

柳铁楠说："暖瓶是我打的，我赔！"

可是，女同学还是斤斤计较，这个说："柳铁楠也不是故意的呀！"那个说："柳铁楠真冤枉，她是一片好心来帮忙！"还有的说："就她一个人的责任吗？"

柳铁楠打了暖瓶，心里本来没这么难受，可大家的七嘴八舌，好心人的喊冤叫屈，有的人过于狭隘的劝说安慰，把她原来镇定的情绪搞乱了，把她的思路导向了难过的一端，周围人的各种各样的说法搅得她心烦意乱，终于控制不住自己，趴在桌子上就呜呜地哭起来。

当时我正领着几名男同学拆班级的炉筒子，把里面积累的烟灰倒出来，见柳轶楠哭了一阵子还不停，几名女同学还在围着劝，有的还替她委屈，我就想放学后该认真讲讲这件事。

放学了，全班同学留下来，我严厉地批评了吵吵嚷嚷的女同学，也批评了还在哭的柳轶楠。“暖瓶碰坏了，是一点小事，赔偿就完了。因为这么点小事，而大家喊冤，大家七嘴八舌，搅得别人心里难受而哭而流泪，值得吗？

“心里连这么点小事都容不得，装不下，那么再大一点的事，不是更要斤斤计较，七嘴八舌，吵吵嚷嚷一番，哭一番，难过一番吗？

“把脑细胞用在这上面不是太可惜了吗？为什么装不下事容不得事，就是因为我们胸怀太小。

“法国大作家雨果说：世界上最广阔的是海洋，比海洋更广阔的是天空，比天空更广阔的是人的胸怀。有了比天空更广阔的胸怀，人才能装得下事，拿得起，放得下。不斤斤计较，不愤懑牢骚，不悲观忧伤，才能把自己的脑力用在有价值的大事上。

“一个人的胸怀，可以像天空、像大海，也可以像湖泊，像游泳池，像脸盆，甚至还可以像小马蹄坑。大家想想，生活中我们见过个别愚昧的人为了针尖大的小事，吵得面红耳赤，打得不可开交，那样活着不是很苦、很累、很可悲吗？

“我们从这个年龄起，一定要树立一个观念，绝不能让自己的胸怀像马蹄坑一样狭小，而要千方百计把自己的胸怀开拓成游泳池，开拓成湖泊，开拓成大海，甚至使胸怀比天空更广阔，这样我们才能明确人生的意义，才能把精力用在于国于民、于己于人都有利的大事上，才能活得开朗乐观有意义。”

这次批评进行了近两个小时，是我当教师至今批评学生最重的一次，时间最长的一次。因为我很激动，很为学生们斤斤计较于无谓小事担心。开头话说得重了些，于是我便讲了许多伟人虚怀若谷的事迹。

第二天，柳铁楠同学向我递交了一份3000字的说明书，述说自己如何经历了“山重水复疑无路”的心理路程，到达了“柳暗花明又一村”的境界。我捧着这份说明书，深深为柳铁楠心理承受能力之强所感动。

因为那天晚上批评完之后，我便有些后悔，批评这么重，时间又这么长，学生承受得了吗？宽阔的胸怀难道不是得一点点去开拓培养吗？柳铁楠如果承受不了，因委屈而生病怎么办？

当看到她第二天来上学时，我心头担忧的感觉顿然消失。下课后她交给我说明书，看了那充满自责的说明书，我不仅欣慰，而且心情确实很激动，直到今天13年过去了，我仍记得说明书中的许多句子，仍记得说明书用的雪白的信笺和柳铁楠那独特清秀的字迹。我自知批评时尽管过火，但我从心里流露出的是真诚地对学生们未来的关心，难得的是这种关心获得了学生的理解。

这以后至今的13年中，“勿做小马蹄坑”便成了我们班的一个专用名词。谁为一点小事斤斤计较了，谁和别人闹误会了，同学们便劝：“可别做小马蹄坑呀！”这样一说，大家心领神会，许多时候都有效。

有个同学爱为小事生气，便在自己的座右铭上写了“勿做小马蹄坑”。他说：“生气时看一看，念几遍，心情就好了，觉得生气不值得了。”

有的同学的座右铭上写着“胸怀宽似大海”，有的写着“胸怀广过天空”。

我同一届又一届的学生谈心，一个人可以考不上大学，可以不具备高深的科学知识，但不可以不具备宽阔的胸怀。没有宽阔的胸怀，难以有大的作为，即使侥幸当上了部长、省长、科学家，也会为个人的蝇头小利斤斤计较，争名于朝，争利于市，难以和同事和谐相处，活得紧张而劳累还耽误了国家与人民的事业。有了宽阔的胸怀，即使种田做工，也会成为优秀的农民工人，能在平凡的岗位上做出不平凡的业绩。

我在日记中写道：“古往今来，日月星辰，江河山川，太空长天，你是这样的开阔广大，可生活在你中间的人能有几多脑细胞来领略你的无限风光呢？那狭隘的人与人之间不正常的关系禁锢了他们的聪明才智，强占了他们的脑细胞，使太阳的光辉、大自然的胜状，照不进，映不进，使有的人带着昏暗的头脑，一天又一天，一年又一年，一辈又一辈地为了鸡毛蒜皮的权和利而争得青筋绽起，咬得头破血流，呜呼哀哉！”

培养学生具有比天空更广阔的胸怀，就能站在数万年人类悠长的历史与数万光年的星系空间角度来看地球，看人类，看社会，看人生，就能看清自己所处的位置，就能既顺其自然，又积极进取。

每天点一盏思想的灯

阳光、火光、电光，照亮江河山川，照亮道路，照亮物质世界。

思想之光，能照亮人的观念，照亮人的思想道路，照亮人的精神世界。

小时候，一本《今古贤文》，我不知读了多少遍，至今“尊人者，人尊之”，“隐其恶，扬其善”，“宁可人负我，不可我负人”，“一万次口号抵不上一次行动”，“曲不离口，拳不离手”，“聪明的人改变自己，糊涂的人埋怨别人”等许多格言警句，还深深刻在脑子里，成为指导我言行的明灯。

从教书开始，我便注意给学生抄格言警句。在农村教书的时候，我给学生讲，给学生抄，到了城里教中学，我买了《名人名言录》，放到班级图书箱里，给学生看，以后又买了几本不同版本的《格言选》《格言精编》等。

从 1979 年 4 月起，便由我给学生抄格言，改为学生按学号轮流抄格言，每天轮到一个人，挑选自己认为对大家最有教育意义的写在黑板的右侧。

首先，同学们注重格言的内容，看谁的格言能量最大，最灿烂，四射的光芒能最大限度地照亮同学们的精神世界。

其次，大家也注重形式，看谁的格言写得最认真，字写得漂亮，图案设计得吸引人。有的同学用彩色粉笔在黑板的右侧勾出一片1米高25厘米宽的天地。有的格言出自古人，便画上古色古香的图案花边。有的格言高远辽阔，便画上大海、天空的图案。有的格言惊世骇俗，便配上电光与利剑。

还有的在格言上方画上我校的校徽，有的画上团徽，有的画上党徽。

最常见的形式，还是今天宋君同学这样的，先勾出这片天地的范围，然后在上部划出五分之一位置，用彩色粉笔写上大字：今日格言。下部划出十分之一的位置，写上格言抄录人的名字：宋君。中间是格言正文，一般像竖式条幅一样，字要竖写。

从学生选择哪条格言，也可发现学生心灵世界的一些奥秘。

如果有谁说，魏书生班的学生每天学一条格言，所以每个人都变得积极进取，思想发生了巨大的变化，世界观发生了根本的转变，你千万别信。每天一句格言不可能有那么大的教育力量。

如果有谁说，魏书生班的学生几年如一日，每天学一条格言，一点用处都没有，学生无动于衷，你也别信。有的格言是千古传诵的，曾经激励过一代又一代的仁人志士；有的格言是学术界公认的至理名言，曾成为千千万万做学问的人的座右铭，怎么可能一点作用没有呢？

它有它独特的作用，春风化雨，点滴入土，日久天长，潜移默化，学生的精神世界，有了这些格言明灯的照耀，一定要比昨天更明亮。

几年来，一届又一届的学生，多次选择周总理的话，恭恭敬敬、工工整整地写在前面："我们应该像春蚕一样，把最后一口丝都吐出来，献给人民。"

也有的写陶铸同志的诗："如烟往事俱忘却，心底无私天地宽。"

还有的写程思远先生发人深省的话："人不能从八十岁向一岁活，如果能够从八十岁向一岁活的话，那么我敢肯定，世界二分之一以上的人都会成为伟人。"

为了劝诫同学们珍重友情，有个学生抄了爱因斯坦的话："世界最美好的东西，莫过于有几个心地正直的严正的朋友……"

为了鼓励同学们乐观地面对生活，有的学生写道："生活像镜子，你对它笑，它也对你笑。"

也有的同学互相摘录自己编写的话，读起来，使同学们感觉离自己的思想更近。"经常谈论别人的短处，会使一个人变得心胸狭窄，活得又疲劳，又无聊。"这是蔡乐同学写的。

"一个忘我的人能够彻底摆脱烦恼忧虑，真正体验到生活的乐趣。"这是张颖同学写的。

学生抄的格言，不仅使学生受到启示，也常常使我受到启示。记不清哪位同学抄过这样一条格言："乐观的人把困难当作帮助自己前进的机会，悲观的人总是在机会中首先看到困难。"这句话后来我曾数百次地背诵。记着它，使我充满了战胜困难的勇气，努力做一个乐观的人。

名人伟人，经历了比常人更多的磨难，做出了使常人仰慕的贡献，他们的名言曾鼓舞自己在磨难中矢志不渝，奋力拼搏，努力做着贡献。他们的名言经过历史长河的冲刷，仍然能散发出光芒。人们如果在自己的有生之年，采撷不到这光芒四射的名言，那确是人生的一大憾事。

学生抄的这些名言，给我以启示时，我常想，如果在少年时代我看到，那将会减少很多在黑暗中摸索的弯路。越是这样想着，越觉得"每天由学生轮流抄一条格言"这条班规定得有理，符合学生们的切身利益。

名人格言，每天陪伴着我们师生，一年又一年，一届又一届，已经十几年了。它还将陪伴着我们师生一起走向未来。

我深深地体会到，这是有百益而无一害的事情，我也愿它和全国更多的教学班为伴，每天点燃一盏思想的明灯——抄一句格言，一起去开创教育改革灿烂的明天。

研究自身生物钟

我喜欢给一届又一届的学生讲人体生物钟奥秘，讲人脑的奥秘，讲整个人类还处在年轻时代，还有许多更诱人的奥秘远未被人类发现，使学生从小便建立人类还很年轻的观点，会使学生变得目光远大，变得不那么急功近利。

不要说对客观世界、宇宙的研究人们远远未到顶峰，就是对地球、对人类社会，以至对人类自身、人体本身的研究也远远没有到顶峰。

我们平时都有一种感觉：体力有时充沛，有时并没有病，却感觉浑身无力；思维有时敏捷，有时反应迟钝；情绪有时极好，遇到许多不顺心的事，也不烦不躁；有时没什么不顺，心情却莫名其妙地烦躁。科学家们发现人体生物钟每天都有高潮低潮的区别。另外，还发现，人体体力每 23 天、情绪每 28 天分别发生周期性变化。他们称 23 天的变化周期为体力节律，28 天的周期为情绪节律。奥地利的特里舍尔在教学中发现，不少学生的智能和考试成绩也与节律周期有关，经研究发现这个周期为 33 天，并把这个周期称为智力节律。三个周期的变化，称为人体的三节律（体力、情绪、智力），一般说来，人从出生之日开始，这三台生物钟便开始运转了。

当一个人的体力处于高潮期时，就体力充沛，朝气蓬勃；情绪处于高潮期，则心情舒畅，意志坚强；智力处于高潮期，则思维敏捷，注意力好，记忆力强。如果这三节律处于低潮期，则情况恰恰相反。

人体在一天 24 小时之内也有变化规律，称为生命日节律。一天之内有 4 个高潮、4 个低潮。高潮时间为 6 时、10 时、17 时、21 时，低潮时间为 4 时、14 时、19 时、24 时。

1980 年，我给学生介绍了生物钟的资料。那时，我们还不会生物钟节律的具体计算方法，盖东同学便画了一张大图表，根据他自己的细心体验，画出了自己三节律的曲线图。处于低潮期、危险日时，提醒自己理智地分析烦躁不安的情绪的由来，安排一些兴趣较浓学科的作业练习内容：当处于高潮时，则抓紧有利时机，增加学习任务。

1988 年，有关单位出版了生物钟三节律的计算卡，我便引导学生根据自己出生的年月日，计算出自己当年体力、情绪、智力生物钟的起始时间，然后查表，对照一年中三节律的变化情况，据此安排自己的学习。

从劲松同学有一天效率特低，自己弄不清什么原因，我分析可能是他那天处于情绪危险日，便说："你随随便便，自自然然地写下自己的心理状态，写完之后，进行分析，原因就找到了。"他写道：

> 昨天真没意思，一整天的心绪都那么坏，昨天也许是我的危险日，无心学习。这可能是次要的，主要还是主观控制自己的能力差。早晨到校后，便想按计划学习，突然一下想起《曹刿论战》还没有背，便背起课文来，可是怎么也背不进去，于是到教室外去背，到了外边看看这，看看那，把背课文这件事忘掉了。早自习就这样过去了。中午，我很早就来到了学校，因为下午要外语测验，想利用午休看一看，可拿出书来一看，这一大本儿从哪看起呀？这

> 一会儿时间，看也来不及了，既然看不完，就干脆不看了。又拿起语文作业来做，写了一会儿，又想，马上要考试了，看一点是一点，便放下笔又看起外语来，东一眼西一眼地扫了一遍。外语考试时，想前思后，静不下心来，题目答得很差。晚自习，似乎满脑子烦恼要呕吐出来似的，便跑到操场上去又喊又叫，又蹦又跳……折腾了一会儿，心静了，方回到教室坐下来。晚上入睡，心情很好。

学生处于情绪危险日时的这种心态我也有过。明白了生物钟三节律的道理之后，处于这种心态时，便不会莫名其妙，以至加深烦躁不安，而能够想办法，尽可能挑感兴趣的、较易完成的实事，一件接一件不停地做下来，烦躁便减轻了。

我和同学们一起商量度过危险日的办法，从而使一部分同学提高了控制自己的能力。

研究自身生物钟，使学生又朝着理智、自我约束的方向迈出了一步。

两个自我

1988年暑期，我刚送走两班毕业生，又接来一届新学生入学。开学这天，来了不少客人和家长，我正忙着请副校长、主任分头接待，这时有学生跑来报告：“魏校长，你们班学生打架了!”

教书这么些年，学生开学第一天便打架，这种事还是头一回遇上。

我把打架的两位同学请到办公室，一位李世国同学是出色的运动员。跑跳投成绩在全市是最突出的，同学威信高，在同年组男同学中说一不二。另一位梁强同学则膀大腰圆，为人坦率、直爽，学习成绩不好，为了进我班，设法跳级办了学籍。

我开头很生气，想狠狠批评他们一顿，但看他们站在我面前那憨厚、直率而又害怕的样子，我想，生气和过火的批评只能使他们头脑紧张地将身体各部位都凝聚成一个等待批评的整体，而这样的整体是不容易攻破，也不容易改变的。我暗自嘱咐自己要心平气和，要挑动他们内心深处产生矛盾冲突，学会自己斗自己。

我便先出乎意料地说：“你们别紧张。听说你们打架了，重点打哪几个部位呀？现在还疼不疼呀？需不需要上医院看看?”

这么一说，他们原来紧张的身体松弛下来了，准备挨训、准备对抗的戒备心理解除了。听我说要不要看病，立刻觉得不好意思了，连说：

“不用，不用，没事，没事。”

我放心地说：“没大事就好了，大家就都轻松了，你们心里是不是也感觉轻松？倘若打伤了打残了，打胜的打败的是不是都有无穷的苦？”

“那自然。”他们不好意思地对视了一下。

“我知道你们本来不想打。”一听我说这话，他们顿时来了精神，感觉老师理解他们，便争先恐后地说：“老师，我们真不想打架。”

我问：“为什么不想打架？”他俩抢着你一句我一句地说。

“打架的时候提心吊胆，怕别人打伤了自己，又怕打别人打到要害处，把祸闯大了。”

“打得轻了，还怕吓唬不住对方。”

“打败了，被同年级的同学看不起，丢面子。”

“赢了呢，也害怕，走在路上，或半夜走黑道提心吊胆的，总怕对方再勾结别人突然报复，袭击。”

“打轻了不解决问题，打重了，伤了，残了，对人家对自己都不好。”

“打完架有时还不敢回家，怕爸爸打，在学校还怕老师批评，怕学校处分。”

他们说出了一系列不想打架的原因，我给予充分的肯定：“这确实是你们的心里话，但这只是你们自我的一个好的方面，如果脑子里是这个‘好我’当家的话，你们的架能打起来吗？”

“我们要总这么想就打不起来了。”

“这说明，你们脑子里还有一个坏的自我，想打的自我，是吧？”

“坏的自我是怎样想的呢？”

李世国说：“外校的同学过去和梁强不和，他说梁强背后说我的坏话，还说我不敢打梁强，我想逞能，下午就找梁强的麻烦。”

梁强说：“他找我的麻烦，我想自己也不是好惹的，决不能让着他，头脑一热，什么纪律不纪律的，全不顾了。”

他们又谈了自己内心深处一些不好的想法。

我请他们写一份心理活动说明书，题目便是《两个自我》。

李世国写《两个李世国》，即心灵深处在打架这个问题上，好李世国与坏李世国各自怎样想；在心灵深处，好坏两个李世国怎样辩论；今后，采取什么具体办法，使好李世国强大起来，压住自己不好的那一面。

这以后，直至毕业，这两位同学相处得很好。再也没打过架，并且都为班级做了大量的好事。

回过头来想一想，我当时如果发一通火，训斥他们一通，不是到他们的心里去寻找我的助手，可能也会制止住打架，可能也管得住他们，但没有这样平心静气地分析问题省力气。更重要的，我是经常外出开会的班主任，若不从内心深处找到学生上述的自我管理因素，那么班主任不在时，没人管了，学生就会失控。

近十年来，我在全国各地作报告，总是建议青年教师，一定要学会挑动学生自己斗自己。学生内心深处，好坏两种思想发生冲突，斗起来了，倘好思想赢了，我们便坐收渔人之利；倘好思想斗不过坏思想，我们则伸出手去帮助好思想压倒坏思想。这时学生还不会感觉我们是站在他的对面教育他们，而是觉得老师是站在他心里帮助了他。

要紧的是，必须坚信每位学生都至少有两个自我在内心深处并存。尽管有的学生很气人，似乎是铁板一块、顽石一块，那也仅仅是似乎。实质上，没有矛盾、没有对立的头脑是不存在的。当教师的一定要善于发现后进学生心灵深处藏着的那个先进的自我，发现打架学生脑子背后躲着的那个不想打架的自我，发现自私学生偶尔表现出的关心别人的自我。

发现了把他请出来，研究他受压抑的原因，帮助他成长起来，健壮起来，这样做看起来费点脑筋，其实是最省力气的方法，是从根本上解决问题的方法。

用学生心灵深处的能源，照亮学生的精神世界，是最节省能源的方法。

和后进生组成互助组

1992年，我刚从俄罗斯访问归来，校团委书记刘勇便送给我一个封面是立体画的日记本，告诉我："老师（刘勇是我教的1985届毕业生），政教处又重新分配了师生互助组，给学生的纪念册，只有您没领了。"

我问："今年我和谁一个互助组？"

"不知道，待我去政教处查一查。"刘勇跑步走了，不一会便回来告诉我："老师，您和张军同学一个互助组。"

从1986年我当校长以来，就一直要求政教处把互助组工作落到实处。

即每个教学班的倒数第一、第二、第三名学生都要由政教处给他们找一位任课老师或学校领导，师生组成互助组。教师教会学生超越自我、管理自我、学会学习，学生帮助教师提高教育教学的技能。

组成互助组后，每个学期，互助组要向政教处交三份互助报告，期初、期中、期末各一份。互助报告上要写清互助学生对教师的期望，互助教师帮助学生进步的具体措施，互助学生所在班班主任对学生变化的评价。

互助教师要经常和学生谈话，至少每星期交谈一次，了解学生的喜怒哀乐。

1990 年我又要求每位教师每学年要给互助学生买 10 元钱的文具礼物，赠送给学生，由学校报销。刚开始，有的教师不理解，说："好学生们会不会说这是在奖励后进?"我说："我想他们不会这样说，好学生也绝不可能为了获得一点文具就故意后进，相反，他们看到后进学生不被歧视，充满了上进心，鼓足了劲往前追，自己也产生了紧迫感，怕后进学生追上自己而加劲学习。后进学生呢，也不会认为教师赠送物品是鼓励他继续后进，他会觉得教师在关心他，教师在感情上和他很近。后进生读书多年，长期后进，显然他们不缺少批评，不缺少指责，他们经常得到的是冷落，很少得到的是赠予和奖励，这时，我们赠他一点纪念品，不是雪中送炭吗?"

物品不多，有的教师买支钢笔，有的买个书包，有的买个高档次文具盒，有的买精致的日记本，送给学生，使许多学生激动得不知说什么好。这几年，我几次把物品送给学生的时候，看到学生那诚恳、感激的表情，那因激动而说得慌乱的感谢的话，都使我的心灵受到震撼。

后来赠送的文具又改由政教处统一买，然后让教师转送给学生。

互助学生和老师最好从入学到毕业都不改变。遇到教师不跟班了或后进学生有了明显进步，就再重新组合，一般也要够一年的期限。

我以前互助的学生已毕业升入了上一级学校，我去年互助的学生赵挺已前进了 15 名，不在后进行列了。这个学期，政教处便给我重新分配了帮助对象张军。

张军同学初一时在六班，今年，班级调整，每个班倒数第一的学生都到我班学习，在这七个班倒数第一的学生中，张军的分数是最低的。他分班考试五科总分为 89 分：数学 12 分，生物 5 分，英语 12 分，语文 46 分，政治 14 分（其中语文、数学两科满分各为 120 分）。

我在日记本上写了这样一句话："赠张军同学：坚定信心，多做实事，享受学习中的乐趣。你的班主任。"

张军长得膀阔腰圆，很结实，很有力气，运动会参加项目是推铅球。他每天上学不仅听英语课是外语，听数学、物理、政治好多课都像听外语。他说："老师，我一上课头就疼，像受罪。"我听了，设身处地想一想，也真够他难受的。我们听某位老师讲课，倘内容听不懂，一节课都觉得是在受罪；张军却能一节又一节，一天又一天，一周又一周，一月又一月地熬着，耐心地、无可奈何地、很守纪律地在那里坐着。从这样的角度思考，我不能不佩服张军顽强的毅力，这么苦，这么难，他都能忍受着。

我便想引导他将受罪改为享受，发现学习的乐趣。先品尝学会一个字、一个英语单词、一个公式的乐趣，然后将一堂课又一堂课的陪坐时间具体落实为一个字一个单词的计划，施加一个快乐的意念：我是在享受超越自己的乐趣，我是在享受完成计划、做实事的乐趣。当快乐地做实事的时候，别的忧虑、烦恼、拖拉的情绪等都先往后靠靠，待做完实事再说。总用这样的心态引导自己，时间长了，快乐地做实事的脑细胞就兴奋起来了，逐渐形成一个牢固的兴奋中心了，那忧虑、烦恼、懒散的脑细胞就逐渐淡化了。

我还请张军经常再现自己读书以来最辉煌的时期。我问："你学习最好的时候是哪一年？""小学二年级。""好到什么程度？""那时我期末考试总分全班第二名。""到三年级呢？""还能排十多名。""四年级呢？""能排三十多名，到五、六年级就开始倒数了。"

"为什么三年级下降了？""那一年我转学了，换了老师，老师有病，又不停地换老师。老师管得也不严，我就不爱学习了。"

"你现在觉得自己能不能取得好成绩？"

“我总觉得自己不行，不如别人，已经倒数第一这么多年了，努力也不行，也晚了。于是，本来能学会的知识也不愿学了。”

“对！问题就出在这，你总给自己输入不行的意念，输入我不如人的意念，结果你当然就不如人了。现在你这样改变自己：每天早晨，每堂课前，每天晚间都全心全意地想一想当年排在班级第二名时的情景，再现一下那时的信心、感情、对学习的态度，这样想会激发你的勇气和力量。经常这样施加意念给潜意识，时间长了，潜意识就能起作用，将你改变为一个自信、上进、勤奋、积极的学生。”

最后我引导张军制订了作息时间表和一周学习计划，接着又指导他写《奋斗 10 天，无悔无憾》的日记，离月考还有 10 天时间了，张军充满了超过倒数第二名李健同学的信心。他写道：“这 10 天我要努力奋斗，每天每时都做实事，我想我一定能超过李健，就算不能超过，我尽自己最大的力量学习，对得起自己，也就无悔无憾了。”

互助组的建立，密切了师生的感情，增强了学校的凝聚力，后进学生对学校更热爱了。6 年以前，个别老师瞧不起后进学生，动不动就训斥挖苦，不仅使个别同学丧失学习信心，有的还产生了对立情绪，有两位同学甚至还在夜间偷偷用打碎教室玻璃的方式来发泄自己的不满。

这些年，师生关系融洽了，学生自觉关心班级，有的后进同学自觉利用休息时间到校维修桌椅。我校实验楼外没有围墙，紧挨实验室窗玻璃外面就是一条没有路灯的公共道路，道路上学生和行人熙熙攘攘，伸手一碰窗玻璃就能碎，可是学生自觉维护着，没有人去碰。有的后进同学还劝说社会上的人不要在实验室窗户边打闹，以免碰坏了玻璃。

于反复之间求上进

后进学生有上进心，也能上进，但上进的过程充满了反复。要反复抓，抓反复：教师不能看到后进学生某日努力学习了，某天遵守纪律了，就以为那是假象，以为是装的。那是真的进步了，即使是装出来的，也是进步了，那就应当表扬他，鼓励他，同时也公开帮他敲响警钟："你的另一部分消极脑细胞，还可能反攻。"

能这样认识后进学生的进步，也就能正确看待后进学生的反复。后进学生的反复是正常现象，不要因为看到他又后退了就灰心，就气馁，而应当认识到这是情理中的事，倒回来了，再想法前进就是了。进退皆在自己理解之中，便容易把握自己的理智与感情，在反反复复的过程之中把后进同学引上上进之路。

郑朝军同学肩宽膀阔，有的是力气，干起活来，一个顶三四个，就是上课管不住自己，自习说话、作业拖拉的事屡屡发生，他也想改好，多次下决心，但过一段时间便落空。放学路上，几名同学边走边唠，有人批评他说话不算数，有人说他"常立志"。郑朝军急了，面红耳赤，情绪激动，起愿发誓："我以后再闹就不是人。"

这话可信吗？可信。我知道，这发自他的肺腑。许多后进同学都有过这种发自心底的呼喊，遗憾的是，他心中自由散漫的那一面的势力太强了。多年来扎下根，长出了懒的大树、散漫的大树、拖拉的大树，一句誓言，当然砍不倒这多年生长的大树。

教师无须因为后进同学缺点多就连他们的决心也不信，以为是假的；也无须因为他有了一句真的誓言就以为真的能砍倒多年生在心灵深处的懒树。应当珍惜他这一句誓言，帮着他将这一句誓言变为具体的一点点的砍树的行动。只要行动就好，反复肯定会有，他头脑中的正义之师和不义之师肯定要斗上几百几千个回合。只要他开始向自己的后进面作战，就应当表扬，就应当鼓励。

这几天，郑朝军开始写作业、写日记了。又过了几天，我检查学生日记，发现他又有两天没写了，什么原因？懒病又犯了，很好理解。用他自己的话说："一看见日记本就有点打怵。"

我说："对打怵，正确的态度是：应该做的事，毫不犹豫，可以不想做的质量好还是坏，一头扎进去，先做起来看。一边做，一边计算看做完要多少时间，心里只想着抓紧二字，边做边忘了打怵，边做边治了懒病，边做边提高了做事的能力，这是治懒的办法之一。

"不信，你随随便便、自自然然，心里怎么想就怎么写，不管别人怎么看，写上两千字说明书，看多长时间能写完。试一试，别停顿，就算东一句、西一句，也要不停地写，就练自己不停顿地做事的能力。"

他果然开始写了，而且不停顿，从下了第一节自习课我说完就开始写，第二节下课也没顾上出去。第三节自习课还没结束，不到 80 分钟，2000 多字的说明书写完了，交上来了！说做就做，做起来真快。这 80 分钟，他没有时间说话，也没有时间内疚、不安、犹豫，他是充实的。

我把这份 2000 多字的说明书读给大家听，同学们都为他写得思路清楚、句子通顺感到惊奇，有人甚至为他鼓起掌来。

他感受到了抓紧做事的快乐，一连几天，什么事都抓紧干，他也想追上同学们。忙着学习，纪律当然就好了。我外出开会回来，同学们说：没有人违反纪律，就不用选举自习时说话的人了。陈东兴一再说："连郑朝军都没有说话。"郑朝军也很高兴，他为履行了自己的承诺而高兴。

我高兴，我也感到连续好了这么些天，该反复了，哪能这么一帆风顺就把多年的懒病根除了呢？倒不是我盼望反复，而是感觉这是规律。这样想，遇到反复便容易想出办法，不至于感到意外。果然，此后不久，一天下午放学后，英语科代表郑琳琳还没走。我问："怎么还不回家？"郑琳琳说："还有四名同学没交作业，等他们写完了，交齐了，都收上来我好去交给老师。"

四名没交作业的学生当中就有郑朝军。一听郑琳琳向我报告了这件事，他的脸立即沉了下来，没好气地说："我没本子！"显然，他想以此为借口不写，拖下去。这时，女同学刘颖立刻从自己书包里拿出一个本子，说："我这儿有一个没用过的本子。"她朝郑朝军递过去了。

可是，郑朝军并不来接，接过来就意味着作业非写不可了。刘颖的好意丝毫没使他受感动，他此刻大脑正做点状思维的兴奋：横下一条心不写。同学的好意反倒使他更恼怒。"我不要，我自己买！"他给自己拖拉作业留了条后路：我自己去买，买不来就没有办法了。对于后进同学来说，能找出一万条后进的理由，要想后退，何患无辞？

我在旁边看着，若用先进同学的标准去衡量郑朝军此刻的言行，真能使人怒气满胸。但他已后进了多年，此刻正处于点状思维的控制中，我若生气，就只能使自己想不出好办法。我分析着，想：该先把他从点状思维中解脱出来，别让他总想着自己是个不写作业的人。便说："郑朝军这几天，各科作业紧追、紧赶、紧补，有几科欠的作业都补完了，这么点英语哪能不写呢？一定是累了，想歇一歇，明天再补。"这么一说，他露出了笑容，想到了自己近几天的进步，想到高效学习的快乐。

我又说："人家郑琳琳放学不走为的啥，刘颖送给你本子为的啥，不就是盼你不欠账，轻松地回家吗？好心肠的人今天怎么不理解人家的好心了呢？"郑朝军淘气是淘气，但心地善良，富于同情心，这么一说，他不好意思了。

我拿过刘颖的本子，递给郑朝军："今天你一定要写完，我在这陪着你。"

晚上7点，郑朝军写完作业，一身轻松，见我陪他，满怀歉意。我说："你有了进步，但还会有好多次反复，倘若自己在反复的时候不警惕，就又可能重新滑到昨天，甚至比昨天还要落后的位置。"

后进同学上进的过程是一个反反复复的过程，这个道理我觉得不仅要让后进同学懂得，还要让全班同学懂得。这样大家才会珍惜后进同学的每一点进步，才会在他们出现反复的时候不至于丧失信心，不至于指责埋怨。更重要的，是防止一部分同学以后进同学落后的言行为放纵自己的尺度，争相效仿，也滑进后进同学的行列。

班规班法对后进同学是否可适当要求松一些？有的班规要松一些，如：办班级日报，先进同学质量要好，后进同学只要办出来，基本符合要求就行。每天一篇日记，先进同学写出来就是一篇好文章，后进同学可能层次不清，语句不通，但只要写了也不深究。先进同学每天快跑5000米，后进的可以慢跑，甚至可以走5000米。有的大家都能做到的则一视同仁。自习不说话，闭住嘴总该都能做到吧。说话了，便受处罚。不吃零食，该做到吧，做不到，便一视同仁受处罚。

班规班法对后进同学既一视同仁，有的又有灵活性，这是后进同学的上进规律决定的，也是大家都能理解的。

控制“三闲”

我经常要求学生计算“三闲”的数量。从 1979 年起，我便建议学生每天像苏联生物学家柳比歇夫那样，细致地计算时间的利用率，然后统计一下今日“三闲”有多少。

后来我便要求学生，每天写完日记以后，便在最末一行记下当天“三闲”的数量。

所谓“三闲”，即闲话、闲事、闲思。

我发现，凡学习不好的同学都有一个共同的特点，不是他们控制了“三闲”，而是“三闲”控制了他们。

不只学生，就连自以为有点自控能力的我，也常常某一段时间无所作为，明知有许多实事可做，但脑子就是不配合，不知不觉地或很不情愿地任脑子闲思，任手不由自主地做闲事，也有时不由自主地成了清谈俱乐部成员。

应该说，我算是一个比较忙的人，但即使在完成较多任务之时，我觉得自己脑子仍不自觉地向闲思贡献两三个小时的时间。

由此我想到缺乏自制力的中学生们，被“三闲”控制的时间一定比我多。

统计“三闲”，先要具体分析什么叫闲话、闲事、闲思。

闲话，指没用的话和有害的话。没用的话是指人家在那上自习、看书，他在那说笑话，说玄话，说大话，说课外的话，当然都没有用。公共场所，如阅览室、科技活动室，他说电子游戏厅的事，当然没用。人家在听广播、看电视、参加会议，他讲起了吃零食的事，自然没用，这类话，不说为好。另一类是有害的话。人家学习，他故意干扰别人，分散人家注意力；人家进步，他编了瞎话，造了谣言伤害人家；别人团结，他背地里传话，搬弄是非，背后说人家短处，即使无意，也是有害的话。

“文革”10年，应该说中国人相当多地沾染了说有害的话的毛病，闲话确实给相当多的中国人造成了麻烦，制造了痛苦，使兄弟反目，同胞为仇。控制闲话，减少闲话，以至于消灭闲话，真应该从中学生，甚至从小学生抓起，愿我们下一代人不要生活在我们这么多的闲话之中。

闲事指无用的事或有害的事。如一个中学生，并非研究电子游戏机的专家，却把课余时间消磨在电子游戏厅里，这显然是没用的事。老师正在讲数学，个别人数学成绩不好，却在下面看武侠小说，当然无用。同学们都在上自习，他却在那里做学龄前的事，叠纸船，画儿童画，有用吗？一位同学并非对服装设计有兴趣，却用相当多的时间跟父母要钱，逛市场，买花样翻新的服装。如此支配精力，显然也没什么用处。

对中学生有害无益的事也不少，个别学生逞强妄为，想称王称霸，满脑子计算怎样打别人和怎样逃避别人的打，并付诸行动。人家上自习，他哼小曲；人家用下午第三节课活动、跑步，他偷偷跑去买糖果吃；还有不少违反《中学生日常行为规范》的事，都应在控制之内。

闲思困扰人的时间就更多了。有一类闲思只是没用，耽误做实事，闲思本身并无直接害处。如：正听着历史课，思路不由自主地从课堂教学讲的晚清文学，联想到《三国演义》，又联想到《封神演义》，联想到姜子牙垂钓遇文王……不知不觉，下课时间到了，毫无用处的闲思统治了这位同学半节课。也有的同学正听着英语课，思路不知不觉到了前面同学的衣服上，随着衣服又到了服装厂、纺织厂、印染厂、服装店……这样的联想倘是有目的，为了创作，为了训练自己有益的联想能力，当然有用。倘在不需要联想的时候，联想却无拘无束地自由驰骋，这至少可以说没有用途。认真统计，细心观察，会发现许多后进同学的大量时间便是在这类闲思中糊涂地度过的。何止学生，就是我本人，昨天一天，今天下午，至少有 4 个小时的时间被这类闲思夺走了。

另一类闲思则是有害的。如学习、生活中遇到不顺心的事，或考试成绩不理想，就忧虑和担心同学们怎么议论自己，父母怎样批评自己，邻居又会如何瞧不起自己。结果越陷烦恼越深，越不能平心静气地分析失误的原因，更谈不上采取积极有效的纠正失误的措施了。这样便形成了恶性循环链：考试失误——情绪低落——无心纠正——成绩更差。不少后进同学就是沿着这条恶性循环链，使自己从中等甚至上等的位置，滑到了最底层。这类闲思尤难控制。以我自己为例：昨天上午给 140 位外校教师正讲公开课时，被唤出，告知学校东风车在阜新拉煤时发生事故的消息，我立即被担心忧虑的情绪控制，自知无效，也难摆脱，只是当重新回到课堂，向老师们讲语文教改时，不良情绪才被紧迫的实事挤走。散会后，不良情绪正要袭来，朋友来找我陪台湾省和韩国的客人，闲思便被控制了 3 个小时。客人走后便是省教科所 3 位老师到校谈国家教委重点课题，闲思一再想冒出，又一次次被紧迫的实事所控制。下班后，没有了紧张的必做的正事，凭意志都很难控制住，以致失眠，到了后半夜（12 月 10 日凌晨 4 点），还被这闲思所扰而未眠。

由自己，我想到学生经受挫折时，产生的闲思一定多于我，倘不有效地控制，确实贻害无穷。

引导学生控制“三闲”，就使学生较明确地将无用有害的言、行、思和有用有利的言、行、思区别开来。一旦有了区别，下意识和潜意识就会起作用，不知不觉地对其加以限制。区别之后，又千方百计控制，虽不至于完全控制住，但有一点可以肯定，控制比不控制要好得多，“三闲”数量一定要少得多，学生的言、行、思要理智得多。

一位同学从别的中学转到我班，到这以后须写日记和统计“三闲”，我看他刚来时的日记最后一行写道，今日“三闲”数量：闲话 280 句，闲事 13 件，闲思 3.5 小时。能有这么多吗？据我观察，他实际“三闲”数量，只会比这多，不会比这少。

过了半年，我再看他的日记，确实写得比过去好多了，看他写的《自我教育计划》，感到他想问题较全面，一个月中自己德、智、体、美、劳几方面都有较明确的追求目标。

谈到控制“三闲”中闲话这个细目时，这位同学这样写道：“这个月我要努力把自己的闲话控制住，目标是每天控制在 52 句以内。”我从来没要求他具体规定自己闲话的句数，没想到他竟提出了这样的目标，便问他：“这 52 句是怎么回事？”他回答：“经过控制，我闲话比以前减少了一半多，但和同学们比仍然比较多，要全部去掉，显然不可能。我计算了一下，自习和上课我能控制住自己不说闲话，但在家里和校内课间活动时，还不知不觉说些使别人不痛快的闲话。每堂课间 6 句便是 36 句，早晚还有那么长时间，不由自主地各说 8 句便是 16 句，合计 52 句。”我听了，没说好，也没说不可以，只是说你可以试一试。效果好，就继续试。

又过了一个月，我再看他的日记本，这位同学在本月《自我教育计划》谈到闲话这一项时写道：“经过上月努力，我已达到了把闲话控制在 52 句以内的目标，本月要继续努力，把闲话控制在每天 39 句以内。”

一年以后这位同学纪律明显好转，基本控制住了自己的闲话，成了全校书法和美术活动小组的尖子学生。

有的同学在日记中写道："一个能够控制'三闲'的人，不管在什么岗位上都能是一个幸福的人，快乐的人，有所作为的人。"

控制"三闲"要注意，一定要引导学生弄清"三闲"的概念，个别同学以为学习以外，特别是学习课本知识以外的所有言、行、思都是无用的。这是偏见，不利于学生的全面发展。有这种偏见的学生甚至不愿参加社会公益劳动，不愿参加体育锻炼，拒绝参加课外活动小组。这种思维方式本身就是一种有害的闲思，倘不加以控制，学生长大以后将难以在信息多元化、交往广泛化的现代社会生存。

具体控制"三闲"的办法应当有几十种、上百种，每位同学都应根据自己的实际选择不同的方法。我感觉最有效的方法之一，便是尽可能多地做实事，明确做什么事，做几件，用多长时间做一件。心情不好时，做喜欢做的、难度小的事。实事做多了，形成较牢固持久的兴奋中心了，"三闲"便不容易侵扰了。

治病救人周

人追求平静，人也追求波澜。人们看惯了湖面的平静，便想去看看大海的波澜。怒涛翻滚的大海喧闹了几天后，人们又盼着它能平静下来。

生活也是这样，每天有波谷，也有波峰，每周有高效日也有常效日。每月呢？每学期呢？也应从平静中涌出波澜，使每个星期都涌出不同内容的教育波澜。

我和学生商定，确立每学期中的几个星期围绕一个重点问题，掀起波澜。

有的叫“高效学习周”，有的叫“控制闲话周”，有的叫“发扬特长周”，有的叫“增强注意力周”。

还有“发现新我周”“增强信心周”“助人为乐周”“开拓胸怀周”……

“治病救人周”主要以自己给自己治病为主，每位同学找出自己心灵中的一种主要病症，然后写出症状、发病时间、治疗方法和疗程。

以我自己为例，10 年前的那个“治病救人周”，我找出自己的主要病是拖拉。我这样描绘发病时的症状。

三岔路口，一个人走过来，踱过去，徘徊，观望，选择，犹豫，当终于选定其中一条路时，青春已经逝去。

一件事已经做完，面对明天，将要去做些什么新事呢？想着拖着已经到了明天的下午。

反正业余学习没有人逼迫就往后排，排到天黑了，夜深了，胡乱看一点就入睡了。

做正事，写东西，总盼望有个无干扰的环境，稍有干扰心便乱起来，钻不进去，而没有干扰的时间在一天当中又极少，于是分分秒秒就在这盼望中流过……

怎样治这种病呢？我当时想的办法是，马上就做，不停地做。尽管没有现在想的治疗方法多，但是集中时间治“犹豫症”还是取得了较好的效果。

我同学生们谈了自己集中一周时间治病的体会，激发了学生参加“治病救人周”活动的兴趣，纷纷进行自我诊断，自我诊治。

大多数同学都找到了自己主要的病症，并且找到了较科学的治疗方法，本来要求写500字的病历，张斌同学写了1000多字，连不爱动笔的刘志军也写了1400多字。学生们都能够把找出自己的病症作为分析能力强的表现来看待。

其中一份病例这样写道：

在我心灵深处，主要有两种病：①小马蹄坑病；②懒病。

1. 小马蹄坑病。发病时间：我从小学一年级起就喜欢“咬尖”，长大以后，逐渐变为小马蹄坑病。以前，为针鼻大的一点小事，好和同学计较。现在，经过班级治小马蹄坑的班会，在学校有了点进步，但在家里还不行，经常为小事跟弟弟吵架，一句话也不让。妈妈说我，我总感到委屈难受，在一边生闷气，弄得大家都不愉快，气氛紧张，还耽误了大量时间。治疗方法：要“大事明白，小事糊涂”。在家里也一样，争取一星期内见效。

2. 懒病。懒病从小学就开始有，到现在一直没有彻底好。发病症状是：拖拖拉拉，早晨不愿起床，明知有大量实事要做，总是想到学校再做吧，到校又想中午再做，中午不愿干又推到下午，下午自习课不愿做事只愿摆弄东西玩，不知不觉快到放学时间了，只好推到放学后。放学后因为事情堆得多了，就更不愿做了，只好自己安慰自己：先看完电视再说。第二天，这样的懒病又重复一次，欠债更多。治疗方法：先干自己爱拖拉的事。当自己犯病时，要有恒心，有毅力，一狠心开始做实事了，心情就会好一些，养成习惯，懒病就会治好。我要在两周内治好这个懒病，首先要有一个科学的计划，然后严格要求自己按计划去做。

这是后进同学写的一份病历。使人欣慰的是，他能够真心实意地去找自己内心深处的弱点，敢于正视这些弱点。人都有这种体会：自己的弱点，别人给指出来，常常感觉不愉快。有的还有逆反心理，硬是不肯承认。自己公开披露弱点，不仅有一种胸怀开阔的自豪感，还常常产生一种强者才有的自信心，容易把弱点压到一个无法躲藏的角落。

全班同学都这样谈论，都这样围剿自己的心理病症，会形成一个强大的心理攻势，会形成一个较强大的心理场。再连续进攻一周时间，容易收到令人满意的治疗效果。

学习生活中经常掀起这样的教育波澜，学生感觉兴奋、新鲜，增强了自我教育的兴趣。

怎么对待学生犯错误

犯错误，写说明书

学生免不了要犯错误，犯了错误，当然要想办法帮学生纠正，我常用的一种纠正方法是请学生写说明书。

刚教书的时候，我曾让学生写过检讨书，我看到的检讨书往往千篇一律："我犯了一个大错误……给别人和集体造成了不好的影响……我大错特错……请老师原谅……今后一定下决心改正……决心做到以下几点"云云。

我觉得这样写，浮皮潦草，不能触及内心深处，不容易找到纠正错误的有效方法。于是提出写心理活动说明书。

要求在说明书中基本使用心理描写的表达方法，描绘出心理活动的3张照片，每张照片上都有两种思想在争论。第一张照片，犯错误前，两种思想怎么争论；第二张照片，边犯错误，两种思想边怎样交战；第三张照片，犯错误之后，两种思想作何感想。

这要求是1979年提出来的，那时的说明书写得最规范。

我们班自习课不允许说话，有位后转到班级的同学，开头不习惯，遇到不会的问题，总不由自主地询问左邻右舍。一出声就被班长发现了，班长走到他面前，也不说话，只是伸出5个指头示意，他一看便明白了，意思是500字的说明书，写吧。

> 今天自习课我做物理习题时，遇到一道难题，怎么也想不出解法，便想："向同桌请教吧！"这时好思想提醒我："不行，这个班自习课不让说话，不让出声问问题。"坏毛病说："不要紧，老师不在，干部又没注意，小点声不就行了吗！"好思想干着急也管不住坏毛病。
>
> 坏毛病果然指挥我张开嘴巴，悄悄打听同桌这道题怎么做。同桌开头不愿理我，好思想趁机说："停止吧！别问了！"坏毛病不甘心，缠着同桌，弄得人家不好意思，只好用笔给我写怎样解，我又看不懂，就又问。这时好思想说算了吧，别问了，下课再说吧，再不停止，老师来了，班长该注意咱了。可坏毛病正在兴头上，哪里停得住，说："不要紧，再问一问，问题就快弄清了。"
>
> 正在这时，我的行为被班长发现了，他走过来，向我伸出5个手指头，好思想一看就明白了，这是让写500字的说明书。便说："看看，上课说话，干扰同学自习，你问的那位同学学习计划被打乱了，自己还受到了惩罚。"坏毛病说有什么办法，这次挨罚就挨罚吧，下次不再问就是了。

写到这还不够500字，怎么办？他便进一步分析了自己的坏毛病是在什么时候、怎样一个环境中形成的。

人的错误像隔年的草，拔得不彻底还会长出来，特别是自习说话这类小毛病，要好长时间才能治好。

不长时间，这位同学又不由自主地在自习课上问别人英语题，被班长发现5指一伸，又是500字。

写吧！这样写过几次之后，他的好思想便越来越强，坏毛病在灵魂深处的地盘越缩越小，直至后来被好思想控制住，改正了这一毛病。

后来，这位同学升了大学，来看我，说："老师，幸亏我总写说明书，不仅改正了自习爱说话的毛病，还提高了作文水平。"

冯松同学理解力强，思路敏捷，空间想象力强，几何、物理是全班的尖子，但学习凭兴趣，不愿背文科的许多知识点，也不愿写日记，作文水平一般，语文成绩不高。因为懒，有的作业便拖拉，拖拉了，需补上，还要写说明书，吃了不少苦。后来他考上国家重点大学，他的父亲几次见面，都跟我说："冯松幸亏总写说明书，作文水平提高了，语文高考成绩优异。他总说，写说明书真有好处，能治懒病，还能提高作文水平。"

写说明书一定要深入自己的内心深处，观察自我，分析自我，发现两个不同的自我。

写说明书不一定非要说自己有错误，如果认为自己做得有理，做得正确，那就完全可以向自己的内心深处寻找辩护律师，说明自己这样做的根据和对己对人的益处。

1985年初，我到北京丰台区去讲学。会后，教育局丁局长问我："你说说明书和检讨书有什么不一样？"我想了想说："真说不太好有什么不一样，让我再想想。"

丁局长说："你的学生回答得非常好，去年我们去你们班级时，活动课看到一名同学正写说明书。我问他怎么了，他说自习课说话了，再问他说明书和检讨书有什么不一样。"

"那他一定回答不上来。"我说。

丁局长说："不，你的这名学生回答得非常好，他说他是从外地转来的，过去淘气了要写检讨书，那时越写越恨老师；现在写说明书，越写越恨自己，感觉就有这么点不一样。"

听了丁局长的话，周围的老师都笑起来，我也没想到一名淘气的学生能有这么深刻的体会。

要注意的是，再好的方法，使用不当，也会失去效力，甚至产生副作用。这如同针灸用的银针，扎当扎之时，扎当扎之处，它便有奇效，大病也能治愈。倘若一个外行，不懂针灸技术，只是见人家扎，他也扎，效果一般不会太好，还可能产生副作用。

如若再荒唐一些，拿着这银针，不是想治病救人，而是看着别人有气，想拿这针扎别人，把别人扎疼了，以泄心头之愤，那就更不可能有好的治疗效果了。这时，那外行医生和泄私愤的医生为推卸责任，便说那银针不管用，不明真相的人因此也不再相信银针，但明眼人心里明白问题出在哪里。

我让学生写说明书，也有效果并不好的时候，那便是看到学生犯错误，一时来气，违反平时班规，随意给学生加重惩罚的时候。有了病可以扎针，但进针深了，效果不好，学生或应付了事，或心里感觉痛苦。

有时学生犯了该写说明书的错误，我没让写说明书，对他自己，对全班教育效果反倒更好。有一天第一节几何课快下课了，外面电闪雷鸣，风雨交加，风雨中一个学生在操场上穿过，不一会，我们班门外有人喊："报告!"

进来的学生满头满脸都是水，裤子湿透了，上衣由于穿着半截身的雨衣，干一块湿一块的。他叫王小平，家不在城里，离学校 20 多里。这段路，大部分都是坝埂，窄的路面还不到一尺宽，天一下雨，一步一滑，自行车不能骑了。这么大的风雨，20 多里路，少说要走两个半小时，现在是8点过15分，那他是不到6点便冲出家门的。

我没有让他写说明书，全班同学向他投去的也不是责备而是佩服的目光。尽管按照班规班法，迟到这么长时间该写说明书，但没有人想到这一点，没有人觉得不让他写说明书便是执法不严。我望着他，责问着自己：你这当老师的，该怎样努力工作，才对得起辛辛苦苦、顶风冒雨坚持学习的学生呢？

也有时候，学生不该写说明书却写了说明书。

1984年末，一个奇冷的日子，路上的行人裹紧了大衣，围巾和棉帽子把头包得严严的，有的还戴上了口罩，只露出两只眼睛，口罩的边缘结了霜和冰凌。

我跑步来到学校，太早了，教室门还没开。我开了门，教室里并没有多少暖气。我搓一搓冻僵的手，便劈柴，砸煤块，准备生炉子，正准备着，炉长陈东兴到校了。他见我在干活，急了，说什么也不让我干，硬把我推到一边。他用冻得通红的手收拾炉子，添煤添柴，一会炉火就着了。我望着他那熟练的动作和任劳任怨的表情，心里充满了敬意。多不容易呀，整整一个冬天，他天天都要冒着严寒起早，来到寒冷的教室，把炉子点燃，通红的炉火烤得屋里有了暖气时，同学们才陆续来到班级学习。同学们生活在温暖的环境里，不容易想到炉长天不亮就奔向学校，在寒冷中劈柴弄煤的辛劳，我以前也没体验到，也没引导同学们从这个角度去体验。炉长也没希望人们体验到他的辛苦，他干惯了，把这一切当作理所当然的事情，多好的学生啊！

炉子生得旺了，学生们来上自习了，我也开始看书。过了不久，炉长走到我身边，红着脸说：“老师，给您。”

“给我什么？”

“说明书。”

“谁的说明书?”

“我的。”

“你犯错误了吗?你犯什么错误了?”

“您看看就明白了。”他走了。

我打开说明书,字写得工工整整,原来他为今天自己迟到而让老师劈柴感到自责,字里行间充满了对自己责备的感情和对老师深深的歉意,并表示这样的事决不能发生第二次。其实,在这件事上,炉长一点过失也没有,不是他迟到了。而是我比往常去得早了许多,应该自责的不是炉长而是我。往常炉长一个人受累,我非但没陪过,甚至连想都没想过。

我反复读了几遍这份说明书,然后恭恭敬敬、一字不落地把这份说明书抄在自己的笔记本上,把它变成自己的动力。陈东兴那任劳任怨的品质,那强烈的责任感,那只知改变自己不去埋怨环境埋怨别人的品质,长时间给我以鼓舞和激励。

这样自觉写的说明书我还收到过许多份。也有时,如同大雨天迟到一样,同学们在特殊情况下犯了错误,我说可以不写说明书了,可是同学们还非要自觉地写。不少同学写道:“情况特殊,老师说可以不写,但我觉得如果自己勤奋的思想再强一些,完全可以避免错误,我觉得只有写了这份说明书,勤奋的思想才能扬眉吐气,自我原谅的心理才能受到抑制,心理才能平衡。”

犯错误,写心理病历

有的错误,有较深的思想根源,病情较重,反复较多,这样就需采取多种治疗方法互相配合。我觉得比较有效的方法之一就是写心理病历。

心理病历包括五部分内容：疾病名称、发病时间、发病原因、治疗方法、几个疗程。

九年前，我们班有一位同学爱骂人，他不是想骂人时才骂人，而是不想骂人时也骂人，甚至他喜欢别人，想赞扬人家两句时，说出来的，也都是骂人的口头语。开头我挺生气，后来也觉得不奇怪。

在那个时代，全国都在开骂，孩子是受害者，不能责备孩子，但总不能眼见这孩子身患骂病而不救治，就让他在那愚昧、野蛮的骂病缠绕下活着。一天我把他找来，说："你骂人的习惯不好。"

"老师，我没骂人呀！"

"骂惯了，你都不觉得是在骂了。"我把当天搜集到的，他和几位同学的对话讲给他听，他承认是那样说的。我说："你把这些话写在稿纸上，再读一遍，看是什么效果。"这样一认真写出来，不会写的字用拼音代替，他才感到问题的严重性，话实在太脏了，不好意思再读了。

我说："那你写一份病历吧！"

于是他开始写骂人病历。

疾病名称：谩骂症

发病时间：小学三年级

发病原因：那时，我们班的班主任有病，一个学期总换老师带班。带班的老师管不住同学们，我们一些男同学就比骂人玩，看谁能骂过谁，骂得别人说不出话了，谁就算赢了。我赢的次数多，就开始爱骂人了。

治疗方法：我想了几服药，老师是最有效的一服药，在老师面前，我不敢骂。

第二服药就是爸爸. 在爸爸面前也不敢骂。

第三服药是在我最佩服的同学面前，德智体都是咱班尖子，在他们面前，我也不好意思骂。

第四服药，在作业量大、老师又催得紧的时候，我也不骂，没有时间骂，只顾忙着写作业了。

以后我要多吃这四服药，多接近老师、爸爸和好同学，多写作业。

几个疗程：老师为我操了这么多的心，我想一个疗程就能好。

我看了，说这个病历写得还可以，治疗方法还可以想出几种来，但第五部分“几个疗程”，写得不现实，一个疗程怎么能好呢？

打个比方说：“你的脑子里就像一个战场，姑且比作抗战胜利后的中国战场吧！不想骂人的脑细胞像解放区一样，只有很少很小的几块，其余都是骂人骂惯了的敌占区，你想速胜，打一仗就把敌人全消灭，可能吗？”

这些年来，我尽量不让学生制订不能实现的目标，不让学生品尝自食其言的滋味。一个人自食其言，常常是自食其信心，自食其勇气，时间长了，成了一个自卑感深重的人，对自己失去了信心。

我接着说：“这一仗，你这样打就好了，分为五个疗程，即五个战役。第一疗程，调动一切手段，使自己从现在起，坚持到天黑，一天不骂人。这样能做到吧？”

他一听，条件这么低，顿时信心百倍。“老师，您放心，这么点毅力都没有，我太对不起您了。”

我说：“那好，有了一天不骂人的基础，解放区就由10%扩大到了20%。解放区大了，第二疗程你就可以有能力达到三天不骂人的目标。

这要依实际情况而定，若坚持不住，第二疗程就再定一天或两天。你先回去试试吧，两个疗程有效了，达到目标了，再定三到五疗程的治疗方法。”

我又跟同学们讲他要治疗自己骂人的毛病，请大家予以配合，而不要故意去激怒他，给他创造发病的机会。

他果然取得了前两个疗程的成功，三天没有骂人。这三天，可以肯定，他心灵的战场上斗争是激烈的，解放区经过顽强的努力，已扩充到了30%，有了巩固的根据地，有了打三大战役的实力。

于是，我又引导他确定第三疗程——一周不骂人的方法，成功之后，确定第四疗程——一个月不骂人的方法。最后，第五疗程，达到了一个学期不骂人，骂人的脑细胞退居荒山野岭成为残匪，没有极特殊的外界支援，很难卷土重来了。

他品尝到了写心理病历的欢乐，品尝到了战胜自我的欢乐，品尝到了自我解放的欢乐。

写心理病历，有时是在个别学生犯错误之后，发现他心理上有慢性病，便引导他写。

也有时，面对全班同学在本年龄段的心理弱点，要求大家都写心理病历。

例如，拖拉病。这是这个年龄段的许多学生或多或少都有一些的，明确指出来，想出切合自己实际的治疗方法，便将拖拉控制在较小的范围内。

又如，过早成熟症。有不少同学自以为成熟，自以为现代，自以为潇洒，自以为深沉，实际还很片面、很幼稚，便听不进老一辈的劝告。这个病或多或少也存在于这个年龄段的学生中，写过病历之后，发病就轻些。

再如，苛求朋友症。大量中学生渴望交朋友，但对“朋友”二字理解得较狭隘，或讲哥们义气才够朋友，或形影不离才够朋友，或同仇敌忾才够朋友，朋友便只能求同，不能存异，朋友不能和自己不和的人表示和谐。这样苛求朋友的结果是容易失去朋友，产生重重苦恼。一些苛求朋友的同学在我的帮助下写了病历，进行治疗后，明白了朋友的广泛性，朋友的多样性，朋友的阶段性，朋友的独立性。感觉朋友多了，人生之路开阔多了。

学生犯了错误，写心理病历，有利于使他跳出自我保护的小圈子，站在客观公正的角度，冷静地选择改正自己错误的方法。

犯错误，唱歌

有的学生课间活动兴高采烈，忘乎所以，课前 3 分钟铃声没听到，见操场上没人了才突然醒悟往回跑。别说跑，就是飞到教室也迟到了，同学们已上课了。这么小的错误，写说明书或做好事，似乎都有点像咳嗽两声就得扎针输液似的，显得过分了点。

可又不能说这不是错误，怎么办？班级便规定，像犯这类很小的又没有深刻思想动机的错误便给大家唱一支歌。

什么时候唱？都上课了，再唱歌不干扰大家吗？当然不一定马上就唱。上课迟到了，由具体负责此项工作的同学记下来，待到下午活动课前，或自习课前，或留到需要调节一下空气，活跃一下气氛时，便请登记本上迟到的同学到前面给大家演唱。

这位同学会不会因为不受别的惩罚，只是唱歌，感觉太轻松了，于是下次还故意迟到呢？不会的。他站在前面唱歌，虽然没有压力，没有羞辱感，但另一方面，也不可能产生荣耀感、自豪感，他不会忘记自己是因为什么原因才站到那个位置上去唱歌的。再说，万一有的学生嫌这种纠正措施太轻，而故意再迟到、再犯错误的话，那时再采取别的措施也不迟。

这种纠正错误的方式，密切了师生、同学之间的关系，淡化了学生的逆反心理，调节了班级的气氛。

有时，酷暑盛夏，看学生们学得累了，可临时又抓不到犯小错误的人，便也同一两个该写说明书或该做好事的同学商量，倘若你愿意给大家唱首歌，说明书便可少写 300 字，他若唱一首，就不用去打水了，怎么样？他们同意了，问同学们，同学们热烈鼓掌，学习中的疲劳便为之一扫。

他们到前面唱，大家沉浸在歌声中。

总这么变动，班规班法还怎么执行？这种情况很少，又是大家通过的，就像税务局临时决定给发生意外的企业免税或减税一样，正常运转的企业不会来攀比。还是那句话，一旦有同学因为让唱歌就故意犯错误，那就马上采取别的纠正措施就是了。

这种纠正措施实行十多年来，受到同学们的欢迎，在我的记忆中，只有 1979 年有过一次实行这种措施遇到了阻碍。

自习课，一位女同学迟到了，是一位腼腆的女同学，我忘记了这一点，便说："按规矩怎么办？"

同学们喊："唱歌！"

不料这位同学脸上多云转阴，竟流下泪来。也许她是做好事迟到，感到委屈了吧！也许是她今天的情绪不佳吧！也许是课间她做游戏失败了吧！

我问："这点事怎么哭啦？说说原因好吗？你有理就可以不唱歌了。"

她不说，也不唱。

其实这时我可暂时退一步，弄清原因，再向同学们讲明，大家能理解对她的宽容。但当时我想，适当施加压力，增强学生心理承受能力，也有好处，便说："从小这么点事就想不开，就哭，带着这样小马蹄坑的胸怀走向社会，将来得流多少眼泪，比别人多生多少气，多受多少心理折磨。以今天的事为例，很简单、很快乐的事，你偏给自己设计了一个烦恼、痛苦的小圈套，然后自己钻进去，越系越紧，越钻越难过。今天，我们非把你从这小圈套里拽出来不可！"

全班同学很静，静静地想着我的话，静静地看着这位同学。3 分钟过去了，她张了张嘴没唱出来。5 分钟过去了，她又鼓起勇气，还是没唱出声来：时间一分一分地流逝，大家热切期待着，到第 15 分钟时，她终于唱起来了：开头是边哭边唱，后来情绪逐渐好转，唱完了之后她破涕为笑，班级响起了热烈的掌声。

犯错误，做好事

学生犯了错误，便做一件好事，也有利于纠正错误。这种方式，受到较多同学的欢迎。

班规班法有的条文规定：如果当天检查作业，昨天的作业没完成，就要擦一个窗户的两层玻璃，共 24 块玻璃，10 扇窗户框；忘了带桌罩，除了回家去取之外，还要到水房为班级打一桶水。早自习如果迟到了就要扫操场 30 分钟……

学生普遍欢迎这种纠正错误的方式。有位同学跟我说过这样的事。

"老师，跟您商量件事行吗？"

"那要看什么事了。"

“我们邻居那位叔叔出差了。”

“这跟我有什么关系？”我说。

“跟您没关系，跟我有关系呀。他家里只剩了老奶奶，这样，我做好事的机会就有了。”

“那你就多帮老奶奶做点好事吧！”

“我有个想法，不知该不该说。”他支支吾吾的。

“直截了当地说，别吞吞吐吐。”

“我做的这些好事，能不能记在班级的好人好事登记本上？”

“老师觉得记上可以，不记也行，既然你愿意记，那就记上吧。”

他还不走，似还有话想说，脸憋得红红的，不好意思说出来。

我便鼓励他：“你一定还有心里话要说，别不好意思，咱们商量商量，说出来怕什么？”

“我想这些天，多为老奶奶做好事，挑大一些的记在班级的登记本上，等到以后，我再犯错误的时候，就不让我写说明书了，用这些好事来代替了，不知道行不行？”

“你这是拿班级的好人好事登记本当银行的存折了，钱多的时候存起来，急需的时候，再取出来花。”

他笑了，还问：“行不行呢？”

我没轻易说行或者不行，而是讲了为什么要用做好事这种形式来纠正错误。人犯错误的时候，心里都有过斗争，做还是不做呢？话是说还是不说呢？这一仗打还是不打呢？作业完成还是不完成呢？公物是爱护还是破坏呢？对别人帮助还是拆台呢？……斗争之后，脑子里对自己不负责任的那一方、自私的那一方、狭隘的那一方、懒惰拖拉的那一方获胜了，于是指挥着自己犯了错误，这如同在心灵的原野上，涌出一股肮脏的浊流，污染了一部分心灵的田野。这时一般人都有一种懊悔感，一种负疚感，一种痛苦感，有的还有恐惧感，但又想不出办法来控制。

人在做好事的时候，一般都是积极、昂扬、上进、助人、善良、真诚、勤奋、果断的那一方脑细胞指挥自己行动。这便如同心灵的原野上涌出一股清清的泉水，这清水便可冲刷受污染的那片心田，使人重新恢复自尊、自信、自豪，重新感觉踏实、安全、幸福、快乐。

你以前做了好事，便是以前清清的泉水在心田上流过，后来又犯了错误，心田上受到浊水的污染，不及时开挖清泉去冲刷污染，却招呼昨天流过的清泉回来，能起到冲刷污染的作用吗？能及时纠正错误吗？

他听了，点点头："老师说得对，我不要求拿现在做的好事去抵消以后的犯错了。"

"那么，好事还做不做？"

"哪能不做呢。"

犯了比较严重的错误，就要两种甚至多种纠正方式综合运用。

晚自习第二节上课了，可操场的一角还有两位高个子同学，拿着篮球扔过来扔过去。细一看，不对劲，不是扔球，那是砸，互相砸来砸去，空气中带着火药味，友好的相处变成了敌对的行动，分明在进行着一场以互相伤害为目的的争斗。

我走过去，渐渐看清了，一位是将近一米八的班级高峰袁中，另一位是一米七的胖乎乎的杨斌。杨斌的手还捂着脸，似乎很疼。两个人一起一伏的胸部都说明他们此刻仍在怨恨着对方。

"怎么回事？"我问。

两个人只好承认："我们俩先是玩球，闹着玩，后来急眼了，打起来了。"

这是两位很要好的同学，为班里也做了大量好事，但明白人有时也会糊涂，不知大脑哪根狭隘的神经被触动，就可能绷紧人与人之间敌对的弦。

我说：“你们这么高的个子，该有宽阔的胸怀才对，过去挺开朗的，今天怎么掉到这个小马蹄坑里了，累不累？怎么办吧？”

袁中说：“写说明书。”杨斌说：“做好事。”我说：“同学之间不依不饶，是最可悲的错误，我看应写说明书再加做好事，行不行？”

“行。”

“每人先写500字，主要写自己的短处，写有哪几点对不起对方。”

放学后，两人把各自心理活动3张“照片”交了上来，我看写的都是自责和对不起对方的话，感到满意，便把说明书还给他们说：“各自把自己的说明书交给对方看一看。”

正常的人都有这样的体会：一旦对立的对方自觉了，说对不起自己了，原来不依不饶的感情便烟消云散了。两人看着对方的说明书，对方自我批评的诚挚话语传送到自己心头，心中涌出温暖，脸上露出惭愧，他们互相理解又互相原谅了。

我说：“请二位先握握手吧！”他们不好意思。

“男同学闹矛盾，速战速决，别留后患。有点男子汉的气度和胸怀，伸出手来，别不好意思，潇洒大度一点嘛！”

别看他们长得那么高，毕竟是天真的孩子，两人红着脸，伸出手，握在一起。

我说：“老师看表，你们握一分钟好吗？”他们笑了。冷战结束，冰雪融化，烟消云散。中日可以友好，中美可以友好，中苏可以握手，两名同学有什么不可以握手的。

杨斌问：“我们还用不用做好事了？”

“你们自己说呢？”

“还是做吧。做什么好呢？”

我望了望班级南面四个大窗户上挂的窗帘，就说："每人洗两个窗帘怎么样?"

"行。"

第二天，有同学向我报告，袁中和杨斌晚自习放学，走在路上的对话很有趣。杨斌说："我脸还疼呢!"袁中说："我胳膊还疼呢!"过了一会，袁中说："咱们一人拿这么一大堆窗帘回家，爸妈要问，该怎么回答呢?"沉默了一阵之后，杨斌想出了个"统一口径"的说法："就说快过年了，每人都要为班级做好事，班长分配咱俩洗窗帘。"

他们不愿把发生矛盾的事告诉家里，反正已经友好了，不告诉就不告诉吧，还让爸爸妈妈操心做什么。

做好事，起到了增强学生自尊心、自信心的作用，也起到了分散学生犯错误的精力，将其导向真善美的方向，起到了使学生发现一个新的更强大的自我的作用。

糖衣药片和顺耳忠言

张一楠头脑聪明，兴趣广泛，贪玩好动，为了到我这班，临时决定从小学五年级跳级到中学。

他父亲是市交警队队长，对自己、对队里的同志要求都非常严格，敏于事而慎于言，威信非常高。他总想像要求自己一样要求刚满 12 岁的孩子：要他胸怀开阔，要他刻苦学习，要他持重老成，要他理想远大……

张队长讲："我总觉得孩子不像我们小时候那样懂事，那样肯吃苦，回家我就批评他，批评多了，他还不服气，总说你们那是什么年代，那是"文化大革命"，不正常，现在都 90 年代了。我看他不服气，就把他多年来犯的错误都提起来，一件一件地数，想堵住他的口，让他服气，但效果也不好。口头上他不反驳了，但心里没接受我的批评。魏老师，你说他，他听，说一次，好长时间他都受鼓舞，你得多批评他。"

"我批评多了，他也不听。"

我对自己的孩子，也有过类似的批评，看到他贪玩、不写日记时便数落，话说得过重，孩子不愿听，表现出不满，我感到自己的尊严受到侵犯，便想维护，于是批评得越厉害。为了使孩子失去防守能力，便找他的弱点，把他过去的错误重提一遍，孩子虽然无话可说了，心里却没增大战胜错误的能力，倒是自尊心受到了伤害。

我们在工作中，有时遇到极忙的时候，心情不好，便急躁；看到学生犯错误，感到意外，感到生气；缺少足够的心理准备时，就容易狠狠地批评一顿。开头还恨铁不成钢，为了学生好，一旦批评不符合实际，学生不服气，就常常为了维护自己的虚荣心，数落起学生过去的缺点来。这样做的结果，师生双方都很累，谁都不愉快；学生没想出克服缺点的办法，教师也没提高教育学生的能力。

今晚，张队长又来校，同我谈教育孩子的问题。我说："设身处地想一想，如果我有了一点过失，领导批评我时，便将我过去的失误一件件地都数出来，批评一通，我心里一定不服气，不仅不会下决心改正错误，还可能一气之下，不干教书这一行了，何苦来。辛辛苦苦没人说，偶有过失，便不依不饶，我想孩子们没有我们成熟，就更会产生逆反心理。"

"良药苦口利于病，忠言逆耳利于行。"这话是真理。这话告诉我们，要站在理智的角度，站在较高层次思考良药与忠言。事实上，人们达到这一境界不容易，这要求被批评者具有高水平、高觉悟。

另一方面，就批评者而言，不能让自己的良药越苦口越好，忠言越逆耳越好，而应该想方设法使良药不苦口甚至甜口，让忠言不逆耳甚至顺耳。坏人腐蚀好人喜欢用糖衣裹着的炮弹，这样容易将人打中，容易使人接受。我们在使人变好的过程中，为什么不研究一下糖衣，为什么不使人易于接受一些呢？制药厂早已把许多良药制成了糖衣片，许多过去极苦的、难吃的中药也加上了蜂蜜和香料。人们越来越欢迎甜口的良药，那么我们教育子女、教育学生还停留在忠言逆耳的观念上，就落伍了，就不受欢迎了。

近两年，我力求在批评学生的同时表扬学生，在指出他的一点不足时指出他和这一点不足相对立的长处。这样做绝不是怕学生不高兴，怕学生不接受批评，而是觉得这样才符合学生的实际。

学生的错误，从其自觉不自觉的角度来分析有两类。第一类是不自觉犯的错误，第二类是自觉但又不能自制的错误。学生绝大部分错误属于第一类：不知不觉溜号了，不知不觉迟到了，不知不觉弄坏了公物，不知不觉触犯了校规班法……这时他已懊悔、难过，需要的是想出不重蹈覆辙的措施和办法。这时，指出他的长处，如注意听课、遵守时间、爱护公物、遵守校规班法等等，用平时这些长处去战胜偶发的短处，容易取胜。那些因坏人引诱或不良环境的诱惑而犯的错误，就更需要帮他找到心灵中真善美的一面了。归根结底，我们要靠这部分好思想去改变学生。不肯定、不表扬这部分思想，只是批评一通，不是把学生往错路上推吗？话又回到对张一楠的教育上来。“我说话，或批评他，他都能听，是我在批评他时，总肯定他的成绩，说如果你用七分成绩去战胜、去征服、去排挤三分缺点，一定能取得更大的进步。”

张队长也说：“孩子每天五点半就起床，为了投奔魏老师，每天来回有 40 里路，下了车还要走 20 分钟，可他每天还信心百倍，不怕苦不怕累，细想起来，这精神确实可嘉。”

我说：“你还得看到，他是跳级生，每天许多时间都浪费在路上，可他在全年级 441 名学生中，最近八科统考，排到了第 77 名，这显然是极不容易的。那 360 多名在他后面的学生大部分也非常用功，非常刻苦，可为什么追不上他，当然他头脑聪明是一个原因，另一个原因，他也确实用功了。你批评他的时候，只说他短处，不肯定这最基本的长处，他当然容易不服气。”

我建议，是对张队长，也是对全体家长，同时也包括我自己，批评孩子时，想一想糖衣良药，想一想让自己的忠言顺耳，想一想在指出他的一点不足之前，能不能先指出他的一点长处。

有时也需要留下学生

当日事，当日毕。以这六个字为题的日记、作文，一届又一届的学生都做过两遍以上，有的多达六遍。

我喜欢当日事当日毕，也喜欢白天的事白天做完。即使1989年用一个月时间写一本书的时候，我也照样，白天在班上每天写完5000字，晚上回家看连续剧。现在手头写的这本书，也是白天在校内写完，晚间看电视轻松一下。

我也主张学生当日事当日毕，白日事白日毕。尽可能不让学生放学后挨留。但对于比较懒的学生，还是有必要隔一段时间便留下来，特殊帮助一下。

1982年暑期，我新接了一个班，有15名同学入学考试语文成绩不到40分。这十几名同学到我班以后，有8名同学较勤奋，基本做到当日事当日毕，学习进步较快。有5名同学比较懒，爱拖拖拉拉，我便经常检查他们的作业，并嘱咐他们学会保留作业，不要随便乱扔。

入学50天了，我想看这5名同学作业保留得怎么样，便提前一天通知他们把50天的各科作业都带来。放学后，5名同学留下来，作业本放在桌子上。

李刚的作业很乱，单说英语作业，就凌乱地分散在5个本子上，9

月 15 日的在此，9 月 16 日的在彼，9 月 17 日的又在另一个本子上。不过李刚却有很强的整理能力，昨天听说我要检查作业，他便把不同本子上的同类作业，一天挨一天地归拢到一起，竟然完整无缺。看完了英语，我又检查了他的数学、语文、政治、生物各科，只剩下地理一科了，李刚长长地出了一口气，把地理作业拿在手里，问我还检查不。我看他那自信的样子，知道没什么问题了，便说："信得过了。"这名长得极强壮的短跑运动员，性格粗犷，不拘小节，学习上比较粗心。想不到他 50 天的各科作业竟一天不缺，一页不缺。

我问："这样严格要求，你觉得苦和甜哪个是主要的？"

李刚憨厚地笑了，我很喜欢这个孩子的憨厚。他说："甜是主要的。"李刚说甜是主要的，那一定是他心里想的。李刚可不逢迎着和我说话，因为他不逢迎，我便更喜欢和他谈话。

我又继续检查另外 4 名同学的。冷军的各科作业按月日排好，每天定量，整齐无缺。郝继军、单继波丢失了 9 月份的政治作业本，陈东兴则丢失了 9 月 16 日至 30 日的语文作业。他们紧张得头上都渗出了汗珠，请求允许他们在 5 天内补完。我说："我给你们证明，你们前次大检查时确实写完了，可为什么才隔几天就没了呢？可见你们生活没规律，不善于保存资料，今后要注意积累，到年末还检查，倘若丢了整本作业，甚至丢了几本，你们说怎么办？"

"我们一页不落地补上。"

"那就说话算话，今天丢了作业的三名同学先补吧！"

这样严格要求，是否有点过分，有点苛刻？我想将来他们会做出回答："正因为有了这严格的要求，才使我们养成了说了算、定了干，当日事、当日毕和认真积累资料的好习惯。"

10 月末，按盘锦的习惯是买秋菜的时节。这段时间，各单位都放一至两天假买秋菜，搬运回家，整理存放。我用这个时间检查学生作业，开学两个多月各科作业全都拿来，先自检，再互检、抽检。结果发现 9 名同学程度不同地缺作业，有的缺一两天的，有的则又丢了作业本。别的同学走了，留下他们。我问："咱们怎么办?"

"补呗!"学生答。

"真愿补吗?"学生不吱声。我说："你们思想也在斗争，懒的那面想让老师放了你，勤的那一面想请老师帮你管住自己，是吧?"同学们点点头。"最不愿挨留的同学，刚留下时，可能是一肚子不高兴，补完一半作业时，便剩下半肚子不高兴，全补完了，满肚子都高兴了。不信，你就试一试。"

同学们留下了，教室内很静，我在写稿，学生们在奋笔疾书。一直到下午 3 点多钟才补完。我问几个刚刚补完作业的学生："挨留高兴不高兴?"

"高兴。"同学们齐答。

我又问常常挨留、又不愿挨留的郭大伟此刻还是不是一肚子不高兴。

郭大伟说："不是一肚子。"

"多半肚子吧?"我又问。

大伟说："我这会真的满肚子高兴。老师不留我，作业我不可能补完，心里总有负担，可又管不住自己，在这有老师的威力做压力，不知不觉作业写完了。"

这话说得符合他的心理。在老师的催促下补完了作业，实际是减轻了他们因内疚、担忧而产生的心理负担。

"不早了，快回家吃饭吧！对不起，耽误大家吃午饭了。"

"老师您不是也没吃吗?"

郭大伟和两个男生还磨磨蹭蹭不肯离去。“你们不走我走了！”

我刚走到操场，高志男同学从教室追出来，吞吞吐吐地说：“老师……郭大伟问您家里买没买秋菜，买了，我们帮您搬菜去。”

我心里一热：“感谢大家的好意，等以后买了菜，一定请同学们来帮忙，谢谢大家了！”

走在路上，我想，只要引导得法，说到学生的心里，学生是通情达理的。挨留到下午 3 点多了，饿着肚子写作业，心里还惦记着别人。有好几名学生一边写作业一边催促我回去吃饭，并且一再表示：“我们自己能管住自己，两小时以后您再来检查。”

从心里是为了学生好，再设身处地去说服学生，即使在留学生的时候，师生之间的感情也会融洽和谐，甚至比不留时还要亲近。问题不在于形式而在于实质。当然，留学生这类事还是越少越好。

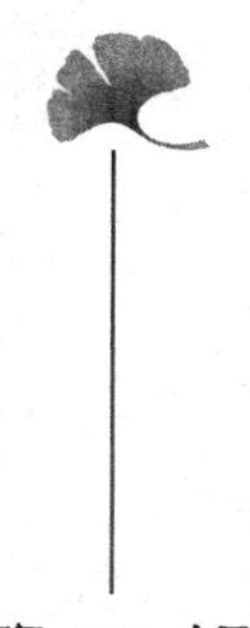

第四辑

学习之道，贵在培养自学能力

自学能力从心理学上讲，既是一种优良的心理品质，又是一种个性特征。理论告诉我们：任何心理品质和个性特征，都要经历知、情、意、行的心理过程，才能形成和发展。

每次自学实践好像点，自学习惯好像线，线才能组成面，最终构成自学能力的体。

十二种良好习惯的培养

教育归根结底是培养习惯，行为养成习惯，习惯形成品质，品质决定命运。

教育不是搞转型产品，不是搞短平快的小企业的适应市场生存，教育更多地把古老的上一代逐渐积累下来的那些优秀的文化积淀传承给下一代人，它应该是很有规律的。良好的习惯是孩子所储存的资本，会不断地增值，而人的一生就在享受着他的利息。

1. 记忆习惯。一分钟记忆，把记忆和时间联系起来，这里还含有注意的习惯。一分钟写多少字，读多少字，记多少字，时间明确的时候，注意力一定好。学生的智力，注意力是最关键的。一定要把学习任务和时间联系起来，通过一分钟注意、记忆来培养学习习惯。

2. 演讲习惯。让学生会整理、表达自己的思想，演讲是现代人应该具有的能力。

3. 读的习惯。读中外名著或伟人传记，与高层次的思想对话，每天读一两分钟，有好处，学生那个年龄可塑性大，伟人的感染力、教育力，远远超过咱们这些当老师的，学生与大师为伍、与伟人为伍的时候，很多教育尽在不言中，一旦形成习惯，学生会终生受益。

4. 写的习惯。写日记，有话则长，无话则短，通过日记可以看出一个老师有没有能力，有没有思想，有没有一以贯之的品质，看日记能看出老师的水平，更能看出学生的水平，一分钟三五十个字，坚持住、写下去，这就是决心。我二十年不批改学生作业，但我说一句话管二十年，就是每天一篇日记。

5. 定计划的习惯。“凡事预则立、不预则废。”后进生毛病都出在计划性不强，让人家推着走，而优秀的学生长处就在于明白自己想要干什么。所以，我们就要培养同学们定计划的习惯。

6. 预习习惯。请老师们把讲的时间让出一部分，还给学生，学生自己去看一看，想一想，预习预习。在实验中学时我就要求老师讲课别超过 20 分钟。“只讲四分钟”，后进生明显进步，秘诀就是预习、自己学的习惯。反之，不让学生自己学，最简单的事都要等着老师告诉他，这样难以培养出好学生。我从 1979 年开始，开学第一天就期末考试，把新教材的期末试题发给大家。这样做就是要学生会预习。让学生自己学进去，感受学习的快乐、探索的快乐、增长能力的快乐。所以请各位老师一定要培养学生预习的习惯。

7. 适应老师的习惯。一个学生同时面对各学科教师，长短不齐，在所难免。一方面我们努力采取措施提高老师的能力水平，适应学生，一方面不能马上把所有的老师都提高到一个适应学生要求的地步。所以学生也要适应老师，从现在适应老师，长大了适应社会。不会稍不如意就埋怨环境。不同层次的老师，学生用不同的方式，眼睛向内、提高自我的方式去适应，与老师共同进步。

8. 大事做不来，小事赶快做的习惯。这也是非常要紧的一个习惯。我抓学生习惯基本就这么抓。尖子学生做尖子的事，后进学生别盲目攀比。大的目标够不到，赶快定小的目标。难题做不了，挑适合你的容易做的题去做。人生最可怕的就是大事做不来，小事不肯做，高不能成，低不肯就，上得去、下不来，富得起、穷不起。所以要让我们的学生永不言败。

9. 自己留作业的习惯。老师留的作业不一定同时适应所有的学生，如果都要求去做，就是反教育。老师要和学生商量，让学生做到脚踏实地、学有所得，市教委规定对学生实行量化作业，它的落实，一靠检查，二靠老师良心，老师要从学生实际出发，只有常规量的学生可以接受，学生才能适应教育。浙江书生中学就特别强调这点。

10. 错题集的习惯。每次考试之后，90 多分的、50 多分的、30 多分的学生，如何整理错题？扔掉的分数就不要了，这次 30 分，下次 40 分，这就是伟大的成绩。找到可以接受的类型题、同等程度的知识点研究一下提高的办法。整理错题集是很多学生公认的好习惯。

11. 出考试题的习惯。学生应该觉得考试不神秘。高中学生应该会出高考试题，初中学生会出中考试题。

12. 筛选资料、总结的习惯。学生要会根据自己实际，选择学习资料。

十二个习惯，不要求齐头并进，各学校要有自己的特点，让老师以教书为乐，让学生以学习为乐。这快乐要建立在养成这些良好习惯的基础上。只有师生都成了学习、教育的主人的时候，教书这份工作才能真正成为乐园，才能使“学习、工作、尽责、助人是享受”成为现实，使我们短暂的人生充满快乐。祝大家在尽到生存责任的同时，更多地享受到育人的快乐。

培养学生的自我教育与自学能力

培养中学生的自我教育和自学能力是十分必要的。学生在学校学习的时间，即使上完大学，也只有十六七年。大约仅占他一生的五分之一，而且学校像个小岛，社会却是广阔的海洋。教师说一千道一万，如果学生没有自我教育的能力，那么，社会上的某些不良影响就会不同程度地抵消学校对他们的教育。我们必须高瞻远瞩，努力培养学生的自育、自学能力。

培养学生的自我教育能力

怎样培养学生的自育能力呢？

关键是启发学生的主动性。我时常对学生讲，不是老师要求你们做什么，而是你们自己要去做什么。老师的责任不是看管你们，而是你们前进的助手。我绝不会强迫你们，做什么事应该是由你们自己决定。

我总是启发学生分析自己，发现自己心灵中蕴藏着的美好东西，鼓励他们用新我战胜旧我。假日里，我们经常到社会上去做好事。一天，天寒风大，有的学生就吵吵着不想去，我就说，咱们表决吧。结果 27 人不想去，十几人要去，其他人弃权。我就问学生：为什么有人想去呢？有同学说："他们说假话，顺着老师讲。"我说："他们讲的有真的成分也有假的成分。他们是团员、干部，明知出去劳动又冷又累，他们想到要起带头作用，决定举手赞成，这是真的。可是，他们也想玩，也怕累，他们约束自己没有讲出来，这里有点假的成分。而你们呢，难道一点也不想去吗？不是，总是有一点想去的。青少年都有上进的一面，也有懒散的一面。不能放任自己，而要让心灵上的新我战胜旧我。"经常这样引导学生分析自己，鼓励他们用心灵中的美好的东西，战胜不好的东西。他们就会迈出自我教育的第一步。我们知道人的周围世界有多么广阔，反映在人们心灵中就有多么丰富。我们要善于启发学生分析自己，发现、扶植暂时被压倒的美好思想，激发他们积极上进，培植他们心中共产主义思想的幼芽。

1980年，我教的班起初有80名学生，后来又来了2名插班生。教室里实在没有地方坐了，只能在两行座位中间加两块木板。我问学生："谁坐这儿？"谁也不吱声。我讲了关心他人的道理之后，大家都要坐了。只得从干部到普通同学一个一个地轮流去坐。轮一圈之后，我就让他们谈认识，谈感受。有的说，一个人不能计较小事，小事糊涂，大事清楚，养成习惯，就不会因为个人得失而苦恼。有的讲自己虽然不方便，可是别人能坐得安稳，想到这里就感到十分愉快和幸福。还有一次，学生到公共汽车站搞卫生，司机误解了他们的好意，甚至说丢了钱，把学生轰了回来。学生委屈极了，准备下星期去提意见，问我同意不同意。我就给他们介绍一位心理学家的看法。对毫无道理的诽谤和谩骂，有三种态度：第一种是起而攻之，以牙还牙。这是消耗人精力的做法。第二种是置之不理。知道做的事对人民有好处，就一直做下去。第三种是以广阔的心胸、善意的态度去感动他人。这位心理学家的见解，我只是介绍到这里，至于学生应该采取什么态度，我没有表态。一个星期过去了，学生非但没有去提意见，反而又去做好事，结果带回了公共汽车站的表扬信。尽管在新我战胜旧我的过程中，心情往往不是那么轻松的，甚至还常常伴随着痛苦。可是一旦新我战胜了旧我，即使最不爱动感情的人，心头也会涌起幸福的浪花。这种幸福感就会成为学生继续进行自我教育的动力，从而迈出自我教育的第二步。

我还鼓励学生在困难中磨炼意志，在战胜困难的过程中，体验胜利的喜悦，产生战胜困难的动力。学生如果躲过面临的困难，那么意志的长堤就会出现裂痕。再教育就困难多了。反之，鼓励他们去战胜困难，就能激发他们的自豪感，增强他们的上进心。冬天，学生练习长跑。从校门出发，沿着郊区的小河往返十多里。一天下午，北风刺骨，连能吃大苦的农民都系紧帽子倒转身，背顶着风走路。有的学生就说："今天别跑了，天暖和了再补上吧。"我引了孟子的"天将降大任于斯人也，必先苦其心志，劳其筋骨，饿其体肤。空乏其身，行拂乱其所为，所以动心忍性，增益其所不能"，并且做了一些解释，然后由学生表决。结果大多数同学决心坚持锻炼。同学们精神振奋，连帽子都不戴，迎着北风出发了。回来的时候，人人满头大汗，个个脸上红扑扑的，心里充满了胜利的喜悦。我说战胜困难就像跨栏一样，今天你跨过了低栏，明天才有可能跨越高栏。

新生一入学，我就要求他们按时完成各科作业，按月保存，缺一天补一天。开始学生都很认真，两个月后，就有十几个爱淘气的学生缺作业了。当时，正放两天假，我问他们打算怎么办，谁也不回答。我坚决要求他们到校补作业。我说，你们心里一定很不高兴。可是，你补完一半，心里就会轻松一半，全部补完，就会满心轻松、满心高兴。两天过去了，作业终于补完了，他们都愉快地笑了。可是，他们谁也不回家，还派来了一个代表，红着脸问我："这两天放假，您都陪着我们。您家买不买秋菜，我们帮您去买。”我回答说：“你们的心意我领了。只要你们懂得了一定要战胜困难的道理，按时完成作业，我就高兴了。”

在提高学生自育能力的过程中，一个不利因素，就是老师爱发火。过去我教的一个班里学生非常淘气，时常使我发火。其实，这是无益于事的。因为愤怒的时候，智能往往是最低的，想不出好招儿来。教育实践使我体会到：对学生大声训斥和惩罚是教育的大敌。学生忙于应付训斥，就无法静下心来认识、分析自己。当时，在我教的班里有一个学生，是老同事的孩子，他不太怕我。我就请他监督我，看到我的脸色不对，又要发火，他就站起来，提醒我。经过一段时间，我才克服了自己爱发火的毛病。但是，学生犯了错误怎么办呢？我采取了以下三个办法：学生犯了小错误，在班上当众唱一支歌；犯了稍大一些的错误，要为班集体、为社会做一件好事，弥补过失；错误再大，就需要写一份说明书，说明自己犯错误之前、犯错误的过程中和以后的一些想法，促使学生进行自我分析。有一次新华社的记者来听课，几个学生上课迟到了几秒钟，进教室各自唱了一支歌。听课的同志不知是怎么一回事。其实，这样的教育很有效果，不用老师批评，学生记得牢、改正错误的主动性高。学生犯了错误，做一件好事，表示弥补，教育效果也比较好。有一位平时很淘气的学生，一天突然兴冲冲地找我说：“我家的邻居需要帮助。这回我有很多好事可以做啦。请老师给我记下来。以后再犯了错误，就用它们来弥补。”我禁不住笑着回答他：“你做好事的热情很高，这很好。可是，要明白做好事的目的，是为了别人幸福。”此外，写说明书的办法教育效果也不错。说明书与检讨书不同，不需要“认错”，只需要回忆一遍自己做错事时候的心理活动。这样，学生不把写说明书看作是惩罚，而是在跟老师交心。同时，也就做了自我分析。学生的收获不单是对自己的错误有了些认识，而且锻炼了动笔的能力。有一个淘气学生经常写说明书，后来，他能在十五分钟内，写五百多字的短文，作文水平有所提高。总之，这三个办法的好处是：学生犯了错误，不用担心害怕，等待训斥，等待惩罚，可以静下心来认识、分析自己，拿出行动，主动改正。

但是，我们不能奢望在学生的心田上撒几粒种子，淌几滴汗水，就能得到丰硕的自我教育的果实。只有日日夜夜，点点滴滴地坚持下去，学生自我教育的步子才会越走越坚实。所以，我时常向学生讲，一次新我战胜旧我是容易的，难的是十次、十几次、几十次。抽打自己的鞭子要掌握在自己手中，在漫长的人生道路上，要经常鞭策自警，“自新应似长江水，日夜奔流无歇时”。只有这样，学生才有可能迈出自我教育的第三步。

培养学生的自学能力

培养学生的自学能力，首先是如何创造条件使师生能够共同探索教学方法。

我时常向学生介绍国外教育动态，介绍教育史，选择生动的事例讲解。从奴隶社会的残酷教育实习，到今天英、美教育改革，帮助学生了解教育主张的多样性，不是“自古华山一条路”，而是“条条道路通罗马”。学生知道了这一切，也就认识到老师是在思索、寻求更好的教育、教学方法，他们也正在和老师共同探索，自己也是教育的主人。

我也时常利用课余时间向学生讲记忆方法和学习方法。如介绍“艾宾浩斯遗忘率曲线”，复习的最佳密度、记忆的最佳时间、联系记忆法、归类记忆法等等，并且当堂试验多种记忆方法，学生体会到记忆方法的良好效果，锻炼自己的记忆力的积极性越来越高。这样，把指导如何学习的理论教给学生，就像在师生心灵上搭了一座桥梁，学生更容易理解老师的教学意图，就会更加自觉地配合老师，共同探索教学方法的改革途径。

上语文课的时候，采用什么教学方法，我经常征求学生的意见，例如，讲《核舟记》一课，我首先问学生："这课书，采用什么教学方法呢？"同学们异口同声地说："先易后难。"课文中，容易的地方先由同学们自学，独立加以解释说明；难以理解的地方，再着重分析。课文中，船头几个人物的动作、位置、关系比较复杂。我就又问学生，这里应该采用什么教学方法。有一个同学立刻站起来说："请三个同学扮演鲁直、苏东坡和佛印。"我采取了他的建议，学生学起来，兴趣十分浓厚，对课文的理解也更加直观了。在学生中，蕴藏着丰富的智慧，只要我们善于启发，就会放出异彩。

我从来不给学生抄写段意、中心思想和写作特点，不把结论填给学生，时常采用讨论的方式，通过讨论、争论，引导学生自己得出结论来，提高他们独立获得知识的能力。学生的认识能力，如果消极地看作容器，看作各种各样的瓶子，那么瓶口有大的，也有小的。大口瓶子装得快，小口的就不行。所以，讲课就不能满堂灌，按一个速度灌输知识，总有一部分学生接受不了，用讨论的方式讲课，师生互相启发，聪明的学生更能动脑筋，不聪明的也能问个明白。学生的认识能力就能在个人实际基础上得到提高。

完成一个教学任务，可以采取多种多样的教学方法。怎样选择最恰当的方法呢？明确目的是一个重要前提。因为，完成不同的教学任务，需要采取各自相应的教学手段；讲授不同的教材，也必须使用各自的教学方法；为了调动学生不同的心理活动内容，当然也应该利用不同的教学方法。例如，为了集中学生的注意力，我采取灵活多变的教学方法。

初中学生的注意力很容易分散，而注意力是心灵的窗口，没有这个窗口，知识的阳光就无法照进学生的心灵。所以，选择教学方法的时候，需要时时考虑这一点。我在组织学生练习听写的时候，常以最快的速度朗读。而且不再重复，迫使学生必须高度集中自己的注意力。有时，我又降低朗读的音量，迫使学生调节自己的听觉器官努力细心静听。有时我干脆不出声音，只是用手指划一遍字词的笔顺，迫使学生用心细看。又如，为了增加学生的学习兴趣，也应该选择适当的教学方法。补充教材常常可以十分有力地吸引学生，增加他们的学习兴趣。有一次，我选了刚刚发表的一篇翻译文章，题为《五千万年后的地球上》，作为补充阅读材料。文章的新颖思想吸引了学生，也激发了他们的想象力。而文中对人类未来悲观的估计，却又促使学生大胆地批判，他们决心用自己的行动，去创造人类美好的未来。由于学生对这篇文章兴趣十分浓厚，全文我只读了一遍，学生就能写出它的结构提纲，复述它的内容，还展开了热烈的讨论。

为了养成学生自学的习惯，还需注意培养学生高尚的学习动机。我经常用革命先辈和科学家的故事。使学生认识杰出人物成长的道路，理解他们忘我的崇高的动机，使学生认识到为祖国为人类进步事业而奋斗，是攀登科学高峰的力量源泉，激励学生为中华崛起而发奋学习。

教给学生方法

培养学生自育和自学能力，除去提高他们的主动性以外，还有一个重要方面是教给他们方法。

有一句格言大意是这样，如果 80 岁的老人能够重新生活一次，那么他们中间的大多数人将成为伟人。这是因为以他们的生活经验作指导，他们将少走弯路，避免许多错误。人虽然不能再生，但是正在学习的青少年对自己的未来如果能看得远些，想得周全些，同样也会收到少走弯路、少犯错误的效果。所以，我要求学生制定自我教育和自学的计划。这些计划包括四部分：终身德智体要达到的奋斗目标；十年内要做完的事；一年应该怎样度过；一天的时间应该怎样分配。当学生对自己的未来有了明确的目标，他们内心就会充满了奋进的力量，充满作自己命运主人的自豪感。学生自我教育计划和个人的实际、祖国的需要结合得越紧密，奋进的力量就会越大，他们的成长就越迅速。

他们有了明确的目标，下一步就需要脚踏实地地努力了。我要求学生认真分析自己，经常认识自己的缺点和错误。我对学生讲，谁当谁的医生最好呢？自己当自己的医生最好。老师不如你们了解自己那样具体、那样及时，所以你们要经常给自己看看“病”，写写“病历”。这个“病历”的内容包括：疾病名称，发病的时间和原因，治疗的方法和疗程。一个人克服坏习惯是不容易的，在改正的过程中，最初的目标最好定得低一些，使他感到胜利在望，增强信心，千万不要急于求成，使他感到困难重重，丧失信心。

学生的小毛病只要抓准就很容易克服。有一个学生语文学得不好，我问：“你哪儿没学好？”他说：“全都不会。”说得这样笼统治疗就无从下手了。我根据语文知识的系统逐项帮他分析，最后才知道他对语法中兼语式和连动结构分不清楚，于是让他集中力量温习一下语法知识，问题很快就解决了。

教会学生珍惜时间的办法也很重要。我们的办法有“三不”，即不闲聊天；不做没有意义的事；不无目的地胡思乱想。我每天要求学生在日记后面写下自己一天里做了哪些没有意义的事，浪费了多少时间，用这个办法逐步养成学生珍惜时间的习惯。还有一个办法是抓紧利用零碎时间。如下课、放学前的三五分钟要背一段书；上学路上要记几个单词，以此提高学生的时间观念。此外，还要讲究学习效率。我要求学生把每项学习任务都与时间联系起来。我们时常搞学习速度的比赛，15分钟内，看谁背会的古诗多，完成的作业数量大。各科作业都要求计时完成，甚至连班级管理也要讲究效率，如学生调换座位，最初要用半个小时，开展小组竞赛以后，学生就能在55秒内各就各位。

记得中世纪耶稣会派的教育就主张，不给学生空闲的时间。每一段时间，都十分精确地安排上具体的活动。我感到这样做是有些道理的。当然，活动的内容不单是智育方面的，也应该包括唱歌、绘画，郊游等等，使学生精神活动的河水沿着一定的渠道流淌，不能让它们随意泛滥。这样做不是限制学生的自由，而是为了使他们的学习生活更有规律、有节奏，因而学习效率就会更高一些。

我是教语文的。语文和其他学科一样，有其自身的基本结构和系统。我把语文知识的系统比作一棵有干、有枝、有杈、有果实的树。例如，表达方式这个杈上可以分为记叙、议论、抒情和描写这样几个小杈。小杈又可以繁衍，如描写又可以分为景物描写、场面描写、侧面描写和人物描写。学生了解了语文知识的这个系统，也就知道了语文课究竟讲些什么，听说读写训练的具体内容包括些什么，哪些自己学了，哪些没有，哪些掌握得牢固，哪些认识模糊，需要复习巩固。这样学生的智力活动就有可能变盲目为定向，变被动为主动，明确具体的学习目标，进行定向的学习活动。因此，向学生介绍语文知识的系统结构，是很重要的。

其次是介绍一册语文书的读法。语文书刚发到学生手中，我就布置作业，要求他们列出全册书的生字表、生词表，全册书中有哪几种文体各占多少篇，知识短文的内容包括什么，练习中字词、逻辑、读写练习各占多少，学习全册之前，要求学生通过自学，初步掌握全册书的生字、生词等基础知识。

第三是讲解不同文体的读法，让学生知道各种文体的特点。如小说的三要素，论文的三要素，启发学生根据文体的特点进行自学。

第四是介绍一篇文章的读法。新生入学先讲怎样归纳文章的中心思想、写作特点，怎样分析文章的结构，边讲理论，边做练习。以后学习每一篇文章都重复使用这些方法，不断提高学生运用这些方法的能力。

为了巩固学生自育、自学的成果，还需要建立常规，养成习惯。建立常规的开始一定要十分严格地要求学生。语文作业的常规是每天总数要写 500 字，作业包括日记、作文和字词练习。开始每天都要检查，以后逐步形成习惯，再改成每周检查一次，谁缺了作业就利用休息时间一页一页地补齐，堵死学生拖拉的后路。久而久之，良好的习惯就形成了。班级活动的常规也要逐步建立，我要求学生按学号轮流记班级日志。轮流办班级日报。日报的内容、编排、题头、插图都由学生自己去安排。有了班级工作的常规，即使我到外地去开会，班里的一切工作都能根据常规，按照习惯正常进行。

几点体会

最后讲几点体会：要求学生自育，教师必须先自育。1980 年以来到我校听课的人渐渐增多了，每次听课前我总让同学先准备一下。有一位同学给我提意见，认为这样做既耽误时间，又不实事求是。以后，我向同学们表示从现在起，不管在什么场合下讲课，不再让大家事先准备了，让听课的老师能够了解我们的实际情况，给予切实的帮助。从 1981 年起到现在，听课的同志约有七千多人次，我们没有为他们事先作过任何准备。

让学生自学，教师也必须先自学。我每天要记两种日记：一种是记流水账，记下一天的经历；另一种是写思想日记，记下每天自己的工作体会、自己的思想火花。一个人的思想火花总是在特定的条件下产生的，一旦事过境迁，就难以再现，所以必须及时记下来。现在我已写了几十万字的日记了。写文章也是一种重要的自学方法。为了研究一个课题，总要参考许多书，使自己不断得到充实。

教育科学中有许多不同的观点。我总是注意那些对立的观点，静下心来考虑双方的合理因素。苏联和美国的教育理论我都了解一下，布鲁纳的课程结构理论我看，批判他的文章我也读。一个教师对心理学、教育学、逻辑学都应该有所接触。要敢于学习，善于学习，不能照搬别人的理论，一切理论都有它产生的环境和条件，绝对不能超越这些条件而生搬硬套。即使是正确的教育理论也需要我们结合学生的具体情况和教学内容加以应用。因为学生的情况是千变万化的，所以，教师的工作，应该是最富有创造性的工作之一。

今天十几岁的青少年到了 21 世纪，他们将是祖国建设事业的主力军。当他们生命的航船驶出学校，进入社会生活的广阔海洋时，如果能继续增强自我教育和自学能力，就有可能始终站在人民的立场，去迎接科学技术飞速发展的新时代，为了共产主义的崇高理想而奋斗，这对我们教师将是多么大的欣慰啊！在培养学生自育和自学能力的征途上，我只是刚刚起步，我愿意不断学习，和老师们共同前进。

培养学生自学能力的一些做法

培养学生具备一定的自学能力，这实在是至关重要的事。且不说即使那些进了大学的学生毕业以后也有一个漫长的自学过程；而对于更多的中学毕业生来说，他们不能直接上大学，有没有自学能力就具有更为重要的意义。如果说，学生生命的航船是从学校这条大江走向社会这个广阔海洋的话，自学能力就犹如一条船能帮助他们乘长风破万里浪达到理想的彼岸。

基于这样的认识，我在教学中是十分注意培养学生的自学能力的。我的基本做法可以用十六个字来概括。这就是提高认识，激发兴趣，教给方法，培养习惯。自然，这十六个字不是各自孤立的，它们掺合在一起，是立体的，交叉的，是一个整体。

首先，谈提高认识。这里是指提高学生对自学能力的认识。我的做法是向学生提供自学成功的范例，树立自学成才的榜样。我对学生讲高尔基、鲁迅这些没有大学文凭的人是怎样自学的，也讲那些先天条件不好的人是怎样自学的。例如埃及的前文化部长、教育部长哈荷，他双目失明，但他成为埃及文化史上第一个获得法国博士学位的人。又像美国盲人女作家海伦，自幼双目失明，面对着一个黑暗而寂静的世界。要知道人对周围世界的信息传播，80%要靠视觉器官传入神经中枢的，而

10%是靠听觉器官的。她这两个器官都失灵了，但是，她仍然自强不息，凭着其他器官去观察、熟悉养育了她的世界，成为美国历史上受人尊敬的作家之一。很多本来学习不自觉的学生听了这些故事都很感动。我就是用这些生动故事去点燃学生立志自学的火花。

我还带领学生经过自学实践，体会自学的好处从而增强他们走自学道路的信心。在教学中，我与学生是心心相印的。在这几年中，我没有让学生抄过一次文章的中心思想、段落大意或者古文的译文什么的。我批改作业基本上是立足于启发学生自改，增长他们自己发现错误的能力。这样做曾引起一些家长的疑虑，有些老师也顾虑这样做行吗？是对学生负责吗？我问学生，这样上课好吗？他们说，好啊，有趣啊。起码是改变了学生原来上课“陪坐”的状态。什么叫“陪坐”？学生听不懂，基础知识又差，只好干巴巴地坐在那里，又不能到外面去玩，在教室里只好“陪坐”。而且我发现。随着年级的升高，“陪坐”学生越来越多。初一有十多个人“陪坐”，初二就有二十多个“陪坐”，初三竟有三十来个“陪坐”，在我们非重点的学校里，这是一个比较普遍的现象。我对学生说，“陪坐”是一种艰苦而繁重的体力劳动啊。这样，日复一日，周复一周，年复一年，多么难受，而现在通过自学就改变了这种状态，学生老师都感到愉快。我原来也搞过满堂灌，我想反正把各家教学参考书上所提到的点点滴滴都说到了，至于学生这个“容器”能接受多少，那是学生的事。可是，结果呢？知识全洒了，谁叫学生“容器”口小啊。其实每个学生“容器”的口不一样大，老师一个劲地往下倒，能不洒得满地都是？如果一个教师没有把知识洒到学生的心田，没有把信息有效地传递给学生，那这些知识和信息又有什么用呢？

为了提高学生对“自学”的认识，我还把国外类似的做法告诉他们。我给学生读国外教育杂志，讲西欧现在盛行“精学法”，日本有的学校把培养自学能力作为宗旨。还有人说，到二十一世纪，自学法可能成为主要的学习方式，教师要退到辅导地位。这些做法和说法给了学生很大的启示。我还鼓励学生主动摸索学习道路，让他们懂得学习不是“自古华山一条路”，而是“条条大路通罗马”。我告诉学生，在知识的天地里各人所处位置不同，绝不可能通过唯一的方式、途径攀登知识的高峰。通过这样的教育，学生们感到自学教学实验是有根据的，进一步提高了对自学意义的认识。

其次，谈激发兴趣。这里是指激发学生自学的兴趣。我的做法是每提一项自学要求都力争得到学生的同意，让他们愉快地接受，树起完成学习任务的自信心。例如，我教作文总是当场出题，当堂交卷，不交卷不让回家。在提出这个要求前，我先总结出这样做的若干条好处，学生同意了，同意就好办。这样，我在他的脑子里就有了代理人，不只是我要求你这样做，而是你自己要求这样做的，如果你再不同意这样做，那么你自己先“打架”吧。等你打起来的时候，老师帮助进步的一面，拉上一把，矛盾就容易解决。我举一个例子，一个学生初三时转到我的班里来。一次，他写完一篇作文，明知写得不认真，但是他问我：“老师，我这篇作文不知合不合格?”我没有回答，只是把其他学生的作文递给他看。我揣摩他的心理，然后说：“你呀，知道自己文章写得不好，但又不好意思说不合格。”他点点头。我又说：“你想改，但又不想马上改。”他笑了。我对他说：“你知道，老师现在想些什么?”他说不知道。我说，你已经散漫了八年，到你四、五十岁的时候，你还是一事无成。为了对得起你的明天，你说该咋办呢？他表示要重做。当他再交上来的时候，果然比原来进步多了。我问他高兴不高兴哪？他说很高兴。我说，你的放松感和自我原谅感受到了压抑，而你自强不息的思想得到了解放，这时候，你就会有一种幸福感和愉快感。所以，你想得到幸福和愉快的话，思想上就要有这种斗争。给谁打针谁都说痛，但等病好了，得到的绝不是苦而是甜。你今天回家肯定比平时要轻松，要高兴，因为你身上没有负担了。从此这位学生对学习语文产生了浓厚的兴趣。

为了巩固学生的兴趣，我还让他们看到自学的成绩。及时的反馈是培养兴趣的一种手段。我鼓励学生参加各种语文比赛和考试。1979 年 12 月我县举行初三语文知识竞赛，而我的学生当时只有初二，还有两本书没有学，我征求学生的意见，他们说，参加。比赛结果，我们在 35 个学校中获得了第 7 名。1980 年 4 月，营口市教育学院为了考察我校语文教学情况，要求其他学校每校出 20 名学生，而我们班也出 20 名学生，由市里统一命题，进行智力竞赛。结果我们班的成绩超过了重点中学，获得了第一名。在成绩面前，学生们感到“自学”这样的教学方法是有效果的，因而对自学也就更有信心。

第三，谈教给方法。这里的方法包括两个方面，一个方面是自我教育的方法，一个方面是自学语文的方法。

我在教学中，经常给学生讲一些心理学的基础知识。我认为，这样做，能促使他们自我调节心理活动，有助于他们自我教育。

我们班学生的基础是很差的，摸底测验情况是，20 分到 30 分有 12 名，30 分到 40 分有 15 名，其他的就是从 40 分到 70 多分，起点低，差距大。我就结合语文课，教给学生观察的方法。学生写作文常常套模式，比如写人吧，总是“身材高大，浓眉大眼”。有一次，我让被同学写在作文中的五个学生站在大家面前，请大家观察一番，看看一个一个是怎么浓眉大眼的。学生都乐了，我教育学生要从实际出发，仔细观察，不能胡思乱想。观察完了，我又要求每个学生以《五双眼睛》为题写一篇日记。还有一次，我布置学生写一篇作文《春到××河》，先让学生去实地观察，而我什么也没说。回来后分析了习作中的毛病，我才讲怎样选择观察点，怎样安排顺序，前后共观察三次，培养学生掌握观察的方法。

我还结合语文课对学生讲思维的方法，想象的方法。学生思想容易开小差，我就讲大脑的知识，讲好的脑袋就像巴甫洛夫说的那样，要脑袋中哪个灯亮哪个灯就亮，不好使的脑袋是要哪个灯亮，它偏偏不亮，而不要它亮的灯倒又亮了。为了培养学生的自制力，注意力，我让学生总结每天有多少时间浪费在“三闲”上。“三闲”是指闲话、闲事、闲思。班上有一位差生总结他一天讲了闲话 600 句，做了闲事 8 件，用于闲思 2.5 小时。确实浪费了许多时间，我告诉学生，人的脑子最怕不能定向思维。我们作出一项决议，在一定的时间内，当你进入走廊的时候，包括进入教室，就不再讲话。试验了一个月，普遍反映这对控制“三闲”很有好处。

在培养想象力方面，我对学生讲哪些是有意想象，哪些是无意想象。然后布置学生写《三十五年后的一堂课》，写如果你到了宇宙太空，将向地球发射什么交通工具，为地球做些什么，当你在飞临地球时，他们也许正在开会，你们会讨论些什么问题等等，同学们驰骋想象，写作积极性非常高，大有一发而不可收之势。

在指导学生掌握自学语文的方法方面，我主要教了以下几点：

（一）向学生介绍学习方法。1981 年我到外地出差，看到一位日本人写的书《中学生科学的学习方法》，很受启发，我就为每个学生买了一本。向学生介绍学习方法，不仅好学生需要，那些基础不好的学生尤其需要。有各种学习方法作借鉴，他们可以选择适合自己个性特点的学习方法。有一次，一位新华社记者来听课，我就让学生讨论科学的学习方法。我介绍一种学习方法，由学生评论。介绍的文章只读了一遍，学生的写作提纲就纷纷写出来了。这不就是听说写的训练吗？这一堂课学生上得特别高兴，充满了兴味。

（二）把自学的步骤告诉学生。在语文课堂教学中，学生学习课文基本上按步进行。这六步就是：1. 定向。明确学习要求。例如教《桃花源记》，上课出示黑板，提示学习重点：①学哪几个字，哪几个词，哪几个句子；②背诵；③理解作者在文章中表达的政治理想，以及这种理想的局限性。2. 自学。一般学生通过自学能解决百分之六十、七十的问题，剩下的就通过讨论和教师答疑来解决。3. 讨论。前后左右四个学生一组进行讨论。4. 答疑。四人无法解决的问题，提交全班解决。必要时由老师回答。5. 自测。自己测试自己。有时自己出题，有时相互出题，也有由教师出题的，当场答题，当场批分，让自学者知道自己的学习成效。6. 自结。上完了这篇课文，由学生自己总结，学习重点，学习环节，哪个满意，哪个不满意，时间只要几分钟，但效果良好。

（三）我还注意教学生读一类书的方法。先说读一套书。学生初中入学，我要求他们把初中六册语文书都借来，我讲这套教材的编写意图，编排顺序，中学阶段语文知识的结构。我还把整套语文书比作一棵知识树，一棵树分成 4 大枝，19 个分枝，118 个枝杈，还有更小的分杈，这就是我们中学语文知识解剖图。这 118 个知识点，哪些需要记忆，哪些必须理解，这些知识点各自分布在语文教材的什么位置上，使学生都了然于胸。从系统论的观点看，这个大致的了解很有益处，这正如远远看山，知道那座山有多高，攀登起来心中就有了底。

再说读一册书。每当新学期开始，我就要求学生先通读一册语文课本。要求学生：①数一数教材中有多少生字，把它们列成表。②列出生词表。③有多少篇课文，记叙文、议论文、诗歌各有几篇。④课文后习题有多少，多少字词句训练题，多少修辞、逻辑方面的训练题，听说读写训练题各有多少。⑤知识短文有几篇。⑥课文后的附录有多少。

还有读同一种体裁的文章。每当学习一种文章体裁，我同样要求学生将同类体裁的文章集中列表，概括它们的共有特点。

教学实践证明，让学生尽早尽快地掌握带有规律性的东西，这对于他们自学将会起着十分明显的指导作用。

最后，谈培养习惯。这里是指培养学生自学的习惯。怎样培养学生自学的习惯呢？我的做法是，让学生心中有个大目标。每个学生在一年里达到什么目标，十年里达到什么目标，心中能有一个规划，有了这个总目标，大目标，那么，学生就可以安排在一年里的每一个月，以至每一天应该做些什么，每年每月每周都有计划。我要求学生经常拿这些计划来检查自己。具体地说，就是从某月至某月，我要看几篇课文，几本书，做几道练习题，到了一个学期结束，一个学年结束，到了初中毕业，学生看到自己的作业本，自己的成绩，他们就会感到收获的喜悦。

再一点就是通过反复的自学实践，增长学生的自学能力，养成他们对自学的渴求感和自信心。在教学过程中，我几乎在所有的环节上都注意对学生自学的引导，甚至考试出题，我也尽可能地让学生自己去命题。我只是提出命题的要求，要有难度，但又不能是偏题怪题，学生就积极动脑筋，连平时学习较差的学生也不能不把语文书从头至尾翻上好几遍。事实上，出题的过程不也就是他们自学的过程吗？这样做，目的是增加他们的自学实践，使他们自然成习惯。

以上是我几年来的一点摸索。教学实践的成绩告诉我培养学生自学能力的意义是重大的，培养学生具备一定的自学能力也是可能的。实验班初中毕业时，他们的语文平均成绩高出重点中学七八分。参加全县统考，学生语文平均成绩为 76 分，列全县第一。那一届全县 44 所中学，总分超过 500 分的学生一共 41 名，我们一个班占 9 名。在高分学生中，前 8 名里我们一个班占 4 名。同时，这个班学生的身体素质也较好。初一时，参加校区运动会，只得了女子百米、男子1000米赛跑第二名，到了初三毕业时，我们班级学生囊括了60、100、200、400、800、1500、3000米所有赛跑项目的第一名。

尽管取得了一些成绩，组织学生自学的教学实验还仅仅是迈出了第一步。对于任何一种教学思想，教学方法，我们都不能把它看成是绝对的，不变的。我觉得一个新的学派常常是在同它对立的学派的边缘处创立。在这里，实事求是是一条重要原则。我在培养学生自学能力方面的摸索才刚刚开始，我面对的是一个比想象中更为广阔、更为浩瀚的未知世界，但是道路的崎岖，行程的漫长，只能激起人们更浓厚的探索兴趣。

45 分钟以学为主

学校称做学校，这很好，因为这是学生学习的场所。

接下来，教室和教材的称谓和学校在形式逻辑上就有点不一致。我常想，学校既然称之为学校，那么教室称为学室，即学生学习的房间，似乎更合适些；教材称为学材，即学生学习的材料或书籍，似乎更贴切些。

学校是学习的场所，教室是学习的房间，教材是学习的材料，课堂 45 分钟便应以学为主，课堂也可称学堂。我觉得，我的作用，便是指导各类学生充分利用好 45 分钟。45 分钟内要积极、主动、高效地学起来。

45 分钟是个不小的数字，倘用我们班多年来实践的劳动效率平均值计算，便能取得相当好的学习效果。

就背诵而言，一位中等水平的学生，一分钟背会 20 字的一段话，记住三个生字，还是能做到的，那么，45 分钟便可背会 900 字的一篇短文。一本教材，现代文生字一般是 100 个左右，那么 45 分钟，一个学期的生字便基本记住了。倘用来记文学常识，一本书要记住的作家一般 20 位左右，每位作家平均 5 个知识点，一共 100 个左右知识点，倘静下心来，一节课一本书的文学常识基本记住了。我组织学生比赛，

80%的学生在45分钟内背会了第四册教材要求背诵的两篇现代文节选、三篇短小的文言文、五首古代诗词。一个学期要背诵的任务，一节课全部完成了，学生充满了自学的欢乐。当然，这样集中背诵不符合轮换用脑的原则，学生也仅仅是瞬间记住，要成为永久的记忆还要复习。但这种实验使学生建立的自信心，足以使学生长期受益。

就说而言，一分钟口头作文可说200字，说五分钟，便是一篇千字文，是一种比较经济的作文方法。语文课上，大部分课节，我都设计一次口头作文，说上三四分钟。久而久之，学生不怕作文，也提高了说的能力，即席讲话、演说、辩论的能力也提高了。

就读而言，一般学生一分钟跳读1500字，速读1000字，细读200字。15分钟倘若全部用于跳读，便是67500字；倘用于速读便是45000字，现行九年义务教材初中语文第六册是16万字，跳读不到三课时，便可通读一遍，速读不到四课时，也可通读一遍。学生通读教材，特别是用跳读的方法通读，有利于从整体的角度把握教材的结构、重点、难点。掌握把厚书读薄的方法是现代人必备的学习能力。这样用两三节课通读教材，也有利于激发学生的学习兴趣，增强学习信心。

就写而言，一个中等学生一分钟平均可写作文30字，写作业也能达到这个标准。这就意味着45分钟倘用来写作文可写1350字的文章，写作业也可写1300多字。我们班写字最快的张鹏飞同学一节课45分钟曾写过2420字的作文。我们班学生每天写一篇日记，实际也是命题作文，平均500字，每天用15分钟左右时间，大部分日记都是在语文课堂上写完。每册语文教材的课后练习题必须掌握，且用笔答的约90道题，解答的文字量约4500字，倘每节课专用于做练习题，则连思考时间在内，六课时便可将整册书必要的习题做一遍。这样做题，也有利于学生增强学习信心。

许多后进学生成绩低，不是由于脑子笨，而是不用脑；非不能也，是不为也；非不会也，是不学也。课内45分钟，他们常常东看看，西看看；这听听，那听听；一双手翻翻书，摸摸本，摆弄摆弄书包，收拾收拾文具盒……一节课，大脑做不定向运动，总想，下课再背吧！下课再写吧！下课再读吧！其实，一个连课堂45分钟都不会用的人，课后的零碎时间就更不会用了。一个不珍惜45分钟的人，很难珍惜课余的30分钟或更少的时间。

十几年来，我一直努力培养学生珍惜45分钟、用好45分钟、主要靠45分钟学习的习惯。

我告诫自己：45分钟一定要把学生当主人，要以学生的学为主。衡量课上得成功与否的标准，不在于我讲了多少，而在于学生学到了多少；不在于我讲得生动形象、风趣幽默与否，而在于学生学得积极主动、快乐高效与否。

为提高学生课堂45分钟的学习效率，一般情况下，一节课分为六个步骤。

一、定向

思维的战舰驶向何方，目标必须明确，知识的海洋，可载舟，就可覆舟，倘驶进不适合自己的海域，则可毁掉一个人的45分钟。

倘学习某篇重要的文章，我便明确地告诉同学们，做哪几件实实在在的事情。我觉得自己不仅有责任告诉学生学什么，也有责任告诉学生不学什么。有的练习册编的钻牛角尖的题、所谓脑筋急转弯的题、怪题嘎题，我都告诉学生置之不理。只有这样，学生才能静下心来，集中精力抓最必要的知识点，掌握之后，才有余力举一反三，形成能力。

十几年来，我在课堂上更多的是引导学生对总体语文知识结构负责，对整册语文书负责。经常一节课定向时说："这节课我们记这本书的全部解词。""今天，我们这节课要把本册教材说明文课后练习题全部做完。""这节课，我们要把本册教材文言文各课的课后习题再做一遍。"

全班同学定向之后，允许先进同学和后进同学根据自己的实际再增加或减少任务量。个别同学还可以按照自己的学习计划确定自己的任务，一点也不做我建议的任务，一定要建立在他能学得更有效的前提下。

我的语文课，不是训练仪仗队，而是训练村自为战、人自为战的游击队。不是大家一起种人民公社的大寨田，而是种自己的自留地。

定向不只我一人，我只是建议方向，学生参考我的建议后再确定自己的方向。大部分同学同老师建议完成的目标基本一致。

这一步骤用一至两分钟的时间。

二、自学

目标确定之后，大家开始自学，争取凭借自己的力量完成学习任务，达到目标。

中国人学中国话，中学生读人民教育出版社的统编教材，只要学生静下心来，钻研进去，80%的知识，一般智力的学生都能看懂，凭自己的力量能会：字能学会，词能看懂，读写知识能看懂，语法能学会，文学常识能看懂，一般的修辞方法能掌握，文言文至少借助教材注释能翻译80%，课后练习题也能有80%会做。

我教书的原则也同我当班主任一样：普通学生能做的事，干部不做；班干部能做的事，老师不做。老师不讲学生能自己学会的知识就让他们自己学，这一方面，减少了学生的依赖心理，增强了自主意识，增加了增长能力的机会；另一方面，老师在学生自学的时候，观察与思考，个别指导，做更必要的事情，增加教师劳动中的智力含量。

三、讨论

经过自学，大部分难点可解决，实在学不会的查一查工具书、参考书。查资料之后，一般同学都能学会90%，剩下的10%，前后左右四个人一个讨论组，研究自学过程中各自遇到的疑难问题。

一般情况，统编教材课后练习涉及的问题到讨论这一步骤即可全部解决。倘偶遇特殊问题，有争论的问题，或学生自己发现提出讨论的问题，组内没有一致答案，则放到第四步解决。

四、答疑

讨论组遇到的疑难问题，提交全班同学。别的讨论组有人会，则由学生回答。学生都不会，只好教师回答。答疑时，可提出教学重点所列的问题，学生也可以提出自己读书时发现的疑难问题。倘这一问题带有普遍性，我便回答。倘无普遍意义，且无深究的意义，为了节省大家的时间，便跟个别学生讲明："这个问题待下课后，老师再跟你个别研究。"

五、自测

即自我测验，测验方式不同，有时学生根据学习重点自己出题，自己答自己出的题。有时请一名同学出题，大家答。也有时每组出一道题，其余组抢答。倘我发现哪几个知识点特重要，需准确无误地掌握，我便出几道小题，全班同学做，需书面回答的题，一般都限定时间，全班同学进入比赛状态，用三分钟或四分钟做完，然后立即拿出红色的笔评卷，错的地方用红笔写出正确答案；课后将红色的内容再用蓝色的笔做一遍，再用红笔评卷。把注意力集中在最必要的知识点上，用最少的精力取得最多的成果。这样检测，既明确了自己当堂有哪些知识点没掌握，又明确了经过课后的努力又有了哪些进步。

六、自结

即学生用两分钟左右的时间自己回忆总结这节课：学习目标是什么，学习过程有几个主要环节，知识掌握是否牢固。这有点像录相机"倒带"，学生将自己头脑中的"录相带"快速倒至上课时，再根据需要，放映一遍必要的内容。自结，大部分采取每位学生都坐在自己的座位上，七嘴八舌地大声说的形式。也有时请一位同学总结，大家订正。

从信息论的角度看，这样六个步骤有助于信息的处理。第一步定向，控制信息的接收范围，随时排除干扰性的、学习重点之外的知识。自学则是主体主动接收信息的过程。讨论和答疑是信息传递的最主要过程。教师以平等的身份参加学生的讨论，并在必要时解答以保证信息的正常流通与传输，这两个环节信息的传递是多向的。师生都是信息源，又都是信息接收器；师生的行为既是反映，又是信息。第五步自测和第六步自结在整个课堂信息传递过程中，是一个终极部分，它的任务主要是对本课时所接收信息的及时反馈与强化。

1985 年华东师大谢象贤教授到我们班听课。她问："课堂类型一般有多种，你说的就是这一种类型，其它的变式有没有呢？"我说："六个步骤基本如此，具体运用则变化无穷。如以定向为主的计划课，开学初讨论学习计划，期中期末讨论复习计划，这种课虽然也有讨论、答疑、自结等步骤，但大部分时间用于定向，我便称其为定向课。我外出开会，语文课全由学生自习，当然就是自学课了。有时一节课为了消化整册书的疑难问题，同学们又不希望老师马上答疑，课堂以讨论为主，便成了讨论课。期末复习时，请同学们广泛提问题，教师来解答，这便是答疑课。为检查验收阶段学习成果，同学们互相出题考试，自然就是自测课。期末总结复习整册教材的知识结构、重点、难点，虽然间或也有讨论、答疑、自测，但我常称之为总结复习课。

探索课堂教学方法，确立课堂教学类型，都是手段，不是目的。目的是为了学生在 45 分钟内积极主动高效地学起来。教师不应该非把自己框定在某一种模式里不可，可根据自己与学生的实际确立一种基本模式。基本如此，需变则变。变中有不变——大的原则、方向不变；不变中有变——具体方式方法的应变。

随着学生自学能力的提高，需要我讲的内容越来越少。我常问自己：这篇课文，我想讲什么呢？我想讲什么，偏不讲，先让学生学什么。这便减去了我的一部分无效劳动。学生自学还没解决，我也先不讲，而是请优秀学生代替我讲，这又减去了我的一部分无效劳动。非常必要的一点我讲了，难点突出学生也记得牢，用的时间又少。

有时我也讲得多，明知学生能学会也要讲一讲，那是在同时有很多省市客人到班级听课的时候。人多了，有的几百里，有的几千里地赶到我们学校，听我的课。我不讲，老师们听什么呢？我只好讲一些学生自己能看会的知识，有时重复学生已自己学会的内容。这时我的出发点主要不是学生，而是听课老师。讲给听课的老师们听，表演给听课的老师们看。

1995年9月的一天，有学生提意见："听课老师一多，我们就得停止自学，听老师讲，大家都得同步，无效劳动多。以后不管来多少人，咱们都自学不行吗?""那就试试吧!"

从那时到现在，两册教材，我都是指导学生自学，一篇课文也没讲过，只是听课的人太多的时候，我便引导学生学课外的文章，那时，才讲一讲。

学生45分钟都积极主动、快乐有效地学起来了，尽管我不讲，1996年初中统考，学生成绩仍全市第一，提高幅度比过去还大。

我不主张在具体教法上搞一种模式，我也不认为我的自学法好，别的老师的讲授法就不好。我觉得各种方法都有自己的长处。尽管我当了十多年校长兼书记，但我决不要求校内老师都用我的六步教学法，而是要求老师们想方设法教出自己的特色和风格。

在全校教师会上，我多次强调的就是一点：只要立足于把学生当主人，立足于发动学生积极主动、快乐有效地学习，你的教学风格就一定会充满生命力。在我们实验中学，不管什么样的教学风格，都要努力做到这样一条，即：把教师讲授的时间，省下一些来，还给学生，使学生尽可能在45分钟内多一点动脑、动手、动口的时间。

为了45分钟内以学为主，几年前，我提出了各科讲授新课时必须做到的10点要求：

1. 备课簿要由备课组长签字方可上课。这样做有利于教师的相互交流，特别有利于青年教师向老教师学习。

2. 教学目标必须兼顾三类学生。以中等生为主的课堂上，教师要指导优秀生，学会之后，再朝哪个更高的目标努力。最重要的，一定要给后进学生找到合适的目标，告诉他们跟不上整体时，他们做哪些实事。一定要消灭上课陪坐现象。不管大事、小事、难事、易事，每位同学都要有实事可做。

3. 学生发言、回答问题，不少于10人次。以控制教师讲起来忘记学生的局面。

4. 学生动笔练习的时间不少于10分钟，以控制一堂课只是说说说、听听听的局面出现。

5. 教师处理偶发事件不超过20秒。以防个别学生犯了点错误，个别教师便大动肝火，训斥一通，或大讲一番“政治课”，使双方都受到伤害。这样要求，避免了“热处理”。而冷处理显然有利于提高教师们的教育技术。

6. 教师纯讲授时间不超过22分钟。以使老师们研究自己讲课的知识含量，提高讲课的有效性。

7. 课堂及课后作业要分三个层次，先进生、中等生、后进生要做不同层次的作业。

8. 提倡学生做课堂教学总结，以增强学生学习、评课的积极性。

9. 课间10分钟不离开教室，同不愿到室外的学生在教室聊天、拉家常、谈心，以提高接近学生的技术，及时收集到学生对课堂教学的意见。一位成功的教师，一般是善于接近学生的教师。有的教师教学质量不高，常跟他板着“阶级斗争的面孔”有关。

10. 在备课后面总结出一句话、一条经验更好，一条教训亦可。每节课积累一点，日积月累便能发生质的变化。

这样上课，青年教师也觉得有所遵循，不由自主把着重点放在了学生的“学”上，各层次学生都觉得自己是课堂的主人，都有充分发挥自己能力的时间和机会，学得积极主动、快乐，眼前自然取得了好成绩。最要紧的，将来他们踏上工作岗位之后，会少一些依赖心理，多一些积极主动的意识，从而提高工作效率。

引导学生自学整册教材

每学期开学第一节语文课，我都喜欢问学生："这册新书学得怎么样了？"很多学生回答："自学完了！""自学完了怎么办？""期末考试，检验自学成果！""什么时间考？""明天。"

有时我们开学第二天就进行期末考试，也有时开学第一天考，还有时开学一周以后考。

所谓期末考试，就是用一年前本册教材的期末试题考学生，以检测学生自学这册教材的效果。

考过之后，学生们大都不相信这就是期末试题，他们觉得题浅，没想到自己的自学效果会这么好。

16 年来，我一直引导学生自学整册新教材。我总是请教务处在放假前就把下学期的新教材取来，发给学生。

许多学生学语文缺乏整体观念，说不清一册教材中主要学些什么。这样，学每篇文章的时候深浅度就掌握不好，该认真学的没有认真学，课文中不需深究的地方却又用了很多时间去纠缠。

怎么从整体的角度学一册教材呢？拿到新书以后，我引导学生做的第一件事就是写教材分析。比如初二学生，暑期发第三册教材，就叫做《第三册语文教材分析》，共分为七个部分。

1. 列生字表。生字表一般指教材下面加拼音的字。现代文生字和文言文生字要分开列表，如果有兴趣和时间，也可以再找一找，没加注音的字还有多少不认识的，也列入表里。这册教材现代文生字共120个，文言文生字共85个（指原统编教材）。

2. 列新词表。课文中加注解的词中需掌握的词列成表。重点是动词、形容词，必要的名词也列入表内，现代文和文言文也要分列。本册教材，现代文需掌握的新词共99个，文言文需掌握的新词共169个，这些词不仅列表，还要在教材上依次给它们编上号，这样容易引起注意，还能明确自己的学习进度。

3. 单元分析。统计本册教材共多少课文，讲读课几篇，自读课几篇。共分为几个单元，记叙文、说明文、议论文、文言文等各占几单元。这样能明确本学期学习文体的重点。

4. 习题归类。统计每篇课文后的练习题总数共多少道。再将这些习题分成四种类型：字、词、句训练题多少道？语法、修辞、逻辑训练题多少道？听说训练多少道？读写训练多少道？再从中选出重点题。

5. 知识短文归类。本册教材，知识短文一共多少篇？其中读写听说知识短文几篇，汉语知识短文几篇？

6. 书后附录。写清本册教材的书后附录是什么，对我们学好语文有什么作用。如第三册的书后附录是《古代诗词》，有益于培养我们读古代诗词的兴趣和提高欣赏古代诗词的能力。

7. 列文学常识简表。按照时代列出这册教材涉及的作家、诗人的名字、身份、作品名称、体裁、节选自何处，有何名句，外国作家要单列出来，写清他们的国籍、身份、生活年代和作品名称。

写这样一份教材分析，篇幅大约在1500字以内，初次写一份需3小时左右，以后每册新书都写，效率就能高些。

教材分析写完了，再引导学生定一个假期自学时间表，每天拿出半小时学语文。

学什么？首先学在教材分析中所列的生字表、生词表、文学常识表。这些知识教师不讲，学生自己也能学会。如：学会了文言文的字词，这册书的文言文不靠老师，学生基本也能翻译了。然后自己读知识短文，书的字、词、句及其它基础知识训练题也可以试着做。要求背诵的课文，一些学生假期就开始背了。

这样，到开学的时候，一本新书中主要的知识大部分都掌握了。开学后，一面巩固这些已有的知识，一面听老师讲课，效果就更好。

再具体些，还要引导学生将每天自学任务和具体时间联系起来。中学生经过训练，记忆能力一般能达到每分钟记住 5 个字，3 个词，2 分钟能记住一课书必要的文学常识，5 分钟能做完一道书后练习题的水平。

按第三册教材分析所列自学内容，所需时间如下：记住现代文的 120 个生字需 24 分钟，文言文 85 个生字需 17 分钟，现代文生词 99 个需 33 分钟、文言文生词 169 个需 57 分钟、文学常识涉及 27 位古今中外作家需 54 分钟，书后需做的练习题共 62 道需 310 分钟，六项合计共需 495 分钟。按每天自学 30 分钟计算，需 16.5 天时间。

总体时间如此，学的时候当然要加以穿插，例如现代文生字和现代文解词穿插起来学，120 个字加 99 个词可能用不了 57 分钟。另外倘每天学 15 分钟字词，再学 15 分钟其它知识，效果会更好。按穿插之后的时间，制订出每天自学什么，学多少，学起来就不忙乱了。

暑期 30 天，16 天多一点就学完了，剩下时间怎么安排呢？那就用来复习吧！以上所说是第一次记住所需的时间。有的字词，有的练习题只记一次，做一次就不容易忘。例如："大意失荆州"这个成语，看一遍就能记住，过后也不容易忘。而“茕茕孑立，形影相吊”这个词，要看两三遍才能记住，时间长了不复习，解释得又不准确了。剩下的时间就用来复习记得不牢固的知识。

该记的都记住了，还没开学，还怎么自学？有的学生便自己翻译文言文。文言文生字记住了，生词会解释了，翻译时不会感觉太难。倘一篇文章，有几处译不出，就提前打上标记，开学再问老师，这样学生翻译文言文的能力会越来越强。

学习兴趣与学习方法、学习效果紧相联系，互为条件、互为因果。学生掌握了自学一册书的方法，兴趣就高，学习兴趣高，效果就好，效果好了，兴趣能更高，这样就形成了良性循环链。

开学就进行期末考试，10 多年前我刚开始这样做的时候，有人认为不遵守教学计划，违反常规。我则仍旧认为，学生学得积极主动轻松，效果好，违反一点常规也是好事。老祖宗用牛拉犁也是常规，现在不是有许多新办法来替代它吗？1979 年 10 月我们班学生初二时，用这种学整册教材的方法，一个月学了两册新书，去参加初三基础知识竞赛，在 35 所参赛学校中，只有我们是初二学生，其余均为初三，我们获平均分第七名。

许多青年教师问：“魏老师，您觉得您这些具体教法中，哪种方法对提高考试成绩最有效？”说心里话，我觉得引导学生自学整册教材的方法最有效。就学习理论而言，可以从知识结构、学生的学习兴趣、目标确定、理解特点、记忆心理等许多方面来论述这样做的科学性。限于篇幅，不赘述。就学生实践来看，效果好，且学生非常喜欢这样做。

16 年来，我外出开会极多，但从来没请过任何一位老师给我代过课。1987 年我正当两个毕业班的班主任，到香港考察后，未及回校，直接赴京参加党的十三大，离校 20 多天中，每逢语文课，两班学生便自己上自习，返校后我征求两班学生意见："咱们是毕业班，20多天没讲语文课了，能不能给我一节自习课时间，给大家补一补语文课?"结果两班学生都不同意，我问："同学们不着急吗？面临毕业了!"学生说："我们开学第一天，就能接受期末考试，成绩还不错，经过这些天巩固、自学，就更不着急。"

十多年来，尽管我开过很多会，少上过很多课，却没占过学生一节自习课时间补语文课。至于星期天、节假日，学生就更不可能让我补课了。从这个角度讲，我这语文教师当得也比较轻松。我想轻松的原因之一是我引导学生学会了自学整册教材。

引导学生自学一篇文章

自学一篇文章方法很多，有“浏览法”“设疑法”“比较法”“入境法”“列表法”“摘要法”“五步读书法”“十步读书法”等。读一篇文章也如同做别的事一样，一件事有一百样做法，不是自古华山一条路，而是条条大路通罗马。

我喜欢向学生介绍“四遍八步”读书法，并向学生介绍划分文章层次、归纳文章中心、分析文章写作特点的基本方法。

一、“四遍八步”读书法

四遍，就是一篇文章读四次；八步，就是完成八项任务。

第一遍，跳读。完成两步任务：1. 识记作者及文章梗概；2. 识记主要人、事、物或观点。应达到每分钟读完1500字的速度。

第二遍，速读。完成第三、四步任务：3. 复述内容；4. 理清结构层次。每分钟读完1000字。

第三遍，细读。完成第五、六、七步任务：5. 理解字、词、句；6. 圈点摘要重要部分；7. 归纳中心思想。读的速度一般跟朗诵相同，每分钟200字。

第四遍，精读。完成第八步：分析文章写作特色。速度服从需要，或一带而过非重点部分，或仔细推敲、品味重点段落、关键词语。

每篇文章都要读四遍吗？当然不是。有的浅显的文章，如《人民的勤务员》读两遍就能完成八步任务了，也就无需再多读。有的文章如《岳阳楼记》读了五六遍，也还是不能全部理解其中的妙处，自然还应再读。读每篇文章也不是非要完成八步任务不可。有的文章只要能记住梗概、复述大意即可。如《连升三级》，又如课外阅读报纸杂志上的大部分文章。有的则除了八步任务以外，还要完成其他任务，如《论语六则》，还要使学生了解《论语》在世界文化史上的地位。

“四遍八步”读书法，是适用于有一定自学习惯的学生的方法，绝不是适用于所有学生的方法；是适用于大部分文章的方法，绝不是适用于所有文章的方法。

也有的学生，一开始就细读、精读，然后再速读、跳读，他这样读惯了，就一直坚持下来，效果也不错。但对还没养成读书习惯的学生来说，还是先跳读、速读，更适合当今时代的需要。因为现代社会信息量大，每年都有上万种新书出版，每天都有上万种新报刊问世，这就要求人们具有较强的筛选能力，一些文章，在跳读过程中，觉得无深究价值，就不必再耗费时间去细读、精读了。

刚开始跳读、速读，有的学生不习惯，因为一字一句地读惯了。但必须引导学生改变一字一句认读的习惯，训练速读、跳读的能力。刚开始练，我便只求其读得特快，不求其记得多。如读《制台见洋人》一文，全文近 6000 字，要求学生 4 分钟读完，宁肯只记住一个人，一件事，以后训练时间长了，学生的速记能力、理解能力、概括能力都能增强。

二、引导学生掌握划分文章层次的方法

经常有学生问我：“划分文章层次，有没有较实用的方法?”

教材上没有提到划分文章层次的方法。

有的老师认为一把钥匙开一篇文章的“锁”，不会有万能钥匙。

也有的老师坚决反对谈划分文章层次的方法。

也有的老师认为，万能钥匙虽然没有，但应该有适合于大部分文章规律的几把钥匙，用来打开一般文章的锁，这样剩下少量的特殊文章，研究起来，任务量减小，有利于提高学习效率。

我曾和学生一起归纳出几种划分文章层次的方法，用这些一般性的方法解决一般性的矛盾。同时，并不因此而否定矛盾的特殊性，同理，也不因矛盾具有特殊性，便否定矛盾的一般性。

1. 划分记叙文层次的五种方法

①按时间顺序划分。有的文章以时间为线索，写人记事，交待事件的起因、经过、结果。如《多收了三五斗》，按时间顺序分成两部分，第一部分写某一天农民粜米的悲剧。第二部分写第二天悲剧重演。

②按空间顺序划分。文章写自然景物，一般按空间顺序安排层次，也有的写人记事，也按空间顺序安排层次。如《老杨同志》就按人物活动的三个场面，划分为在村公所，在老秦家，在打谷场这样三个部分。

③按不同的表达方式划分。有的记叙文，以记叙为主，又在开头部分抒情、议论，末尾又以抒情、议论作结。如《谁是最可爱的人》就以表达方式不同分为三部分：第一部分抒写自己的感受，第二部分记叙了三个事例，第三部分以抒情、议论作结。

④按材料性质划分。有的记叙文不受事件发生的时间、地点的限

制，而以事件内容为依据，把表现同一思想内容的材料安排在一个部分里。如《闻一多先生的说和做》就按不同的材料性质，划分为闻一多的学者方面和革命家方面这样两个部分。

⑤按作者的认识过程来划分。如《荔枝蜜》按作者对蜜蜂的认识过程，划分为不喜欢、想看看、赞美、联想到劳动人民、梦见自己变成蜜蜂这样五个部分。

2. 划分议论文层次的四种方法

①三段式。大部分议论文都按照提出问题、分析问题、解决问题的顺序安排层次。在结构上分为开头（引论）、正文（本论）、结尾（结论）三部分。如《谈骨气》。

②总分式。较复杂的议论文则先提出文章的总论点，为了论证总论点，又提出若干个分论点。

③并列式。文章论述的两个或几个问题之间的关系是并列的，有几个问题，则划分为几个层次。如《放下包袱，开动机器》。

④递进式。文章各部分之间的内在联系是层层深入的。如《最后一次讲演》，第一部分揭露反动派的卑鄙，赞扬李先生的光荣。第二部分深入论述敌人的卑鄙，说明其末日将临。第三部分号召青年继承光荣的革命烈士遗志，最后则进一步表示斗争的决心。

3. 划分说明文层次的方法

我们认为大致可以用划分记叙文、议论文的方法。过去我们曾总结过划分说明文层次的十种方法，后来觉得过多照顾了特殊的文章，以致弄得方法太多，失去了一般性的意义，不利于中学生掌握，就不用了。

以上所说的方法，适合于大部分文章，不等于适合所有的文章。有的文章结构形式非常特殊，不能用现成的公式去套，只能具体文章具体分析。

有的学生问："为什么同一篇文章，有的书让分段，有的书让分层次，有的书让划分成几部分呢？"这是因为不同的编者、学者、专家对这个概念的表述方式有不同的见解。不过现在大部分资料认为文章之下分部分，部分之下分层次，层次之下再划分为段落。

另外，不是每篇文章的层次划分都有一致的意见。比如：《向沙漠进军》就有分两部分的：沙漠怎样危害人类，人类怎样向沙漠进军。有分三部分的：在两部分的基础上把怎样向沙漠进军中已取得的成果部分划出来。有分四部分的：把最后一自然段算第四部分。还有分五部分的，把第一自然段也算作独立的一部分。这四种意见，教学参考书认为都对。重要的是能讲出这样分的道理、依据。而教给学生划分文章层次的方法，恰恰是引导学生讲出划分层次的道理和依据。

近 17 年来，我从来没让学生抄过一篇文章的段落大意。我觉得如果学生自己不会划分文章层次，抄过之后不能讲出道理和依据，那么抄得再细、再多，也没有多大用途，反过来，引导学生自己练习划分文章层次，学生大致掌握了基本方法，具备了能力，那也就用不着再费力气去抄那些标准的划分结果了。

有一次外地几十位老师来听课，我讲的公开课就是《怎样划分文章层次》。结果一节课，我们给十几篇文章划分了层次，学生觉得很愉快，提高了学习效率。

三、引导学生掌握归纳中心思想的方法

归纳文章的中心思想有没有一些基本方法？这同划分层次一样，大家的意见也不一致。有人认为无法可循，反对教给学生归纳中心的方法。有的认为有法可循，适当教点方法，利大于弊。我赞成后一种意

见，愿意引导学生掌握归纳中心思想的方法。

如果按记叙文、说明文、议论文等不同文体特点划分，归纳中心的方法，大约有3类14种之多。学生刚开始探讨这一问题，还是不分文体更容易掌握，等运用熟练了，再分得细一些。

这些年来，我们班学生归纳中心思想，常用的是六种方法：

1. 看文章题目。有的文章一看题目就使人想到整篇内容大致是围绕这个中心写的。如《谁是最可爱的人》就是通过记叙中国人民志愿军在抗美援朝中的三个典型事例，赞扬了战士们英雄主义、爱国主义、国际主义的精神，深刻地告诉人们志愿军战士是最可爱的人。又如，看到《石油的用途》这一题目，也会使人想到这是说明石油用途的文章。再一看内容，知道文章的中心，确实是结合石油的性质、特点说明了石油在国民经济和人民生活中的广泛用途。

2. 看文章的开头和结尾。不少文章，开门见山，开头部分就提出中心思想。比如《马说》第一句话就提出了文章论述的中心："世有伯乐，然后有千里马，千里马常有而伯乐不常有。"全文紧紧围绕这一中心，说明不遇伯乐，千里马会被埋没的道理。又如《黄生借书说》开头就提出了全文的议论中心："书非借不能读也。"还有的文章是在结尾部分点明中心，比如《井冈翠竹》就是篇末点题："井冈山的毛竹……从不改色……永不低头。这正是英雄的井冈山人，也是亿万中国人民的革命气节和革命精神!"

3. 看文章的抒情、议论部分。这种方法，适用于记叙文。文章在记叙、描写中插入抒情、议论部分，通过分析这些句子，也就容易归纳出中心思想。如《听潮》一文，在描写大海涨潮时发表议论："怕什么，这是伟大的乐章！海的美就在这里。"文章结尾处又直抒胸臆："我喜欢海。溺爱着海，尤其是潮来的时候。"从这些议论和抒情的句子中，我们看出文章的中心是讴歌大海的壮美，颂扬大海的伟大力量。

4. 分析人物性格。一些写人的记叙文，中心含而不露，这时你注意分析主人公的性格特点，就能看出文章的中心。如《第二次考试》的主人公陈伊玲的性格特点是勤学苦练，公而忘私。这样全文的中心也就是赞扬她这种勤学苦练的精神和公而忘私的优秀品质。又如《老杨同志》中的主人公老杨。立场坚定，爱憎分明，密切联系群众，又注重调查研究。这篇文章的中心，也就是赞扬他这些优秀的品质和工作作风。

5. 综合文章各段段意。这种方法，比较适用于说明文和特殊的议论文。如《死海不死》这篇文章，第一部分说明了死海的特征，第二部分说明了死海的形成过程，第三部分简介死海的昨天、今天和明天。那么这篇文章的中心就可归纳为："本文形象通俗地说明了死海的特征和形成过程，简介了它的今昔和未来。"又如《最后一次讲演》分为四部分，综合这四部分的段意就是中心思想。

6. 分析文章的写作背景。有的文章寓意较深，不易找出，这就要弄清文章写作和发表时的政治历史背景。如《论雷峰塔的倒掉》，只有结合作品发表时（1924 年 11 月）的北京，才能认识到文章的中心是：表现了作者打破中国封建思想束缚的愿望和对被压迫者的同情。

以上六种方法，最常用的，还是前两种。

归纳出了中心思想的大概意思后，再将文字整理得通顺一些，表述出来。比如记叙文中心思想的一般表述形式是：前一部分概括文章的主要内容："本文通过对……的记叙（或描写）"；后一部分是中心所在："赞扬了（或歌颂了、揭露了、批判了、表达了、说明了）……的精神（或思想、品质、制度、感情、道理）。"

以上所讲，都是归纳一般文章中心思想的方法。特殊的文章还需要综合运用多种方法进行分析归纳。

有一次上公开课，我说："今天咱们学新课。"接着板书课题《怎样归纳文章的中心思想》。学生看了，提出异议："老师是不是写错了？教材上也没有这一课呀？"我说："这是自编知识短文。"接着引导大家回顾我们归纳文章中心时的思路，总结出以上六种归纳中心思想的方法，紧接着我们用这六把钥匙，试着去开一篇篇没学过的课文的锁。一节课竟然归纳出了16篇文章的中心。学生兴趣盎然，觉得既开动了脑筋，又学会了方法，比起抄老师归纳的中心思想效果好得多。

四、引导学生掌握分析写作特点的方法

我曾问过几名毕业的学生："《苏州园林》的写作特点是什么？"他们回忆了一会儿说："答不上来，但我们已经抄到笔记本上了，一翻笔记本，就能知道。"我又找出杂志上登的一篇小说，请他们分析。尽管这篇小说特点很明显，他们还是说不出。我问为什么说不出，同学们理由很充分："老师还没讲，还没抄，我们怎么能会！"

于是我想，该教给学生一点基本的方法，使学生用这方法，能独立分析一些浅显的文章的写作特点，效果大概比只是听和抄要好。

从1979年起，我便同学生讨论、商量，分析一篇文章的写作特点一般用什么方法，我们觉得从五个方面入手较适合初中生的实际。

1. 分析中心思想。看文章的中心思想是否鲜明、集中、深刻。一般说来，能选入中学语文教材的文章，中心思想是鲜明、集中的。深刻则是少数文章的特点。如《变色龙》这篇文章，作者塑造具有奴才特征的奥楚蔑洛夫这一人物形象的意图，不仅仅是揭露趋炎附势、看风使舵这类奴才的丑恶灵魂，更主要的是为了揭露沙皇专制统治的黑暗与反动。所以，中心思想深刻是这篇文章的写作特点之一。

2. 分析选材。看文章的选材是否围绕中心，是否具有典型性，材料是否新颖，取舍详略是否得当。如《闻一多先生的说和做》就只选取了闻一多先生作为学者和革命家方面的最感人、最典型的事例加以介绍。《谁是最可爱的人》的作者原来搜集了20多个事例，最后从中选取了三个最典型的写入文章中。《桃花源记》开头的引起和结尾的余韵都略写，中间部分渔人在桃花源中的所见所闻则详写，这样安排文章的详略，突出了中心。

3. 分析结构。看文章的开头和结尾是否照应。层次和段落是否清晰，过渡是否自然。如《谁是最可爱的人》开头便提出战士是最可爱的人，结尾又说，“他们确实是我们最可爱的人”，照应了开头。《故宫博物院》虽然规模宏大，建筑群复杂，但都写得层次分明。《闻一多先生的说和做》这篇文章的两部分之间，用了两段议论的话过渡，既显得自然流畅，又突出了文章的中心。

4. 分析表达方式。文章的表达方式有五种，记叙、说明、议论、描写、抒情。小说的特点大多是通过描写来塑造人物形象。如《筑路》通过典型环境描写表现人物顽强的革命意志。那么环境描写则是本文的写作特点。《老杨同志》通过语言、行动描写刻画人物性格。《变色龙》通过鲜明、生动的对话来刻画人物性格。《第二次考试》则是用直接描写和间接描写两种方式刻画人物。一篇文章中往往不只用一种表达方式，常有几种表达方式结合起来用的现象。如《听潮》是散文，但在记叙、描写中又有议论、抒情的部分。《论雷峰塔的倒掉》是说明文，但也穿插了神话小说。这些又都可以称做是文章的一个特点。记叙文在记叙顺序方面的特点有顺叙、倒叙、插叙、补叙；说明文在说明方法方面的特点又有分类别、下定义、比喻、比较、列数字、举例、画图表等区别。议论文的特点重在分析论点、论据、论证三者之间的关系。

5. 分析语言。主要注意四点：①从语言基本要求看，是否朴素、准确和精炼。如《向沙漠进军》的写作特点之一就是语言准确。②从修辞方法的角度看有什么特点。如《听潮》就运用拟人、比喻、排比等多种修辞方法，增强了语言的感染力。③语言感情色彩呈幽默、讽刺，还是庄严、沉郁，是冷漠、悲凉。还是欢乐、喜悦？如《论雷峰塔的倒掉》语言特色是幽默、讽刺。④分析人物语言是否个性化。如《老杨同志》人物的语言都有鲜明的个性特点。

以上是从整体角度来说怎样分析文章的写作特点。就一篇文章而言，不可能五个方面的特点都突出。所谓写作特点，是区别于一般文章写法的独特之处，突出之处，成功之处。每篇文章分析时从五个方面入手，最后找出两三处最突出之点，再加以具体举例、分析就可以了。

经常引导学生练习从以上五个方面去分析文章的写作特点，学生就用不着死记硬背老师给抄的写作特点了。更重要的是，学生可以用这些方法，凭这些能力，自己去分析报纸、杂志、课外书籍上许多文章的特点。

学生学会了读一篇文章的方法，就用这方法读更多篇文章。逐渐养成了自学的习惯，有了自学习惯，学生就逐渐成了学习的主人，越学越愉快，越学效率越高。

增讲学生喜欢的文章

16 年来，我都是用 30 多节课便讲完一个学期的教材，剩下大量的时间，除了学生自学外，我便增讲一些学生喜欢的文章。我觉得这样有利于提高学生课外阅读的能力。

有的外省市老师来听课，连听了三四节，我给学生讲的都是苏霍姆林斯基《给教师的一百条建议》中的文章。老师们问："你讲这些跟考试有关系吗?""直接关系很小。""那为什么还要讲?""因为学生喜欢，讲了以后有助于学生自我教育能力和自学能力的提高。""教材讲完了，只讲这些内容吗?""不一定。"

一般说来，学生喜欢选五方面的文章，让我给讲。

一、讲人物传记、名篇时文

学生喜欢读人物传记，我也爱读，语文课上，我经常给学生讲短篇、中篇、长篇人物传记的读法。现在我们全班同学，每人书桌里都放着一本人物传记，如《周恩来传》《巴金传》《彭德怀自述》《居里夫人传》《爱因斯坦传》等等。

上届学生毕业前，我讲的最后两篇传记是《陈独秀的最后五年》和

《贫困中的马克思》。前一篇使学生理解一个人如果背离了党的宗旨，背离了高远的人生目标。他的精神上的痛苦是深刻的、永恒的。后一篇则使学生认识到共产主义的创始人真正是全心全意为人类的解放事业奋斗的，他们个人无任何私利可图。

美国盲聋女作家海伦·凯勒的事迹，我从第一届学生就开始讲，讲了一年又一年，讲了一届又一届，在许多学生的心中，海伦·凯勒成为楷模。报道塔哈·侯赛因事迹的文章，也鼓舞着我们班一届又一届的学生们，他自幼双目失明，但经过努力却获得博士学位，成为埃及的教育部长。

学生喜欢人物传记，也喜欢读离他们生活近的报告文学。

几届学生毕业前的那个学期，我都确定星期五那节语文课是文学欣赏课。1988 年 5 月，学生毕业前，有一次我外出开会前跟同学们说："老师自明天起又要外出开几天会。"很多同学喊起来："老师晚走一天吧！晚走一天吧！""为什么？""明天是星期五。"我一时还没反应过来，"星期五怎么了？""星期五有文学欣赏课。"原来如此，我分析教材的语文课少上许多学生不着急，少上一节文学欣赏课，而且是临近毕业前夕，学生却着急了，可见学生们对文学欣赏课喜欢的程度。

1981 年学生毕业前夕，我给学生讲陈祖芬写的报告文学《当代青年》。写的是上海知青王毅杰，为伸张正义受伤住院后。用两个半月时间学完所剩两年多的大学课程，考上了研究生，又用一年时间学完了三年硕士研究生课程，考上了留美博士生的事迹。王毅杰的事迹感人，陈祖芬的文章更生动、更感人。这样的报告文学，极大地鼓舞了学生们的自信心。那一年写优秀知识分子栾茀的报告文学《追求》我是含着眼泪读，学生也是含着眼泪听的。知识分子对祖国母亲的赤子之情，深深震撼着学生们的心灵。几年以后学生给我来信，还清楚地记得那篇《追求》。

这以后，历届学生毕业前，我都选一些好的报告文学介绍给学生，以引导学生更多地想到人民，想到国家。从高远的角度看待人生，看待升学，看待前途和理想。

课上，我们也选贾平凹、路遥、柯云路、梁晓声、张洁等当代作家们的文章来学习、讨论、欣赏，以使学生感觉到文学作品离他们的生活很近。

学这些文章增强了学生们课外阅读的兴趣，给学生们以鼓舞激励，给今后的学习带来动力。

二、讲教育学、心理学方面的文章

要进行教育教学改革，自然会引起个别人的非议，说是："不懂教育的胡闹。"个别人甚至说："只有符合凯洛夫五大环节标准的课才是好课，才是懂教育理论的课。"

为取得改革的成功，自然要取得支持，最重要的支持者不是社会，不是家长，而是学生。只要学生支持老师改革，愿意探求更高效的学习方法，真心诚意跟老师一起去实践，社会上个别人不理解问题也不大。

要取得学生的理解、支持，方法之一，就是向学生介绍教育的现状。介绍除了许多人学过的凯洛夫那本教育学之外，中国还有 130 多个版本，世界上还有更多种版本的教育学。凯洛夫博大精深，是一位了不起的教育家，但他只是世界教育家之林中，苏联那片土地上的一棵树，人们没有必要非挤在那棵树上不可。

多年来。我经常当着外省市听课老师的面，让学生自由选择讲课内容："今天咱们是复习？还是讲新课文？还是讲国外最新教育动态呢？"

几乎所有的学生都喊："讲国外教育动态！"

"那么好吧，我们学习《加拿大教育一瞥》这篇文章。"文章介绍了加拿大教育的学制、课程设置、管理方式和教学方法。学生们听得极其认真，听一遍就记住了大部分内容。同学们最感兴趣的是加拿大有的中学，没有固定的教学班和课程表。每位学生完全根据自己的需要选择自己一天所要学的科目和所要去的教室。这种教法，使学生学得极为主动，同样培养出了大批人才。

语文课上，我们学过许多介绍国外教育状况的文章。例如：《美国教育掠影》《日本山口县的中小学教育》《苏联教育改革的四个问题》《哥伦比亚少年教改营》《英国公学的办学方法》。美国有的一所中学，选修科目就达百种，全国竟有二百多门中学选修课。有的学校，别出心裁，设立了"实习牢房"以使学生品尝犯罪之后的痛苦，而避免产生犯罪心理。英国有的学校，将学生送上荒岛，留下绳索、皮艇等，然后教师离开，目的是训练学生逃生的能力。日本山口县一些学校，故意让学生赤着脚参加多项活动，理由是有利于学生心理和生理的健康。哥伦比亚有个少年教改营，里面的管理人员、银行、商店等单位的工作人员全由犯过罪的少年担当，以唤醒他们做人的尊严，结果他们把这座小城镇管理得非常出色。我们班人数比较多，为了说明大有大的好处，我向学生介绍法国搞的百人教学班的实验。

我也喜欢向学生们介绍国内的教改情况，我到外地向于漪老师、钱梦龙老师、宁鸿斌老师、黎见明老师、陆继椿老师、欧阳黛娜老师学习归来，首先向学生汇报我的学习体会，然后我们师生一起讨论，如何结合我们的实际学习老师们的先进经验。学习一段之后再领着学生读介绍这些名师的文章，当学生们感到名师的一些做法已经在我们班生根开花了的时候，大家更觉得文章写得亲切、生动，觉得这些老师们就在我们身边。

学习这些文章、资料，开阔了学生的眼界，学生们理解了，要提高学习效率，不是自古华山一条路，而是条条大路通罗马，和国内外那些改革步子大，且教学效率高的学校比起来。我们搞的一点改革，实在只是小打小闹而已。

语文课上，我也常常讲些介绍心理学知识的文章，讲感觉、知觉、行为、习惯、品质的养成，讲人的良好性格的培养。讲这些内容对学生了解教育、参与教学，认识自我、超越自我具有多方面的好处。

三、讲学习方法

我觉得，学生能否学好语文，在很大程度上取决于是否掌握了科学的学习方法。16 年来，我一直注重引导学生研究学习方法。教每届学生，我都要组织大家交流学习方法，引导学生搜集古今中外介绍学习方法的文章。

1979 年我是零散地讲先进同学的学习经验，讲我自己的自学体会，也读一些报纸杂志上介绍学习方法的文章。

1982 年冬，我到苏州开会，看到书店卖日本研究学法的专家田崎仁先生写的《中学生科学的学习》这本小册子，便立即给全班同学每人买了一本，从那以后，语文课上我们又多了一本教材。

1984 年新华社记者到我们班听课，教材讲完了，我问学生是复习还是讲学习方法，学生们都赞成讲学习方法，我们便从学法教材中选了一篇《记忆的三个过程》，我只读了一遍，学生们便都能清晰地列出文章的结构提纲、归纳出中心思想，并且比较细致地复述文章内容。这节课，我是在成绩后进的班上讲的，记者同志没有想到学生的听力、记忆力、分析文章的能力这么强，连最后进的学生也列出了清晰的提纲。其实，很重要的原因在于学生愿学这样的文章，文章写得符合学生的心理实际，学生们的学习效果自然好。

这些年来，我多次给学生讲过有关学习方法的文章：《怎样制订学习计划》《怎样运筹时间》《利用好边角余料》《善于整理知识结构》《听课怎样集中注意力》《怎样进行单元预习》《怎样结合实际复习》《写语文学习病历》《怎样自我检测学习结果》《提高驾驶大脑这部汽车的能力》，学习这些文章，使许多同学摆脱了被动的学习局面，转而积极主动地探讨，寻找适合于自己的学习方法了。

四、介绍国内外科技动态

适当给学生介绍一下当今科技动态，有利于激发学生的学习兴趣，树立远大的为科学献身的志向。

1974 年至今，我一直坚持订《国外科技动态》这份杂志。看到上面刊登的适合于向学生介绍的文章时，我就在语文课上领着学生学。

有一次省电台的记者到班级听课，教材篇目已讲完。我刚好收到邮局新送来的《国外科技动态》，课堂上我请同学们选其中的文章，同学们选了《五千万年后的地球上》这篇文章，是英国一位物理学博士写的，文章两千余字，我只读了一遍，就请学生复述。电台同志立即给复述的学生录音，下课以后，记者将我的杂志借了去，对照录音，他们没想到学生短时间内只听了一遍，就记住了这么多内容，连文中的一些具体数字都记下来了。

1995 年以来，面对科学技术突飞猛进发展的现实，我更多次在公开课上，给学生讲《国外科技动态》上的文章：

“由人脑控制的计算机……伊利诺伊大学的心理学家们发明的一种方法，能让操作人员在大脑中拼写出某一个单词，这种计算机就能打出该词。……这种由大脑控制计算机光标的技术，是通过计算机分析大脑传出的电信号来实现的。”（《国外科技动态》1995 年第 2 期）

“超小型‘微型’机器在日本的发展表明，一些未来的机器可以小得足以在人体的血管中行走并做一些修复工作。目前微型机器人原型使用的电机比人的头发还要细，至于齿轮就更小了。”（《国外科技动态》1995 年第 3 期）

《光导纤维通讯》《第四代机器人》《遗传工程新成果》《装配式建筑新成就》《氢在高压下会变成金属》《未来的汽车可能将以空气作动力》等等。学这些文章，用的时间不多，但给学生印象极深。开阔了学生的眼界，激发了学生学习科学知识的热情。

五、适当指导学一点相关学科的文章

语文是工具学科，不仅是学生认识自我、改造自我的工具，也是学习其它学科的工具。我跟学生说：“其它学科的教材，实际都是说明文，我们学好了语文，能提高其它学科的成绩。”

我引导学生读相关学科的教材，如：数学教材中谈十字相乘法的部分，看完以后，根据自己的思路，重写一篇介绍十字相乘法的说明文，看谁写得清楚明白，而且有趣味，有吸引力。

引导学生在阅读分析物理教材中介绍“浮力”“压强”的部分之后，让同学们讨论，怎样才能把这类知识写得更生动、形象。既加深了对物理知识的理解，又提高了说明文的写作能力。

学生写《汉语语法和英语语法的异同》，将汉语语法与英语语法规则进行比较，对其相同的部分找出了规律，对其不同部分也加深了记忆。

我请学生写《化学学习病历》，意在引导学生找出自己化学学习方面的知识漏洞，分析漏洞产生的时间和原因，制订出具体的补救措施和分阶段的补救方法。这同样也起到了化学、语文双促进的作用。

语文课上，适当分析其它学科教材的结构、层次、中心，有利于激发学生学语文的兴趣，提高学语文的自觉性，也给语文学习开辟了更广阔的天地。

有的老师替我们担心，说是加这些课外内容会降低考试成绩。有这个时间，不如去抓一抓练习册辅导，多做一些练习题。从形式上看是这么回事，考试离不开练习册的内容，这五方面的知识讲得再多，考试也不考，这不是白白浪费时间吗？但这些年来我一直增讲课外文章，练习册、习题集我没给学生讲过，也不要求学生做练习册，而是反复强调："老老实实学教材，认认真真做教材上的习题，再用教材上学到的知识、培养的能力增大课外阅读量。"这样，尽管我们没做练习册，但我们面对有关单位推销练习册上的试题原题照搬量达96%的统考试题，学生仍取得总平均分全市第一名的好成绩。我想主要原因就是学生学习兴趣高、知识面广，听说读写能力较强，这样我们便能以不变应万变。

名篇时文、教育学心理学知识、学习方法、国内外科技动态、相关科目的有关章节和学生的生活离得很近，学生学习兴趣自然高。这有利于学生将学教材时形成的阅读能力应用于教材外，教材外文章的大量阅读实践又促进了阅读能力的进一步提高。

提高学生的记忆力

“人的脑量有限，记忆力有限，可不能随便用，用没了等长大了再急需时就没有了。”有的学生这样说。他们觉得记忆力像人民币，每个人工资都差不多，须积攒着不能多花，不然，花没了，急需的时候就没有了。

我便多次跟学生讲记忆力越用越好的道理。人的脑量固然有限，但每人平均具有的 140 亿个脑细胞根本用不完。以人每天活 24 小时，86400 秒计算，每年 365 天，则是 31536000 秒。以平均寿命 70 岁计算，一辈子才活 220752 万秒。假定每秒钟使用一个脑细胞，也仅用了大脑的七分之一。据人体科学家推测，目前杰出的科学家，也不过仅用了脑量的十分之一。我们这些平常的人，用得就更少了。

记忆力如同开露天煤矿，上面的煤层挖掘的范围越大，潜在的煤层露出来的越多。如果只开巴掌大的小孔，那么大量的煤层只好一辈子埋藏着，与生俱来，无用而去。这就是人们常说的用进废退的道理。

接着我们做了简单的实验，请同学们准备一张稿纸，再把教材拿出来。实验要求老师说正式开始时，大家按老师要求的页数，打开教科书。这样肯定是大家都没有读过，更没有背过的。然后大家立即从这页的第五行开始背，都不出声，背五分钟，能背到哪一行便到哪一行，起点相同，终点不限。到五分钟时，大家都把书合上，放起来。然后在准备好的稿纸上默写自己背下来的那段文章，会背多少，默写多少，字数不限，多多益善。

实验时学生们的情绪是热烈的，全神贯注，动作节奏加快。实验结果，绝大部分同学 5 分钟背会了 130 个字以上，最快的达到 195 字。最慢的同学 5 分钟仅背下来 54 个字。大家发现背得快的同学都是平时喜欢背诵，喜欢锻炼记忆力的同学；而背不到 100 字的几位同学，恰恰都是平时舍不得用脑子记知识的同学。尽管到了比赛的时候，他们也真心想用，也真用足了力气，终因平时缺乏训练，记忆力已经不行了。几次实验，结果都是这样。同学们信服了“用进废退”是规律，认识到记忆力真像肌肉一样，越用越锻炼就越强健有力。长期不用不动，强健有力的肌肉也会变得松弛无力。

提高学生的记忆力，有效办法之一，是进行小型记忆力比赛。

一种比赛是定时不定量的。上课我们班也经常搞这种比赛。“《生命的支柱》这课讲完了，照教材要求没有背诵任务，但其中有一段话说得非常好，给大家两分钟时间，能背多少算多少。”这时学生背的积极性非常高，很快就背下来了。

有时我到外地上课，也搞这种短时间记忆力比赛。有一次我问外市的一班学生：“大家说，一分钟，如果背课文，能记住多少字？”学生回答：5 个字，有的说 10 个字，接着是争论声。我说：“咱们试一试吧，等一会老师说‘开始’的时候，大家都翻到第 100 页从第二自然段开始背。老师看着表，一分钟到，大家都合上书，马上默写背下来的句子，看有多少字。”为了鼓励大家的自信心，我故意选了一篇记叙文。背的结果，一半多同学都达到 30 字以上，有的甚至达到 80 多字，最少的同学也有 20 字以上。他们为自己有这么强的记忆能力而感到振奋。

有时我们也搞定量不定时的竞赛。“请同学们进入竞技状态，看看《生于忧患，死于安乐》这篇短文背下来要多长时间。”比赛气氛一出现，连最懒的同学也短时间内变得勤奋起来，爱溜号的同学在这段时间内也能做到全神贯注。这样一来，大家都取得了超越自我的成绩。尽管最快的和最慢的同学所用时间相差悬殊，但大家都尝到了战胜自我的欢乐。

我给学生读《中学生科学的学习方法》一书，其中有一篇文章提到美国一位心理学家用数字显示器来训练学生的短时间记忆能力，训练的时间不长，但明显地提高了学生的记忆力。学生们听了，便说：“我们也这样训练吧!”可是我们没有数字显示器，同学们便想办法，每个人找一块长 1 米、宽 15 厘米的木板或纸板，在上面写上无规律的 15 位数字：256135971351914。每位同学写的数字都不一样，也有的写无规律的 15 个汉字：思电房稿墨浆空清月理海飞忠科效。还有的写 15 个毫不相关的英文字母：WYACFBPEJXAZMDN。

比赛开始了，全体同学各准备一张卷纸，我从 70 余块纸板中随意抽取一块，面向同学们高高举起，只出示 20 秒钟。大家紧张地记忆 20 秒后，将数字板收起，学生们开始默写自己记住的数字。写完之后，再出示新的数字板，一共出示 10 次，开始统计分数。凡 10 次都认真记忆且写对答案的，奖励 100 分。每记对了一位数字的位置则给 0.6 分，15 位数字全对的为 10 分。经过训练，有 20%的同学能达到满分，这是很不容易的。

这样的比赛同学们很愿意参加，内蒙古包头市的老师对我说：“你们班倒数第一的同学都非常认真地记忆，我们想抄下来，送给他标准答案，他不干，说是不能错过增长记忆力的机会。他从自己的实际出发，每次只努力记前 10 位数字，不贪多，也取得了及格的成绩。”

1979年，我们还做记忆力体操，所谓记忆力体操是借用托尔斯泰的一个比喻。俄国大作家列夫·托尔斯泰记忆力特别好，别人问他原因，他说是坚持做记忆力体操的结果，就是每天用一定的时间要求自己记住一定量的新知识。日久天长，记忆力就提高了，就像每天用一定时间坚持跑步、做体操一样。日久天长，身体就强健了。那时，同学们每天早晨5点30分到校跑步，跑步休息之后，6点10分至6点30分背20分钟各科知识。我还请学习委员将一个月中每天要背的知识列成一张表，叫做记忆力体操计划。

十年来，我特别强调学生要背会一些名篇名诗。讲读课我一直不愿精雕细刻，关于教材内容的思考题，关于作者写本文时的写作动机这类题，我一直主张学生凭自己的分析能力，解放思想，大胆谈自己的见解，坚决反对学生死记硬背什么标准答案。但好的篇章段落，好的诗歌，我却严格地要求，每位学生都要逐字逐句地背会。

有学生提出："我们现在的考试题很少有默写，即使有，也就是两三分，何必费那么多力气去背呢？"我说："我们读书，目的不单是为了考试，考试升学在人生旅途中不占主要的位置。我们学习主要为了使自己成为四有人才，成为自身与国家的主人。背一些激励人上进，教育人忘我，引导人开阔，启发人理智的文章、名句，本身就是养成完善人格的需要，是加强自身修养的需要。另外，人脑子里多装一些名篇名句，本身就是知识储备。背多了，语感增强了，说话、写文章都容易通顺。再就是背课文明显有利于提高记忆力。"

今天上午我还向学生又一次强调这一问题，明知不考，但了解它对我们的人生有用，那就一定要背，一定要认真学。反过来，有的题尽管看起来挺"时兴"，但纯属文字游戏，我们也犯不着用脑子去想，到时候临时对付就行。

我们班上语文课第一件事就是全体起立，或者口头作文，或者集体背诵。

外地教师来听课，会见到这种情况，集体背诵课文之后，我说请坐，总有几名或十几名同学不坐下。原因是我们班有个规矩，每当集体背诵完了，“南郭先生”（即混在集体中背不出的同学），都要自我申报一下。自己哪段文或哪句话，或哪几个字背不出，还需要几分钟才能摘掉“南郭先生”的帽子。在“忠实于自己”的口号下，学生久而久之，习惯成自然。有时上百人听课，几位同学倘在齐背时，背错了一个字或几个字，或一句话，我当然听不到，有时也忘了他们须申报这件事，请大家坐下，都有几名同学站着，我刚一愣，马上明白过来，连忙问他们错在哪儿，什么时候补救。

我们不仅背诵今年学的文章，也常常背诵过去学过的文章，意在将重要的篇章强化为永久的记忆。

我们不仅背诵教材中要求背诵的篇章，也背诵思想内容特别好，而教材没要求背诵的文章。如《故乡》的结尾，我要求学生当堂背下来。如《批评和自我批评》的结尾：“无数革命先烈为了人民的利益牺牲了他们的生命，使我们每个活着的人想起他们就心里难过，难道我们还有什么个人利益不能牺牲，还有什么错误不能抛弃吗？”毛泽东的这句话，以及他的许多关于全心全意为人民服务的论述，一直鼓舞着我战胜自己的弱点，战胜人生道路上的重重困难，成为我的精神支柱。所以我也要求自己的学生务必把这些话牢牢记在心里。《生命的支柱》一文中有这样一段张海迪说的话：“美国盲聋女作家海伦·凯勒说，倘若我能看见三天，那么，用眼睛观察到的该是一幅多么美丽的景象啊。但是，那些视力健全的人，对此都视而不见，他们认为，世界上的一切五彩缤纷的壮观景色都是理所当然的。她讲得多么好啊！就像有些天天工作的人，他们习以为常，并不珍惜自己工作的权利。能为社会，为人民做点事，对我来说是最大的幸福!”这段话，教材没要求背，又比较长，但说得十分感人，包含着极深刻的人生哲理。语文课上我重点讲这段话，并且当堂进行记忆力比赛，要求每位同学都一字不漏地背下来。

在引导学生进行记忆实践的同时，我也适当讲一点记忆的心理过程和记忆的方法。

十年前，我就给学生讲过艾宾浩斯的遗忘率曲线，引导学生们根据遗忘规律确立自己的学习计划与复习密度。

我也给学生介绍过一些记忆方法。如链式记忆法、五步记忆法、形象记忆法、夸张记忆法、朗诵记忆法、图表记忆法、活动记忆法、比较记忆法、联想记忆法。这些记忆方法各有所长，关键在于实践中不断根据自己的实际去运用。初用的时候，常常还会有不如自己按习惯记忆那样效果好。用得多了，记得多了，才会越来越熟练，才会感觉到方法的可贵。

现代社会知识爆炸，知识的陈旧率提高了，但这主要指应用技术方面的知识，就基础理论知识而言，一代又一代的学生都应该首先掌握，然后才谈得上学习新知识。

而学习基础理论知识，不管教育怎么改革，学法怎样更新，记忆仍是最重要的环节。这样提高学生的记忆力也就成了教师们永恒的任务之一。

无规则数字板——提高注意力

国外有的心理学家这样训练学生的注意力与瞬间记忆能力：将不规则的15位数字在数字显示仪的屏幕上打出，要求学生集中注意力，在20秒内，尽可能多地记住数字的顺序。经过50次训练，学生瞬间记忆能力便有了成倍的提高。

我向同学们介绍了这一消息，同学们都要求我们也搞这样的训练。

“我们没有数字显示仪呀？”有同学提出。

“可以用多块纸板代替！”立即有人想出了办法，全班一致响应。

立即动手做，每人做一块无规则数字板，用一块长75厘米、宽15厘米的纸板或木板，写上高10厘米、宽7厘米的数字，数字的排列一定要没有规则，越杂乱越好。

为了试验记忆数字快还是记忆英文字母快，还是记忆汉字快，又分配10名同学在自己的纸板上写顺序不规则的英文字母，另10名同学写顺序不规则但一定要大家熟悉的汉字。

第二天，数字板、字母板、汉字板都做好了，尺寸统一，大小一致，都放在前面。

语文课上，我说：“咱们也试一试吧，看谁记得快。”我把纸板举起来，大家便全力以赴记。20秒后，板放下，大家默写，看记住了多少位数字，默写后，我公布正确答案。从前向后排数字与顺序都正确的，有一个数，便得6分，满分为90分。

第一天，这样训练了10次，没有一名同学得满分，有几名同学开头在20秒内准确地记住了15位数字，但到第10位却记颠倒了几位，大部分同学不及格。

经过几天训练，学生瞬间记忆能力明显增强，已经有一半同学能连续10次用20秒准确记住15位数字，而且速度越来越快。连平时最不爱背单词、不爱背概念的同学也兴趣十足地投入了记忆竞赛之中。

语文课搞这样的竞赛一次用六七分钟，增强学生学习兴趣，增强学生注意力，再接着讲课，效果也好。

有一天，我们又搞这样的竞赛，有不少外地教师来听课。我们班张铁同学好溜号，包头市听课的老师问别的同学："你们班谁最淘气？"同学们便向他推荐了张铁，包头老师便故意坐在张铁身后，看他怎样听课。

我出示数字板时，张铁也聚精会神，全力以赴地背。包头市的老师发现他只用力背前10个数字，后5个连看都不看。

听课的老师见他背得挺累，便说，等下次你们老师再举起数字板时，你不用这么费力背了，我们给你抄到一张小纸条上，默写时，你照着抄下来，不就每次都能得满分了？

课后，老师们和我座谈时说："你们班学生确实有学习自觉性，而且能根据自己实际确定学习目标。据我们了解，张铁是学习后进学生，可他上课时也积极主动。下课了，我们问他，为什么每次只记10位数字？他说得很有道理：'老师平时告诉我们，每个人从自己的实际出发确定自己学习任务，不能什么都想做，贪多，结果什么都干不成，也不能因为不能跳到两米高就连半米也不跳了。根据我的实际，如果15位数字都去记，可能记乱了，连5位都记不住，我试了一下自己记1至10位最合适，就全力以赴记前10位数字，后5位连看都不看，这样就能保证得60分。等到以后再竞赛时我再努力争取背到11位、12位，逐渐达到15位。’”

另一位老师说：“难能可贵的是他自觉地学习。当我们告诉他，老师举数字板，我们给你写数，你照着抄，能得满分时，他像受了侮辱，瞪了我们一眼，说：‘我得满分有什么用，我的记忆力没练出来，你们走了，我找谁去要。’”

不仅语文课可以用数字板进行注意力、记忆力训练，就连上自习课累了，若想换换脑子，活跃一下气氛，也可以搞这种竞赛。

有人说：“瞬间记忆，过一段时间不就忘了吗？有什么用？”用途不在于长期保存，就在于在短时间内能记住枯燥无味的、没有规则的、没有意义联系的一大串数字，如果这些需要长期保存，那只要按照艾宾浩斯遗忘率曲线去复习就可以了。倘只短时间有用，那就在用过之后在记忆上抹掉。现实生活中我们经常需要这种瞬间记忆能力，特别是在旅途中、讨论会上、谈判桌上。即使在日常学习中，瞬间记忆能力也有利于加深对知识的理解，有助于筛选需长期保留的知识。

搞这种比赛的另一个好处就是训练了学生的注意力，倘若学生对没有趣味、没有意义、没有联系、枯燥的数字都能全神贯注地加以注意的话，那么他们这种有意注意能力一定会迁移到学习其他学科上面去。

培养学生的想象力

培养学生的想象力，会使学生变得更聪明，想问题思路更开阔，办法更多，能激发学文化的兴趣，还能增强学生战胜自我与改造世界的信心。怎样才能更好地培养和提高学生的想象力？我们的做法是：

利用教材培养学生的想象力

在《课堂激发学习兴趣》一文中，我谈过让学生将教材内容变成图像，变成立体可感的空间，这是培养学生想象力的一种做法。

讲《香山红叶》时，请学生想象自己如何跟着作者去登香山，如何嗅那片片散发着香气的红叶。学《白杨礼赞》则想象我们到了黄土高原，乘车在高原上奔驰，由远而近地看那枝枝叶叶靠紧团结的白杨树。学《岳阳楼记》则想象自己站在岳阳楼上，放眼洞庭湖“衔远山，吞长江，浩浩汤汤，横无际涯”的雄伟景象。这样做，既激发了学生上课的兴趣，又培养了学生的想象能力。

还有的教材，请学生们改换一个位置叙述，效果更好。如学《第比利斯地下印刷所》，请学生以设计者的身份，讲解印刷所为什么要这样设计。学习《故乡》，请学生讲一讲，假设水生的儿子长大了，他回到故乡，故乡发生了哪些变化，家乡的人们又如何评论当年的闰土、杨二嫂和“我”。这样一提示，学生兴趣盎然，对教材钻研得更深了。学《桃花源记》，则请学生讲一讲，若确有桃花源这一地方，在今天的时代，那里的人民又将如何，当那里的人知道了现代科技和现代社会发生的巨大变化的时候，他们怎样看待自己的生活？而我们这些生活于现代社会的人又如何评价生活于世外桃源中的人？

学写童话有助于培养想象力

学生反映修改病句是学习中的难点，怎样解决这一难点呢？除了讲清规律，多进行练习外，我还让学生们写一篇童话，题目是《给句子看病》。引导同学们假设这样一个环境：森林学校的学员百灵鸟，因为有病，少上了一天学，这天讲的是改病句。百灵鸟平时说话恰好又病句多，于是它主动到八哥老师家去请教如何改病句。八哥老师就和百灵鸟开始对话，讲的是怎样修改病句问题。写这样的文章既提高了学生的写作兴趣，还提高了学生改病句的能力，又增强了想象力。

1980 年，班级有两个报夹子，分别夹着《中国青年报》和《中国少年报》。同学们很喜欢看，但对报纸不够爱护。我就请同学们写一篇童话《青年报和少年报的对话》。许多同学写得情真意切，把两份报纸的心情、过去、未来，报纸对同学们的看法写得形象感人。又如写《书的自述》这篇文章，学生们把书的家族的分支，书的身世，书的骨骼，书的大脑，书的衣服，书和主人的关系，书的服务方式都进行了生动形象的说明。我请学生口头作文《书包里的辩论》，讲书包里各科教材都在努力证明自己是最重要的学科，它们争吵着，辩论着，各自摆出很多理由。这时作业本、文具盒也一齐参加进来，强调教材再重要，不经过作业本和笔的合作，别人还是不能掌握教材。适当地写一点童话体裁的文章，显然有利于学生想象力的培养。

写科学幻想文章更有利于培养想象力

有时我引导学生的思绪飘向未来。

有的学生上课、自习，心很浮，静不下来，哪里有一点音响、有一点风吹草动就立即凑过去，以致自己的学习成绩始终不理想。我说："请同学们写作文《他的心沉下去了》，谁的心沉下去了？你的学生的心。""我们现在还是学生。""假设你将来当了老师，遇到了一名学生上课、自习心都很浮躁，你怎样帮助他，使他静下心来学习。"于是那些平时比较淘气的同学，这时态度也格外认真，因为在自己写的作文中，他们已经长大了，并且当了老师，在教学设备现代化的学校上课，眼前面对的是几十名有远大前途的学生。个别学生在作文中写教育他的学生的办法是训斥，是罚站，吓得学生改好了。我看了，便问："这样能教育好学生吗？这样训斥惩罚，学生不是越来越反感吗？"学生一听笑了，回去又认真重写了作文，想了一些具体办法。如给他的学生讲心理知识，引导他的学生制订明确具体的计划，做有趣的密度较大的习题等。他是在想方设法教育他的学生，实际上当然也是在教育自己。

我多次请学生写《未来的一天》这篇命题日记。希望大家展开想象，想自己未来的一天从早到晚是怎样度过的。许多学生写得生动感人，想象丰富。他们设想那时正在自己的工作岗位上，利用现代化设备，高效率地工作着。数控机床、机器人、无人驾驶汽车、高速公路、摩天大楼、花园式的车间、工厂、电化教室、花园式学校、无药麻醉手术室、激光手术刀、遥感跟踪仪、呼风唤雨的机器……都成了他们未来一天接触的环境、物品。

1979 年，我请同学们写过《35 年后的班会》这篇作文，那一年同学们平均年龄约 15 岁，再过 35 年，大家约 50 岁，正是在事业上做出成就的时候。2014 年班委会发出了邀请信，重新开一次向祖国献礼的班会。同学们写道：那是多么令人神往的一天啊！单是来母校聚会乘坐的交通工具就有几十种。50 岁上下的老同学见面当然有叙不尽的友情。同学们在各行各业都做出了很出色的成绩。一位学习不好的同学写道："那时我在文具厂当工人，我给老师带来了我们生产的粉笔，虽然叫粉笔，可不像现在的粉笔这么多粉末。这叫光电粉笔，在磁力黑板上能写出各种颜色的字，擦了以后无粉无尘，笔又特别耐磨，一支笔能用一个学期。"显然同学们意识到即使将来当工人，也不是手工操作笨重的劳动工具，生产粗糙产品的工人了。

我还引导学生越出今天和未来的时间范畴而回到古代，去处理古代的问题。如我让学生说，如果以我们今天的思维方式去判断葫芦案，将怎样判。断完以后，那时的人又会有怎样的反应，我们又如何对待。如果我们去给诸葛亮当参谋，那么隆中对策能有几多修改？几多补充？如果我们是岳飞的部下，我们将怎样协助元帅完成"收复旧山河"的大业？

不仅从悠长的时间范畴引导学生展开想象，我也喜欢引导学生从广阔的空间范畴展开想象。

我请学生写过《站在月球上想到的》，条件是我们乘宇宙飞船到达了月球，站在月球上看地球。地球只是一颗直径比月亮大两倍的淡蓝色的星体。这时，人与人之间的不愉快、不协调，自然就显得十分微小，越来越感觉到整个人类利益的一致，感到实现共产主义社会的必要。写这篇文章，学生的感情变得非常深沉，眼界和胸怀顿时觉得非常开阔。

我请学生写过《飞碟发射之前》这篇文章。要求这样展开思路：宇宙中某一个星体上的高智慧动物，发现了地球上生存着人类，于是他们便想访问地球，凭着他们高度发达的科学技术，他们制造了飞碟。在飞碟发射之前，这一星球的领导人召开了一个会议，会上他们对飞碟到达地球之后的情况做了种种设想，并分别设计了对策。他们做了哪些设想？对可能出现的情况又准备了哪些对策？请同学们展开想象的翅膀，来写好这篇文章。十年前有一位学习中等的同学，这篇文章竟然写了六千字，到了欲罢不能的程度。

想象力像一匹烈马，通常对待它有三种方式，有的循规蹈矩惯了的人，把这匹烈马紧紧地束缚住，生怕闯出什么乱子来。结果精神生活，乃至工作学习平平淡淡，安安稳稳。有的放荡不羁的人则对这匹烈马不加管束，可又不能驯服，只好任其胡乱驰骋，狂奔乱踢，精力倒是浪费了不少，有时倒也挺浪漫，终因缺乏管束而一事无成。聪明的人能够驯服这匹烈马，让它按自己的意志去奔驰，放得开，收得住。这样常常使自己的工作和学习充满了创造精神。

我们当教师的当然有责任帮助学生驯服想象力这匹烈马。

培养学生的写作能力

到我们班听课的教师，喜欢看后进学生写的作文、日记、说明书、思想病历、班级日报等方面的文字材料。这些年来，连续几届后进学生的文字材料，都普遍受到外省市教师的赞扬，许多老师都问我，为什么后进学生的写作能力也能够提高?

培养学生的写作能力，如果让我谈最重要的一句话，那就是坚持写日记，写命题日记。如果还要说得再详细些，大致有以下几点做法。

欲擒故纵

学生普遍怕作文，刚接触一届新学生，他们就更容易怕。为了打消怕的心理，先让学生放开胆子，随随便便地写作文，少批评，少讲一些规矩要求。我常想我自己，有时由着自己的思路，用实实在在的话，写实实在在的事，讲实实在在的心理，反倒能写出一两篇使人愿意读的文章。如果婆婆多了，清规戒律多了，左思右想，弄得左右为难，写得费劲，自己看着都别扭，更不要说读者了。从我自己想到学生，更不能刚一见面，写作文就提一大堆要求。

我跟同学们说："咱们班第一篇作文就一条要求，格式正确。题目是《童年趣事》。你回忆吧！童年时候的哪件事你感觉最有趣，就写哪件事，随随便便地写，怎么想就怎么写，怎么高兴、怎么有趣就怎么由着性子写。”这么一来，那些淘气学生也能写出感染人的文章，因为他们的口语其实都很风趣，一没顾虑就写出来了。一读，大家还觉得蛮能吸引人。格式正确就给 100 分。这样的作文写几篇，淘气学生也不怕作文了。

改写仿写

要将作文水平提高一步，可以在放胆写的基础上，来一点改写、仿写。

天下文章一大抄，好文章大多是向前辈名篇学习之后，再加上自己的创作写出来的。《童年趣事》《真是乐死人》这类文章，学生觉得有兴趣写，也有内容写。而有的文章题目就不是每个学生都写得出来的。如有个考试题叫做《谈智力》。这就很难谈得清，因为连智力这个概念的内涵，心理学家都还在争论。但题目出来了，只好谈。怎么谈？只好给学生读几篇类似的文章，让学生仿写。

改写、扩写、续写、听写也是给学生打开思路、提高写作能力的有效方法。将《木兰诗》改写为记叙文，将《第二次考试》陈伊玲安置灾民那段扩写成一篇文章，给《牛郎织女》再写一篇续文。这样就容易使学生有话可说。一次我在一个全是后进的男同学组成的差班上作文课，题目是《扫烈士墓》。我和学生们走了十多里地去扫墓。事情已经做了，而作文不会写。我便将自己写的文章慢慢地读给大家听，请同学们记录下来，就可以了。这也使他们的写作能力在原有基础上有了个提高。再写这类文章，思路就清楚一些了。

激发兴趣

（一）选题切合学生实际。作文题目最好是学生亲身经历过的喜闻乐见的事，或是学生身边经常接触的人或物。《除夕夜》《新年联欢会》《千山游》《笔架山之行》《寻找春天的踪迹》《我的同桌》《我的左邻右舍》《班长二三事》《班上的幽默大师》《我的座右铭》等这些题目，学生写起来素材多，积极性高。

（二）细心观察。我们身边不是缺少写作素材，而是我们缺少发现素材的能力；身边不是缺少乐趣，而是我们自己缺少发现乐趣的能力；我们身边不是缺少丰富、深刻的哲理，常常是我们自身缺少发现丰富、深刻的哲理的能力。要发现这些，就要细心观察，不断提高自己的观察力。一个观察力敏锐的人，即使对于极普通、极一般的环境，他也能看出许许多多值得爱、值得写、值得讴歌的素材来，他也会充满了写作兴趣。

（三）力争将写作变为学生的需要。引导学生感受到写作是工具，使用这一工具分析改造自我与分析改造世界，会使自己头脑更清醒、更无私、更坚强、更乐观、更轻松，会使自己和别人和集体和社会相处得更和谐。学生喜欢那些自我教育的日记题目，喜欢那些谈学习方法的日记题目，喜欢那些谈处理人际关系的题目，因为需要才喜欢。写作一旦成为一种心理需要，常常能达到欲罢不能的程度。1985 年学生毕业前的两个月，我提出，大家已经写了一千篇日记，请每位同学写一份《千篇日记总结》。从今以后大家可以不写日记了，老师也不再指导检查大家的日记了。我说完这话，不知怎的，一些同学神色凄然。后来，看《千篇日记总结》才知道，他们和日记已经有了深厚的感情。把日记比作自己的良师、伙伴、最知心的朋友、心理咨询老师……三年来日记和他们一起同学习，同生活。有了欢乐告诉日记，欢乐便增加了一倍。有了苦恼向日记倾诉，日记劝说自己，心中便没有了苦恼。现在这朝夕相伴的朋友却要离自己而去了，这怎么行呢？于是有很多同学表决心，日记一定要自觉地写下去，尽管老师不要求了，也要自觉写到毕业，写到升学，有的还说，要让日记陪伴自己终生。显而易见，当写作已成为学生一种需要的时候，他们的写作能力一定会不断提高。

写作形式多样

我总想，提高学生的写作能力，绝不只有用作文本写命题作文这样一种形式。

上面谈到的写日记，显然是一种比写作文更有效的提高写作能力的形式。

学生每天都要办的《班级日报》中，有新闻，有评论，有建议，有记人，有叙事，当然也能提高写作能力。

学生犯了错误写的心理活动分析说明书，填写的思想病历，写的个人法院审判经过，当然也能提高学生的写作能力。有的学生升大学以后来看我，说："老师，幸亏我当年总写说明书，现在写作文已经不成问题了。"冯松同学在班级时语文中等，去年高考进入国家重点大学。他父亲对我说："这次冯松升学语文成绩很高，这跟他当年写说明书是分不开的。"

前面写到的让学生练口头作文，练说的能力，其实也是提高写的能力。

专项突破

让学生写放胆文不是目的，放开之后，再收拢，写符合规范的文章才是目的。

我一直认为中学作文规范不宜讲得太多，讲多了束缚学生手脚，反倒不会写文章了。

我将阅读知识、写作知识与批改要求三个方面统一为一练。共提出5方面21点要求。中心3点：明确、集中、正确。选材5点：围绕中心、真实、典型、新颖、生动。结构3点：层次清楚，首尾照应，过渡自然。表达5点：记叙、说明、议论、抒情、描写，运用适当，符合文体要求。语言5点：通顺、简练、准确、生动、运用恰当的修辞方法。

每次作文重点指导一两项。比如：写《我们班上有雷锋》这篇文章，重点突破选材要围绕中心、要真实这两点要求。指导时，请同学们讨论，哪些材料是围绕中心的，哪些是偏离中心的。什么材料是真实的，要防止胡编乱凑。一篇文章突破一两点之后，别的文章指导时，这一两点就一带而过，只在批改时再强调这已突破的知识点。

这21点要求，除表达5点之外，其余16点都可搞一次性突破。尽管其中个别知识点可以有更多更细的分支，但那是学生读大学中文系之后才有必要研究的问题。个别确实对学生作文有实用价值的，简单介绍一下即可。如：开头的八种方法，我简单地向学生介绍四种；结尾的五种方法，我介绍三种。四种开头和三种结尾方法，一次作文指导时就能说清。至于运用，那是长时期的事情。有的方法只是介绍，使学生有个大致的了解，启发其思路，也许学生一辈子不用一次。

表达的五点要求，下面还各有更细的分析。记叙六要素，说明的顺序与方法，议论的论点、论据和论证之间的关系，散文的形散神不散，描写的多种方式等。这些细分支的指导，结合讲解知识短文和讲课文进行，用的课时也很有限。如讲说明的顺序与方法，一课时即可。具体指导，在每次写说明文日记时，再说三言两语即可。

我觉得初中阶段掌握5方面21点写作知识，并能运用于写作实践也就可以了。

学会批改

好文章一般都要经过反复修改。而一般中学，中等、下等学生的特点是将写作文当作负担，勉强写完交卷，就算完成任务，不愿修改文章，也不愿批改文章。我便努力引导学生互相批改作文，引导学生体验批改的乐趣。学生学会批改绝不只是在批改别人的作文，更重要的是也同时学会了批改自己的作文，自然也提高了写作能力。

注重底蕴

文章写法、要求、规则，都是形。写出“形”方面合格的文章，并不难。难的是文章的“神”，即文章蕴含的思想、观点、感情。

文如其人。文章的“神”的感染人、教育人的力量，取决于写文章的人的人格力量。教学生作文，必须教学生做人。要写严肃认真的文，得做严肃认真的人；要写正直无私的文，得做正直无私的人。襟怀开阔、理想远大的人，才写得出教人开阔，教人有理想的文；诚实善良、乐于助人的人，才写得出教人诚实善良、乐于助人的文。

学生如果勤奋，守纪律，始终如一，忠实于自己，有良好的道德品质，有为人民为祖国学习的远大理想，他就一定能够战胜作文道路上的艰难险阻，不断提高自己的作文能力。

我一直认为提高学生作文的能力，最根本的工作还在于提高学生做人的能力，提高学生的思想素质。

培养学生的效率感

教学中，我们经常目睹这样的现象：学生写两遍就能记住的生字，也非要写十遍不可；有的教材上的习题还没有弄清楚，却忙着解全国数学竞赛试题；有的一篇作文写两周还没有结尾；有的一节自习什么都想学，主意还没拿定，下课铃响了；更有的学生广播不听，报纸不看，歌曲不唱，体育课不上，埋头在书堆里，成绩却不好。这些现象向我们提出了两个问题：首先，学生所付出的劳动是不是都有效；其次，单位时间的利用率究竟有多高。这两个问题，中学生特别是中学低年级学生很少想到。这两个问题若不解决，学生便无法摆脱学习时间长而效果不好的局面。

假如，我们的学生都懂得劳动前分析一下劳动产生的效果如何再做，都知道计算时间的利用率，那么，无论教师还是学生，都会减轻很多负担。这就需要培养学生的效率感。从长远的观点看，一个有效率感的人和一个没有效率感的人，在事业上的差异也将是很大的。特别是在当前知识陈旧率高，知识量激增的形势下，培养学生的效率感尤为重要。这是一件无常规可遵循的事，有些做法到现在也只能说是试试看。

具有效率感，我想就要会计算效率，我讲这样一个公式：

$$效率 = \frac{劳动量 + 无效劳动量}{时间}。$$

比如，计算默写课文时间，默写一段500字的课文，当写到300字时，不会了，开始抄书，前后共用30分钟，那么默写效率是10字/分钟或600字/小时；而没有抄书的同学，效率则是16.66字/分钟，或1000字/小时。

在单位时间内增大劳动量，需注意四点

（一）减少犹豫的时间，明确任务。学生每天有许多时间属于自己支配，自己支配时间效率不高的主要原因是犹豫。自习课，如果老师留的作业已做完，不少学生下一步做什么没有准主意。是看还是写？是复习数学还是预习物理，还是背英语单词？有时拿起数学书看几眼，很快又改了主意背英语。刚刚背了几句，又想做物理习题，主意还没拿定，下课铃声响了。许多学生同我谈心时，都痛感被犹豫占去的时间实在是太多了！我和学生商量了一些治疗犹豫的措施，其中之一便是在自己支配的时间里，拿出百分之二三的时间，规定这段时间的任务共几项，哪个为主，哪个为次，然后排上队。比如一节自习，先复习数学20分钟，再预习物理15分钟，其余时间背单词。这样任务明确了，马上动手，效率往往是过去的几倍。

（二）持之以恒，形成习惯。一个人，经常在固定的时间内做同类的事，做得多了，便形成习惯。习惯了的事情，常常会不由自主地去做，想停止都难。我认为牛顿第一运动定律应用于人的思维也不无道理。显

然，巧妙地利用惯性是提高效率的好方法。习惯的事，既不会犹豫，也最少拖拉。有些学生，过去舍不得花时间参加体、音、美活动，可是长期坚持，养成习惯，用的时间不多，却取得了显著的效果。到了三年级不上美术课了，许多学生想不通，就自己画起来。学生形成写日记的习惯，有一天高温 33℃，我劝学生，天太热，今天的日记就先不写了，明天再补吧！第二天，我一看，有一半学生照旧写了 500 多字。原来，他们怕因为这一天拖拉而破坏了已坚持了几百天的每天记日记的习惯。

（三）利用生物钟的规律。有关资料表明，一个人确实存在着在某一固定的时间内，做某一类事情可获得最佳效果的生理心理规律。生物钟不是一成不变的，特别是关于学习方面的生物钟，通过养成习惯，可达到调整生物钟的目的，尽可能使学生一天的生活有规律。天天如此，月月照旧，日久天长，生物钟会助人提高学习效率。

（四）订计划，做总结。班级制订了每人每年完成 12 项任务的计划，然后落实到每学期、每月、每周、每天。分别完成多少，数量都很明确。每个月全班总结一次，鼓励超额的，督促欠债的。学生每人有一张本年度计划和计划完成情况的统计表，这张表上共有 156 个数据。每个月德、智、体、美任务完成情况一目了然。这样学生比有对象，赶有目标，效率也提高一些。

下面谈谈怎样减少无效劳动

这个问题的关键是使学生明确什么是无效劳动。我曾让学生找出哪些是无效劳动。全班同学共找出 100 多项无效劳动，大家把它分为两类。一类是显而易见的，如被各种不利的心理因素所左右的灰心、忧虑、嫉妒、骄傲、背各种思想包袱等。另一类是不明显的，如抄别人的作业，已经会了的题还反复做。这实际是把脑力劳动变成了体力劳动。手虽然很忙，对脑来讲，并无成效。违背学习规律，教材还没弄通，就去抠偏、难、怪的题，也属于无效劳动。学生们分析了这些无效劳动的害处，订出了减少无效劳动的措施。

增大劳动量，减少无效劳动，这都说的是在一定时间内增大分子值的问题。分子固定时，如何缩小分母呢？我们做了三件事。

（一）尽可能使学生对自己的劳动产生兴趣。有兴趣的事，做起来就快。例如写一篇文章，既可以拖上半年，也可以一小时内完成。十年浩劫，学生写了十年批判稿，到头来，不仅不会写作，连讲道理的批判稿也不会写。有兴趣的文章，如《春雨过后》《蜻蜓》《友谊》《关怀》《启蒙者》《有心人》等作文题目学生就愿写，我便尽量让学生写这些源于生活、源自内心的文章。这样，大家写起来，积极性高，有的一小时便写 2000 多字。

（二）用意志约束注意力。实践表明，有兴趣的事，做起来注意力集中，效率高，但没兴趣的事，做起来效率就低吗？也不一定。我启发学生回忆，大家都怕期中期末考试，对考试基本没兴趣吧！但你算算考试前的学习效率，是高还是低？学生异口同声地回答："当然高了！"为什么？就是因为你把考试当成了一种责任，有的把它当成一种压力，这种责任和压力，增强了你的意志。这意志强迫你放下诸如打球、看电影之类的事，而去准备你不感兴趣的事——考试。可见，平时只要注意培养责任感，培养坚强的意志，对那些没兴趣的事，注意力也能集中，效率也能高。

（三）利用学生的好胜心理，造成一种竞赛的气氛。这样做能使学生对没有直接兴趣的事，产生间接兴趣。

竞赛中强调学生自己和自己比，以便战胜自我，超越自我。比如，班级大部分同学的写字速度是 30 字/分钟，默写 35 字/分钟，作文 17 字/分钟，做一道几何证明题 10 分钟等等。那么，在给自己明确完成任务所需时间时，能不能把时间规定得少于这个平均数？我告诉学生，据科学家测定，效率最高之时，就是规定的完成任务的时间将要到来之时。这样学生都愿把完成作业的时间规定得少一点，以督促自己尽快完成。

另外，我们也经常组织全班竞赛，竞赛常常使人丢掉犹豫，忘记自卑，与溜号绝缘。经常搞小型竞赛，使学生感到自己是学习的主人，是注意力的主人，享受到胜利的欢乐。150 字的《卖炭翁》，大家比一比，6 分钟能不能默写完，结果最快的仅用了 4 分钟。代数第二册（1980 年版）应用题共 42 道，看谁先列完方程，结果最先列完的仅用了 1 小时零 5 分钟。班级经常搞这种竞赛，即使全班最慢的同学，他的效率也是自己平时的数倍，后进学生也能享受到胜利的欢乐。不仅学习比，体、音、美活动也比，到社会上做好事，也常这样比。有一次，星期天，全班同学到县图书馆劳动，干部指出上次劳动说话的人多，效率不高，影响人家看书。下次劳动我便提出，明天劳动，从开始到结束，每人只给说 5 句话的定量，比比看谁还有剩余。结果除了分配任务的班长外，大家都有剩余。

33 年前，即 1982 年，广西《中学文科教学参考》第 8 期，开辟了介绍我的教育改革的专栏，刊登了我写的文章，研究人员写的文章和我的两名学生写的文章，其中刘诗奎同学写的《魏书生老师培养我们的效率感》，写出了学生对哪些问题感兴趣，文章写道：

> 魏老师很重视我们的学习效率的提高，时刻教育我们养成高速度、高效率的学习习惯，教育同学做任何工作都要具有高度的效

率感。

首先，魏老师给我们讲解提高学习效率的意义。他把鲁迅先生的一句话抄在黑板上让大家思考："节省时间，也就是使一个人的有限的生命更加有效，而也等于延长了人的生命。"

其次，他还经常向我们讲解提高学习效率的方法。

第一，要有科学支配时间的计划。在学习之前，把先学什么，后学什么，要用多长时间，都计划好。英国哲学家、政治家培根说过："合理安排时间，就等于节约时间。"只要我们计划周密，然后按计划执行，就会节约大量时间。

第二，高效运用。达尔文说过："完成工作的方法是爱惜每一分钟……"魏老师常教育我们做事要有个雷厉风行的作风，要一鼓作气，速战速决，不能磨磨蹭蹭，拖拖拉拉。在既定时间内工作不完，就不停下休息。还要合理地支配时间，先做大事，后做小事；用大段时间处理较复杂的事情，用小段时间处理容易完成的工作。

第三，精确计算。计算所用的时间时，要认真计算有效劳动、无效劳动、学习效率，并计算其中是否有浪费的时间，是否能再节约一些时间。

第四，迅速改进。改进工作也要有个高效率，要在时间支配计划里，计算出还能节约的时间，把浪费的原因找到，尽量减少无效劳动。

方法虽然宝贵，可是我们有的同学还是不注意学习效率。魏老师发现后，就给我们讲了这样一道题：

某人要烙三张饼，一锅可烙两张，两分钟烙熟一面，问需多长时间烙完。不少同学脱口而出："8 分钟。"可是魏老师却回身在黑板上写下了这样的算式：甲正面、乙正面＋甲反面、丙正面＋乙反面、丙反面；2分钟+2分钟+2分钟=6分钟。

接着，他又说：比如两人各挖一个坑，甲挖一锹歇几分钟，再挖一锹再歇一会儿；而乙则一口气干完，你说谁累？当然是拖拖拉拉的甲。现在外国公司连职员走路的步距、速度都做了规定了，不达到标准就要受罚。这不正说明计划支配时间、高效运用时间的重要性吗？捷克人文主义思想家、教育家夸美纽斯说过：时间应分配得精细，使每年、每月、每日和每小时都有它特殊的任务。印度科学家雷曼也说过：每天不浪费或不虚度或不空抛剩余的那一点点时间，即便只有五六分钟，如果能重用，也一样可以有很大成就。游手好闲惯了，就是有聪明才智，也不会有所作为。不要小看这点滴时间，只要坚持不懈，就会集腋成裘，事半功倍。苏联科学家柳比歇夫坚持一生精确计算时间的支配和工作效率，一年一大结，一月一中结，一天一小结。正是由于他如此注意节约时间，提高效率，才为自然科学做出巨大贡献。无数事实都已证明，养成高效率的学习习惯、工作习惯，将对人的一生有着无比重大的意义，因为它等于延长了人的生命。

魏老师的这番话，真使我们心悦诚服，我们全班同学都注意效率感了。就拿我来说吧，每一学期开始，都计划出这学期重点抓的科目，学完每科的大约时间，复习所用时间；每月一日，都计划出这个月的学习任务量，上半月学什么，学多少，下半月学哪科，学习速度；每天早晨起来，都规划出当天的任务，哪些是必须完成的，哪些是要尽力完成的。一拿起课本，就习惯地估计这段时间可以读多少页。每天晚上，我都在日记里总结时间有效利用率。计算的项目有学习量、效率、有效劳动时间、无效劳动时间、最佳效率时间、最低效率时间及原因和改进方法。正因为有了效率感，我的学习效率才大大提高。每分钟能看1000字左右，每小时能写一千二三百字的文章。两年半的时间共写了800多篇计30多万字的日记，120多篇计10万字左右的文章，共阅读近200本各种书籍。

还记得魏老师主持过一次以“什么是无效劳动”为主题的班会，同学们都兴致勃勃，举出很多无效劳动的实例。如心胸狭窄、计较小事、胡思乱想、见异思迁、当日事不当日毕、贪多求快、不注重身体、实行疲劳战术等等。从这以后，同学们支配时间更精打细算，学习效率更高了。

直到现在，我们这些早已初中毕业离开魏老师的学生，还保留着魏老师指导我们养成的高效的学习习惯。时间越长，学习任务越重，我们就越发感到这种习惯的宝贵。

29年以前，刘诗奎同学分配到省统计局工作，实践中，他愈发感觉到增强效率感的重要。

现代社会，信息量大，有效无效，因人而异；工作节奏快，在校内便培养学生的效率感，学生进入社会后，才能适应需要，最大限度地做实事，做有效的、有益于自己也有益于社会的事。

怎样复习效率高

德国哲学家狄慈根说："重复是学习的母亲。"中外一切学有成就的人，无不重视复习。

目前中学生对复习的重视程度并不一样。据一份调查统计，重点中学优秀生课后能及时复习的有77.2%，而一般中学学生课后及时复习的仅有25.3%，"有时候复习"的学生占59.5%，还有15.2%的学生"临考前才复习"。

这项调查还指出：优秀学生普遍重视复习，他们是"每天有复习，每周有小结，每章有总结"。一般中学生往往不注意复习，有的学生（尤其是初中生）连书都不看，就忙着做作业。这正是造成优生和差生学习差距与分化的重要原因。

怎样复习效率才高呢？有人总结六个要点：

1. 围绕中心，及时复习，巩固深化知识。

复习的首要任务是巩固和加深对所学知识的理解和记忆。首先，要根据教材的知识体系确定好一个中心内容，把主要精力集中在教材的中心、重点和难点上，不真正搞懂，绝不放松。其次，要及时巩固，防止遗忘。苏联教育家乌申斯基说："与其借助复习去恢复记忆，不如借助复习去防止遗忘。"复习最好在遗忘之前，倘若在遗忘之后，效率就低了。复习还要经常，不能一曝十寒。

2. 查缺补漏，保证知识的完整性。

我们平时学习中难免出现理解或记忆上的知识缺漏，通过复习，一旦发现，要及时弥补，加强薄弱环节，学得更扎实。事实证明，凡是抓紧复习的同学，经常对知识查缺补漏，很少在学习上欠“债”，他们总能获得比较完整的知识。

3. 先回忆，后看书，增强复习效果。

每次复习时，先不忙看书，而是把老师讲课的内容（包括思路）回想一遍，概念、公式及推导方法先默写一遍，然后再和课本、笔记相对照，哪些对了，哪些错了，哪些忘了，想一想为什么会错、会忘。针对存在的问题，再看书学习，必然留下深刻印象，经久不忘。这种回忆，既可检验课堂听课效果，增强记忆，又使随后看书复习重点明确、有的放矢。对于课后复习来说，确能深化理解，强化记忆。

4. 看参考书，适当拓宽知识面。

课后复习时还可看一些参考书。参考书要精选，不宜多，最好在老师指导下每科选一本。看参考书要和课堂学习同步进行，即围绕老师讲课的中心内容或自己不懂的地方，作为看的重点。还要和教材对照起来看，以掌握教材知识为主，适当加深加宽对书本知识的理解。参考书中的精彩部分，可取其精华，随手摘记。

5. 整理笔记，使知识条理化，系统化。

边复习边整理笔记，是使所学知识深化、简化和条理化的过程。整理可以从三点入手：

①补充提示。补充听课时漏记的要点或复习时新的体会、发现，提示教材的重点、关键，或正确思考的角度、方法等。

②综合归纳。概括各知识要点，写出内容摘要。

③梳理知识，抓住知识之间的联系，理清条理，编出纲目。

6. 复习应注意的四个问题：

①掌握好复习时机。及时复习比延迟复习效果要好，但也并非越早越好。复习的最佳时机，要根据个人的学习习惯，根据课程的性质、难易程度而决定。听课较吃力，疑难问题多，就要及时些；当堂基本听懂，复习只是深入钻研，则间隔一两天，影响不大。课程概念、原理抽象费解，复习就应及时一点；讲课主要是叙述性内容，与书本内容一致，也可以间隔一段时间再复习。

②复习安排要合理，通常有集中复习、分散复习、穿插复习三种形式。课后复习宜于分散、经常进行。以记忆为主的学习内容，如英语的单词、语文的背诵课文，要依靠多次重复以强化记忆，应分散复习。阶段复习最好集中用整块时间，一次复习深透为好。当然集中复习又可将性质不同的课程（如史地、数理）交替安排，穿插复习，使大脑各神经区得到轮换休息，脑的工作效率高。

③个人钻研为主，相互讨论为辅。“独学而无友，孤陋而寡闻。”善于从集体讨论中复习，比个人冥思苦想的复习好处多。但讨论应以个人钻研、独立思考为基础，事先要有准备。讨论中也要开动脑筋，不能有依赖思想。讨论应有明确的中心，人数不宜多（二三人即可），而且要和个人的学习安排结合起来，才能起到促进复习的作用。

④复习方式要多样化。复习不应是机械地重复。除了背诵、抄写之外，还可运用自我提问、举例说明、比较分析、材料对照、绘制图表、编写提纲、做练习题等多种方式。复习中还要不断增添新的信息，把过去学的和今天重看的感受认识加以比较、分析、提高，发挥思维的灵活性和创造性，求得每复习一次都有新收获、新创见，充分发挥“温故而知新”的“知新”作用，这样创造性地多样化复习能明显提高复习效率。

用好“边角余料”

朔风怒号，大雪漫天。气温骤降，还没到取暖期，锅炉没烧，教室里冷，外面更冷。

放学了，同学们出了教室，一路小跑着回家，以产生一点热量。教室外刘文强同学穿得很单薄，冻得打冷战，却还在门口站着不走。

我问：“这么冷，还不快走！”

“老师，屋里还有几名同学没走。”

“等他们干啥？”

“老师您忘了，我是负责检查路上一个单词活动的。”

原来如此。

十几年来，我一直引导学生学会使用零碎时间，我们管这叫边角余料。北方有不少家庭主妇，把做衣服剩的一小块一小块布积攒在一起，然后拼缝成很漂亮的椅垫，被面。工厂里积攒边角余料做成工业产品的例子就更多了。

一般说来，会利用边角余料的人更珍惜成料、整料。我想零碎时间也像边角余料一样，应学会利用它，应使学生通过利用时间的边角余料，培养学生的惜时观念。一个珍惜整料成料的人，不一定珍惜边角余料；一个珍惜边角余料的人，一定更珍惜整料成料。一个善于利用时间的边角余料的学生一定是珍惜大段时间的学生。

1984年的一天下午，最后一节自习课，体育委员徐建峰领着全班同学做完了仰卧起坐和俯卧撑，一看表，今天做得快了些，离放学还有3分钟时间，他立即下令："快回自己位置，抓紧学习3分钟。"

原班同学懂得要善于利用边角余料，立即进入学习状态。新转来的李爱军同学坐在那里，书包早已收拾好了，眼巴巴地等着放学。

我问："你怎么不学习呀？"

"时间太短了，学不了什么，这么点时间扔掉不算啥。"

我开玩笑似的摸他的衣袋，从里面摸出几分钱硬币，说："这么点钱，扔掉算了，也不能买衣服穿！"

"老师别扔，不能买衣服，还能买纽扣呢！大钱买大东西，小钱买小东西。"

我说："这就对了。小钱你知道不扔掉，留着买点小东西，可比金子还宝贵的光阴，你为什么扔掉呢？难道不可以用同样的观念去对待吗？大段时间做大事情，几分钟便用来做小事情。"他点头称是，逐渐学会了利用零碎时间。

那时，我们班里两位淘气的同学，一放学，走在大街上便嘻嘻哈哈，和我校或原来的同学打打闹闹。手上拿个树枝，或拿个苇棍，或拿个小土块、小石头什么的，你碰我一下，我碰你一下。

我想，他们也实在没事可干，手抓惯了东西，若空着手，真也发痒。一天放学，我请这两位同学留下，说："咱们搞个实验，从今天起你们放学晚走3分钟，等那些和你们闹的同学过去了，你们再走。走的时候，别空着手，你们不是背英语单词费劲吗？那就给自己订个计划。从学校走到你们家用多长时间？""10分钟。""那好，10分钟，不要多背，就背一个英语单词，回来的路上再背一个，可以吧？""10分钟背一个，一定能背会。”“那好，每天上学往返4趟，就是4个单词，一年下来就是1000多个。不要说一天4个，就一天两个，一学年也有600多个，现行教材，你学起来就一点都不难了。”

放学，他们俩每人手里拿着一本书。目标明确：英语单词。数量清楚：一个。于是他们信心百倍。一旦有信心，并真心干实事，便出现了意想不到的结果，很快就背会了。他们还嫌10分钟背一个单词少了，于是给自己增加了任务，边走路，边叨咕着背，实在想不起来了，扫一眼，还互相提问。手里拿着书，便忘记了拿小棍拿土块什么的，显得比过去文明多了。

学习好的同学一看，也着急起来：“他们平时那么淘气，现在都珍惜时间，连走在路上都知道学习，我怎能白白扔掉这宝贵的一段光阴呢？”于是纷纷效仿。放学时，大家都拿着一本书，有的看英语，有的背文言文，有的背定理公式。

走路的同学背，骑车的同学也着急起来：“他们白捡了那么多时间，我们岂不是吃亏了。”有的便买了自行车用的小铁筐，安在车前面，把书打开，一边骑车，一边看书。我发现了，立即严肃地坚决地进行制止：“这可不是开玩笑，骑自行车必须注意交通安全，注意力不集中，容易发生事故，决不许此类事再发生。”命令学生拆掉了车前面的小筐。但听说个别同学还有骑车偷着看书的。昨晚，我还听家远的几位同学议论：“骑车看书其实没事儿，特别在人少的时候。”有的说：“司机还一边开车一边听收音机呢？不是照样没事吗？关键在于开车技术熟练。我们骑车技术高一些，完全可以，边骑车，边背单词。”我听到了这议论，走过去：“谁骑车看书了？不管有事没事，一律停止，以后你们长大了，成了心理学家，再认真研究这个问题。”

后来，我同一届又一届的学生讨论路上一个单词活动的利与弊，大家都觉得利大于弊，便一届又一届地坚持下来。

刚开始，有的同学不习惯，容易忘记，大家便选举一位同学承包这件事，每天放学时站在教室门口，负责提醒大家：不要两手空空走在路上，要拿一本书，要做一点实事。刘文强同学就是本届负责承包路上一个单词活动的，他要等中午回家吃饭的同学都走了，才能离开教室门口。

有同学问我："老师，您猜我的政治成绩为什么提高这么快？"我才注意到这位去年政治考试总不及格的学生，最近两个月测验，政治成绩总在 80 分以上。我说："你是加强预习了？""不是。""上课注意听讲了？""也不是。""认真完成作业了？""还不是。"

"我只不过把路上一个单词的时间用在背政治上。从家到学校，两里路，要走 10 分钟多一点，每天两个来回，便是 40 分钟，每趟背两个概念或一道大题根本不费劲。政治课一个星期才两节，若每天用 40 分钟去背政治题，保证一点不费劲地把学过的政治题背得滚瓜烂熟。这样一来，我由烦政治变成了喜欢政治。并且发现，我属于那种运动记忆型的人，边走动边背诵，记忆效果特别好。"

"以前老师强调过，路上背东西不要贪多，不要背大题，背大题边走边看书，眼睛容易近视，你怎么不听呢？"

"我并没有边走边看，一道大题扫一遍，了解大概意思，便开始背，背到实在想不出来的地方再扫一眼，这样过一段时间扫一眼的看书方法，更有利于记忆。过去我背书，眼睛盯着书，反复看，心不知跑到哪去了，反倒背不下来。现在带着问题速读，虽然看书时间很短，效果却非常好，实际是减少了眼睛的劳动时间。"

我并没制止这位同学的做法，她的政治及文科成绩确实直线上升，而视力并没有变坏。但我也没推广这位同学的做法。

我仍要求同学们在开展路上一个单词活动时，目标要单一，每次只选一科，任务数量一定要少。倘背英语，只记一个单词；倘背数学，只记一个公式；倘背语文，只记一首短诗……不许背大题，更不许盯着书一路走一路看。否则，那就不是利用边角余料，而是成了练近视眼了。

目标单一，避免犹豫；数量少，避免畏难。谁都能做到，事便落到了实处，做起来就有兴趣，有的同学背多了，也不必制止。提高成绩是小事，最重要的是，这样做，日久天长，使学生养成了珍惜零碎时间的习惯。

顺便说一下，倘我国中小学生走路时都拿着一本有益的书，也有助于改变社会风气，提高人民群众的文明程度。

培养学生自己留作业的能力

刚教书时，我也留作业，检查作业，批改作业。

1979 年 3 月，有一天我和学生讨论怎样教语文更适合学生的实际，一位学生问我："老师，不写您留的作业行吗?""为什么不写?""您留的这些题我都会做了，再写不就是体力劳动了吗？由于忙着做这些体力劳动，自己真正不会的题却没时间写。"我觉得她说得有道理，便请同学们讨论对这一问题的看法。我那时刚教中学语文一年多点时间，由于没经验，又没受过师范训练，只好经常和学生商量，经常请学生帮我出主意，想办法。

商量的结果，大部分同学都赞成她的意见，我们班 16 年来的规矩都是：只要是大部分同学赞成的提案，就要坚决执行。从那时起，我们班不再留非做不可的作业。有时我觉得哪些题重要，便告诉学生。建议大家做，谁觉得没必要做也可以不做。

是不是学生每天无事可做了呢？当然不是，学生们讨论认为，就语文学习而言，每天有适量的练习还是必要的。只是具体练习内容没有必要非统一，甚至非统死不可。大家认为训练量以每天 500 字的篇幅为宜，学生们管这叫"定量作业"。所谓定量作业就是字数确定，内容不限。每天每人必须写够 500 字的篇幅。这 500 字根据自己的学习状况，选择适合自己提高学习成绩的内容。“课堂笔记”和“课堂练习”也包括在内，也写在一个作业本上。如果在课堂上已做了200字的笔记，则课后再写300字的作业即可。

这个数字是常量，期初不减少，期末也不增加，这就使学生大脑思维这部汽车，处于匀速运动的状态，便于学生驾驭自我，管理自我。同学们计算以每分钟40字的速度。500字12.5分钟便可写完，再加上间断、思考的时间，平均也不过17分钟。既然负担不重，周末、假日也该坚持，这才更容易形成良好的习惯。于是全班同学又做出决定：每天都不中断这一项基本训练。

每天定量作业的第一行，都要写明日期，日复一日，月复一月，一年365天便有365个500字练习。

每届学生一般都按自己的学习总体计划去安排每天500字的训练内容。1979年我多次要求学生制订《自我教育计划》《自学计划》。计划大致分为四类：1. 终生德、智、体奋斗目标，努力方向。2. 十年达到什么高度，自己成为什么样的人。3. 一年做完哪些事，德智体各方面努力追上哪几位同学。4. 一天怎样度过，怎样安排作息时间。这样，学生既有长计划，又有短安排，根据长计划的需要，确定短安排的内容。

我问一位学习成绩中等的学生，每天作业写什么？他说：“我最近一个星期，集中力量突破文言文实词，每天的500字，都写自己解释不准确的文言实词。”“文言实词都会了呢？”“那我就把文言虚词归一归类，挑掌握不熟练的，再练习写两三天。”这位同学原来文言文学得不好，考试丢分很多，由于他将文言文做为重点，这样分类突破文言文部分的知识点，没用一个月的时间，文言文部分的知识，他就掌握得很准确了，期末考试，进入了优等生行列。

现在回忆起来，感到我刚开始试行学生自己留作业是处于一种不自觉的状态，觉得学生这样提了，那就试试看吧，那时我也看到，人民公社统耕、统种、统收的庄稼，产量都不高，而农民房前屋后那点自留地的蔬菜、粮食长势却喜人。我觉得教学也像种地，统得过多统得过死了，会伤害学生的学习自觉性、积极性、创造性。

随着学生自留作业实验时间的增长，我对这件事的认识也逐步提高。我觉得要使学生成为学习的主人，要提高学生的自学能力，那么就应该培养学生自己留作业的能力。如果学生不知道给自己留作业或不知道留哪些作业，只是被动地跟着老师走，老师留什么作业就写什么，老师不留就不写。显然，这样的自学能力还是不完全的。我觉得一位生活于当代民主社会的教师，有责任培养学生成为学习的主人，有责任培养学生的自学能力，当然也有责任培养学生自己留作业的能力。

怎样培养学生自留作业的能力呢？我注意从基本定量、总体设计、个别指导、持之以恒、强化检查五个方面做起。

基本定量

学生作业应该有个常规的量，量太少了学生不能提高学习能力，量太大了，同样抑制了学习能力的提高，还不利于身心发展。我跟学生一起讨论作业的“最佳量”是多少，尽管我们难以达到“最佳”的程度，但这种研究、讨论、探索的本身，就使我们缩短了和“最佳”的距离。16 年来，我们班学生一直不做《练习册》《习题集》《假期作业》等教材以外的东西，我也从来不刻印题单发给学生。16 年来，我的学生除了教材和一个定量作业本之外，再没有别的本子，连课堂笔记本、练习本都没有。我主张减少学生并列本子的数量，以有利于减轻负担。把教材和定量作业本驾驭得更纯熟。我们定的量基本是每天 500 字，但有时也有变化，也因人而异。

学生毕业前的那一年。好学生自学习惯已经养成，一部分同学语文基础已较牢固，就没有必要非写 500 字不可了，有的学生提出写 300 字，有的愿写 200 字，都可以。但确定了的数字，要向老师同学讲明，以利班级检查，不能随意更改，实验“定量”持续至少两个月，总结出利弊之后，再重新制订。1985 年那届学生，有几名基础好的学生，在毕业前的一年中进行不写作业的实验，整整一年，没有写语文作业，也没有课堂笔记本和练习本，升学成绩仍然在地区领先，这跟他们基础好有关。

1995 年初我跟学生讨论。又把作业量定为每人每天 330 字，再加上用左手写 50 个钢笔字，试行至今半年有余，效果很好。

总体设计

写作业的目的是掌握语文基础，提高听说读写能力，养成良好的学习习惯。就掌握语文知识而言，我引导学生从总体上设计作业内容，就是强化语文知识树所列的 4 部分 22 项、131 个知识点的练习，哪一项，哪一个知识点掌握得不牢固，就练哪个知识点。就一册教材而言，以原先统编教材中第三册为例：现代文共有生字 97 个，文言文 26 个；现代文生词 99 个，文言文 108 个；语法知识短文 7 篇；标点符号 16 种；修辞方法 12 种；文学常识涉及 22 位作家或诗人学者；默写一篇文章两段节选，5 首诗歌；听说训练 2 篇；作文训练 5 篇。学生明确了本学期的知识总量，也就明确了作业训练的内容，学会一类一类、一点一点地去掌握了。就能力而言，我一方面强调将知识转化为能力。如能识字、解词了，便去看一看那些变来变去的关于字词的判断、选择、填空、改错之类的题型，另一方面强调学生研究教材，吃透教材，学会将教材上的课后题举一反三。如第三册教材 72 道现代文题和 8 道文言文课后题，有典型性，就要求学生 500 字的练习题，认真做这些题，做到熟练的程度，再研究这些题，还可以变为什么类型的，哪些文章还可以出这种题。这样尽管我的学生不做练习册，但由于教材掌握得好，升学考试便总能领先。

个别指导

总体设计了作业内容，大部分学生明确了怎样给自己留作业，一些学生仍需个别指导，因为一般中学的学生，成绩差异很大。我 1983 年任班主任的那两个班学生，入学成绩语文 80 分以上的 16 人，40 分以下的有 15 人；1991 年的学生雷蕾、赵平、王磊各科平均分为 91 分，而张军、李健、赵伟各科平均分才 24 分；1994 年送走毕业班，我又接一届新生，班级最高分各科平均 92 分，最低的同学平均才 26 分。差距如此悬殊，如若留统一的作业势必优等生吃不饱，做重复的体力劳动，后进生吃不了，只好照别人抄袭以应付。我便告诉尖子学生，教材若会了，便不再做，尽可以看点文学名著，名人传记，写一写那上面自己感兴趣的内容，或自编一点练习题来做。而对后进学生呢？我指导他们将知识分类排队，从字词开始排，哪些是已知的，哪些是未知的。未知的再排一排队，稍加努力就能会的排在最前面。每天作业就写这些稍加努力就能会的内容。写会了，再写后面的。这样越打，敌人越少，学习兴趣就越来越高。张军同学是全年组倒数第一的同学，到我班以后，他用这种方法写作业，一个星期掌握了字，写了一个星期解词也掌握了，第三个星期专写文学常识；第四个星期每天 500 字专挑修辞方法的题来做……这样努力了一年，取得了 65 分的成绩（刚入班时他语文才 32 分）。张军感觉最高兴的是，他学会了怎样给自己留作业更有效。有效的作业，写完以后成绩能提高的作业，他写起来就有兴趣，越有兴趣，越爱写，越爱写成绩越高，这就形成了良性循环链。

持之以恒

写 500 字的作业，是很容易的事，坚持三天、五天也不难，难的是持之以恒，只有持之以恒，才能养成习惯，习惯成自然，学生的自学能力，学生的学习成绩自然会提高。

习惯使人变得轻松，每天都做同类的事，可节省犹豫、订计划的时间，有利于学生养成果断的性格。

16 年来，对一届又一届的学生，我都反复强调，人活于天地之间，主要责任是劳动学习做实事，而做实事，一定要说了算，定了干，一不做，二不休，这样才会使渺小的自我、短暂的人生活得更有意义，更有乐趣。

就写定量作业这一点而言，有的学生愿意让我外出开会。因为我外出，语文课便上自习，45 分钟，至少可写出 1000 字，即两天的定量作业。我不把学生限制过紧，时间充裕的时候，可以提前写出十来天的作业，以防时间紧的时候没时间写而拖拉作业。拖拉作业，容易使学生养成自暴自弃的坏习惯，而提前写出一些日子的作业，容易增强学生的信心，养成学生走在时间前面的好习惯。

强化检查

作业怎么检查？以自检为主，互检、承包人检查为辅。教师、学校也抽检。

我反复引导学生要忠实于自己，不要轻易闯过自检关。我们管自检这道关叫良心关，强调要对得起自己的良心。

即使极个别的同学欺骗了自己的良心，拖拉了作业，还有同桌互检，互助组互检，也能及时发现，提醒补齐。互检次数要多，以及时发现，及时补救，欠得多了，补救的实效性就差了。

万一互检有互相打不开情面的时候怎么办？我们班还有专门承包检查作业的同学，赵平、甄慧、卢祎等同学承包检查作业，他们检查时也重点检查几位懒人，这样工作量小，又能抓到点子上，抓一段时间，懒人也不好意思拖拉了。

学校每学期也检查两次。我当校长近 10 年，一直要求各科教师研究“定量作业”，和学生商定一个常量后，学生都要完成这个量，教师不许加重学生负担，留超过这个量的作业。10 年来每学期第 8 周、第 16 周的周二下午学校领导、各班主任、各科教师都要分别到各个班级去检查学生的各学科定量作业，发现问题，及时解决。

最重要的检查是期末的检查，放假那天，每人都须将自己半年来的 182 天的作业计 91000 字，按每天的年月日顺序排好，全班同学互相检查，我也抽检。按班级规定，发现哪位同学缺一天作业，都要补齐，还要写出说明书，加以解释，即使因保管不慎，哪个月的作业遗失了，那也要一天不缺地补齐，以培养学生一件事不做则已，做就要坚决做到底的习惯。

16年来，教材课文我都是一篇文章一节课讲完，以省下时间给学生自学，读课外书，自留作业。行文至此，我忽然想，自今日始，本学期教材上的课文，我一节课也不讲，全凭学生自学自练，重点难点，由学生讲解点拨，这样，把我讲的时间，全都给学生去学去读课外书，去练，去写。倘把学生有效作业这一环节抓住，我想1996年1月初的期末考试会取得好成绩。学生自留作业，自主自学能力是会有大幅度提高的。

培养学生批改作文的能力

语文教师要培养学生的写作能力，这是毫无疑问的。

需要不需要培养学生批改作文的能力，看法就不一致了。

有的领导，有的学生家长，也有的老师认为：学生作文，教师批改，天经地义，不容代替。在一些地区，这种观念年深日久，根深蒂固，个别教师刚刚引导学生自批或互批几篇作文，立即受到指责批评，全盘否定。

应该承认，学生作文，教师批改，是提高学生作文能力的有效方法之一。千百年来，许许多多高水平的老师，认真负责，不辞辛劳斟酌权衡，仔细批改，引导许许多多优秀的学生写出了上亿篇好文章，这是问题的一个方面。

问题的另一方面是，也有许许多多的人无缘得遇良师，无钱能进学校，他们便刻苦自学，多读勤写，自思自悟，自批自改，却也能够无师自通，写出大量的好文章、好作品，有许多甚至是世界名著。

我觉得两者都不应以自己的成功为论据，来否定对方存在的价值，那势必使自己的思维进入狭隘的片面的误区，互相指责，一团混战，共同堕入偏见的峡谷而离真理的高峰越来越远。双方都应在自己的成功与对方的成功中得出这样的共识：培养学生的写作能力，不是自古华山一条路，而是条条大路通罗马。方法可以各异，殊途能够同归。通俗一点儿说，就是一件事儿有一百种不同的做法。

这些年来，我用的便是介于两者之间的一种方法：边指引学生写作文，边培养学生批改作文的能力。

教两班语文课，每班作文都收上来，往面前一摆，我常觉得，它们像两座大山，于是我们便每天挖山不止。愚公移山，尚且感动了上帝，派了两个神仙把两座山搬走了。可我们面前这两座山搬去又搬回，非到退休那一天方能有尽头。最遗憾的是，越是中下等学生越是对老师不辞辛劳的移山行为无动于衷。我辛辛苦苦写出来的批语，他们常常连看都不看，接到刚发下来的作文本，往书包里随便一塞了事，这次作文批语上明明写着过渡不自然，他下篇作文照旧过渡不自然。

为了提高学生的批改能力，我从 1979 年 3 月起，发动我的上帝——学生们一起来搬这两座山。

开头有人议论纷纷，说我偷懒的有之，说学生水平低批不好的有之，说作文水平会下降的有之。但我心里有数，因为学生在批改过程中积极性很高，批改得比我还认真，还仔细，批改后，学生们对同学写的批语的关注程度远远超过以前关注我写的批语的程度，有的还为一条批语是否准确展开热烈的争论。既然这样，学生成绩一定能提高。

果然，半年以后我们班的作文成绩在全县就遥遥领先了。领导、家长所关心的无非是成绩，学生成绩高了，又学得积极主动，你采用的方法，他们尽管不理解，也就不再干涉了。

自那时到现在，我已经有十六年零六个月的时间没批改过一篇学生作文了。我心里清楚这种一篇不批的方法绝不是最好的方法。倘若我批五分之一或十分之一，学生作文水平一定会提高得更快。但我为了证明教师不批，学生作文水平一样能提高，就一直坚持不批一本。

学生能学会批改吗？回答是肯定的。后进学生也能学会吗？也能。

怎样批改作文？我从易到难，列出十条要求，第一次批改只提一条要求，大家觉得很简单，会做了。第二次，再提第二条要求，这样十几篇文章批下来，每位学生就都能围绕一篇作文，从十个方面写出批语了。

以下十个方面，每个方面给 5 分，一篇作文满分为 50 分。

1．格式是否正确

刚入学，我喜欢使学生感到写作文、批作文都不难。随随便便地写，老师只要求同学们作文的格式正确，批改作文时只写一条关于格式的批语。批作文的时候要抽签。谁都有可能抽到全班任何一个人的。抽到人家的作文本。打开作文一看，格式没错，便拿出红笔，写上批语：格式正确。批文用减分法。此项倘不减分，此文则为满分，然后签上批改人的尊姓大名。

2．卷面是否整洁

显然这一条又是大家都能看得出来的。后进学生批改别人作文，指出卷面不整洁时，下次自己写作文也注意卷面了。

3．错别字几个

发现错字，要将错字在原文处打上标记，并且写到批语处，再在后面写上正字，有的粗心的同学错字挑不出来，怎么办？我们就搞流水作业：每人要批四篇文，每篇文要经过甲、乙、丙、丁四个人之手。甲批错别字 6 个，乙发现本文错别字不是 6 个，而是 7 个，那么甲就要对为什么漏掉这个错别字写出一百字的说明书。丙发现本文错字是 8 个，那么甲、乙同学都要被追究责任，各追加一百字的说明书。学生批改之后，我还要抽查，重点抽查那些粗心的同学。这样使粗心的同学也认真起来，批改的时候，手里抱着大字典，唯恐漏掉了错别字。发现错别字，每两个扣 1 分，最多扣 5 分。10 个以上也不再多扣，但要一一给予指正。

4. 有几处病句

挑出一篇作文中的病句，凡病句，都要在下面画上横线，写出病在何处，再在文后批语中，写清病句几处。每处病句减 1 分，减至 5 分。不再多减。

5. 标点符号有几处明显错误

强调句号、引号、叹号、问号的使用。发现明显错误的地方，有 1 处扣 1 分，有 5 处扣 5 分，超过 5 处，不再多扣。

以上五条，都是写文章最低的要求。学生经过三四篇文章的批改实践，就能够掌握。再批改两三篇。掌握得比较熟练了，再一条一条地增加新的要求。

6. 看文章的中心是否鲜明、集中

这两点在作文指导时，就具体举例，告诉学生什么叫鲜明、集中。学生批改之前，我先大致看几篇文章，在进行批改指导时，又简介两篇好的文章，再举两篇中心不突出、不集中的例文，学生从老师举的正反两方面的例文举一反三，就能批得符合实际。

7. 看文章的选材

这条批语提三点要求：①是否围绕中心。②是否符合生活实际。③是否具有典型性。这三点中最要紧的是第一点。随着作文水平的提高，才提出选材具有典型性的要求。

8. 看文章的结构

就结构而言，也要写清三点批语：①层次段落是否清晰。②过渡是否自然。③开头和结尾是否照应。

9. 看表达方式

主要看其是否符合文章体裁的要求，记叙文以记叙为主，说明文以说明为主，议论文当然以议论为主。除此之外，还要看其是否符合作文指导的要求。如写记叙文《他进步了》，要求夹叙夹议，本文是不是做到了。写说明文《芦苇》，要求说明中有描写的成分，文中有没有适量的描写。写散文《家乡赞》，要求记叙、议论、抒情相结合，文中结合得怎么样。

10. 看语言是否简练、通顺、准确

语言不简，重复、啰嗦者酌情扣分，此项不超过 2 分。语言不通顺，不是指有病句，而是指句与句之间衔接不连贯，扣分也不超过 2 分。

后五条要求，每条 5 分，不做太具体的减分规定，由批改人酌情处理。由于我讲课用的时间极少，批改作文的任务多数都在语文课堂上进行，老师指导，学生抽签互批，每个人都要在作文本上写出十个方面的批语，一般情况一篇作文的批语都在 200 字以上。有一次我们班学生写作文《仙人掌》，这篇文章的平均字数才 600，可全班同学批语的平均字数却有 260 字。有一位同学用红笔写满了两页作文纸，仍意犹未尽，在第三页又写了几行，批语竟达 560 字之多。

学生批改作文，关键在于同学生商量，研究学生的写作兴趣，阅读兴趣，批改兴趣。适应学生心理，组织得好了，才有实效，学生的批改能力才会提高。

有一名学生问我："老师，您猜我最爱上什么课?"我说："不是体育，就是音乐!""都不对，我最爱上批改作文这节课。""为什么?""我特别愿看别人的作文，又很愿给人家挑毛病。"

1984 年，我让我担任班主任的两个班的学生投票表决：是老师给批改作文好，还是互相批改好。共 106 名同学投票，98 人认为互相批改好。只有 8 名同学认为老师批改好。同学们分析，这 8 名同学为什么愿让老师批改呢？同学们发现他们都有一个共同点：都是刚转到班级不久的学生，他们还没有尝到互相批改的甜头。

学生互相批改作文有什么好处呢？十几年的实践，使我觉得有五点好处：

1. 经过多次批改实践，学生不仅准确地记住了写作文的基本要求，而且对这些要求理解得越来越深刻。他会指导别人应该怎样写，不应该怎样写，自然也增强了自己的写作能力。

2. 每个人都有机会看到多名同学的作文，这样容易发现、学习别人的长处。别人的缺点短处，自己引为戒鉴，也是好事，学生的思想多了一个相互交流、开放的机会。

3. 每次批改作文，每人只批一本。负担不重，每次又都抽签换人，批的人有新鲜感，有兴趣。每位同学的作文，每次又都换一位同学批。看不同的同学对自己的批语，当然也有新鲜感。这种新鲜感，有利于培养学生批改作文的兴趣和看别人批语的兴趣。

4. 批改作文时，学生站在批改者的角度进入教师的角色思考问题，有利于增强学生的心理适应能力，心理平衡能力，角色互换能力，促进学生心理走向成熟。

5. 教师只抽查翻阅一部分同学的批改结果，在短时间内看多篇作文，有利于教师比较思考，且保持较浓厚的阅读兴趣，容易激发教师的智力潜能与创造潜能。还可将节省的大量用笔批改的时间，用于研究学生心理，研究学习方法，进一步提高教书育人的效率。

如果认真找，还可以找出互批改作文更多的好处。不能否认，世间万事万物有一利便有一弊，有一得便有一失。互相批改作文既然有好处，便也一定有弊端，特别是在学生自我教育能力不强的班集体，弊端可能会更明显，倘组织引导不好，会弄得一塌糊涂。正因为如此，试行学生互批作文的教师才更应认真思考，细致分析，耐心具体地指导学生做好这项工作，以兴利除弊。十六年学生互批作文的实践告诉我，互批作文，利大于弊，有利于培养学生批改作文的能力。

我是不会再重走被两座大山压得喘不过气来的老路了。如果有变化，那就是再探索更好、更科学、更节省时间的作文批改之路。

培养学生的应试能力

怎样培养学生的应试能力呢？教师出试题，刻印试卷，或者买四面八方推销的各种各样的重点篇目试卷、单元试卷，然后发给学生，严格监考，教师再认真评卷，这是一种做法。有的青年教师说："这一个学期，我就让学生做了一百多张考试卷。"我觉得这种办法让中、下学生处于被动应考的地位，特别是后进学生，倘多次被动应考，不知出题规律，觉得自己弱点甚多，试题又常常攻其不备，弄得他们防不胜防，他们就会干脆来个躺倒不干。为了提高后进学生的应考积极性，我采取了另一种培养学生应试能力的方法。自 1979 年至今，我从来不为我任教班的学生出试题，刻印试题，也不买四面八方推销的试题，学生尽管不做这些试题，也不做练习册，但历届升学成绩一直名列前茅。我用什么方法提高学生的应试能力呢？我注意引导学生做五件实事：一、出题，二、答题，三、评卷，四、补考，五、总结。

一、出卷

除了市、校统考试题外，每次考试，都由学生出试卷，每位学生都假设自己是老师，千方百计出难题，看谁能考住别人，谁出的题能考住别人，就说明谁的水平高，能力强。有的老师问："学生没边没沿地乱出题怎么办？出一些偏题怪题怎么办？"这好办，每次出试题都要按照班级规定的"试题大纲"去做。

如以第三册文言文单元为例，我与学生商量确定，需掌握的知识点如下：易错字 85 个，通假字 7 个，虚词 13 个，实词 169 个，句子 49 句，背诵 3 篇古文 7 首诗，文学常识 12 处，课后应熟练解答的习题 12 道。我们班级早就制订了严格的、操作性强的文言文试题大纲。要求文言文试题必须出 8 道题，试题必须在各类知识点内出，且对每道题的题量、分数也做了严格规定，且试题的主要格式要统一，要写清试题范围、出题人姓名等。具体要求如下：

第一题：易错字。从教材要求掌握的 85 个生字中挑选 10 个编入试题。计 15 分。

第二题：通假字。从 7 个通假字中挑出 4 个编入试题，计 2 分。

第三题：虚词。从要求掌握的 13 个虚词中挑选 5 个编入试题，计 5 分。

第四题：实词。从要求掌握的实词中挑选 20 个编入试题，计 30 分。

第五题：译句。从要求准确翻译的 49 句话中挑选 5 句编入试题，计 20 分。

第六题：默写。从 3 篇古文 7 首诗中挑选 5 句编入试题，计 10 分。

第七题：文学常识。从需记住的 12 处文学常识 60 个知识点中，选 4 处共 20 个知识点编入试题，计 10 分。

第八题：课后习题。从应会熟练解答的 12 道课后习题中选两道编入试题，计 8 分。

试题的结构、范围、数量、分数比例确定以后，由每位同学根据自己的认识去填具体内容。以生字为例，从85个字中挑出10个来，具体出什么类型的题，是汉字填拼音，还是拼音填汉字，是组词，是释义，是判断，是选择，是填空，还是改错，则都由每位同学自己决定。

又如期末试题，班级是这样规定的：

第　册语文教材期末试题

出题人、答题人、评分表（略）

第一题：基础知识（40分）

1. 语音：4处（4分）

2. 生字：4个（4分）

3. 词：6个（6分）

4. 语法：4道小题（4分）

5. 标点：4处（2分）

6. 修辞：4种（2分）

7. 逻辑：4小题（4分）

8. 文学常识：4处（4分）

9. 读写常识：4小题（4分）

10. 默写：30字左右（6分）

第二题：阅读（30分）

1. 记叙文：5小题（10分）

2. 说明文：5小题（10分）

3. 议论文：5小题（10分）

第三题：文言文（10分）

1. 生字与通假字：4个（2分）

2. 虚词与实词：4个（2分）

3. 句子翻译：3 句（3 分）

4. 课后习题：2 道（3 分）

（注：文言部分文学常识与默写可在第一题内出）

第四题：作文（40 分）

学生们觉得，各种各样的试题千变万化，汇成汪洋大海，仔细分析起来，主要还是这些重要的知识点。这些主要的把握住了，对外来试题便能够解答，这叫做以不变应万变。反过来，如果基本的试题样式把握不住，却跟着千奇百怪的试题跑，甚至跟着偏题、怪题跑，往往事倍功半。

学生出题的过程，实际也是复习的过程，出默写的试题，他便把需默写的课文复习一遍；出读写知识的试题，便把读写知识复习一遍。

多长时间出一次试题，这要由同学们来决定，记叙文单元学完了，大家商量一下，觉得有必要便出一组题，觉得没有必要便不考试。

语法知识原来的教材较深，比较难学，学生认为有必要强化这部分知识，我们就进行语法知识专卷考试。

出一组试题要多长时间，这也由大家经过讨论后举手表决通过。一般说来，单元试题两三天便可出完，期末试题出一份要一个星期，这个星期每天的语文课就不讲课，也不布置其它任务，一上课，每个人就都在那里埋头忙着出试题。

15 年来，每个学期我都只用 30 节课讲完整册教材，有大量的时间给学生自学。每学期语文课上出各类试题的时间常常比我讲课的时间还多。

二、答题

每个人的试题出完之后，由承包考试的刘洋同学把试题收上来。再征求大家意见，是按原来规定的期限答题，还是再延长点复习时间？时间确定后，将每份试题的放置顺序打乱，每位学生都抽一份试题，写上答题人的名字。这样以抽答选择试题，意味着一个人的试题，有可能被任何一位同学抽到，一个人也可能抽到班内任何一位同学的试题。这便提高了大家出题的责任感，也容易激发大家答题的兴趣。

答题时，尽力制造宽松的气氛，学生都在自己的座位上，没有老师监考，我告诉学生：如果有人愿意欺骗自己，那你就可以尽情地左顾右盼，尽情地看书查资料，只要对得起良心就行啊！同学们笑了，同学们觉得没有必要抄袭，原因很简单，每次考试，试题不同，每个人答一套试题。考完之后既不排榜，也不公布成绩，纯粹把考试当作一种自我检测的方式，或者当做一次活动，一次娱乐，大家没有必要作弊。作弊除了损失了自己的良心之外，什么也不会得到。

有时候后进同学抽到了尖子学生出的题，解起来，难度大一些，这时我就让后进同学适当地看看书、查查资料，但答过之后，要在试卷上标明，哪几道题，共多少分是靠看书、查资料才答出来的。

这样，学生答题时，心态是轻松的，同时又是积极主动的。

三、评卷

答题一般在课堂上，也有的后进同学当堂答不完也可以课后答。答完之后，交给出题人评卷。

谁出的试题，标准答案便由谁来做。更细的评分标准也由他来掌握。答题人可以同评卷人商量，意见不同时可以争辩。谁也说服不了谁的时候，便可以去找各类知识的承包人。如：本届学生语音由李智承包，生字由张勇承包，生词由杜春辉承包，语法由侣伟承包，标点由冷双承包，修辞由傅金利承包，逻辑知识由赵月承包，文学常识由刘品承包，读写常识由贾琳琳承包，课后习题由崔思佳承包，作文由刘宁承包。每位同学承包一类知识，负责研究这类知识的重点、难点，个别难点还要负责在课堂上向全班同学讲解。这样，他们占有的资料就比较多，在这类知识范围内他们成为专家，评卷时出现了争议，当然要找专家裁决。

评卷的过程，是同学们互相学习的过程，是大家一起探求真理的过程。

四、补考

班级有承包补考的同学，本届由甄慧同学承包。

每次考试前，我们都一起讨论确定补考的分数线。1989 年以前，我们规定 70 分以下的要补考。也有的单元测试，知识点不多，便确定 80 分补考。后来，语文试题卷面总分涨到 120 分，我们班便确定一般情况下，94 分以下为补考分数线。因为在一般的年份，语文成绩若达到百分制的 78.2 分，便能够升学。120 分制的 94 分略高于标准分 78.2 分。

评卷之后，承包补考的甄慧同学请补考分数线内的同学集中到一起，商量怎样补考，什么时间再补考。有的老师问：“学生试卷既然可以回家答，可以课后答，怎么还会有补考的人？他不会用抄袭的方法，提高分数，以逃避补考吗?”倘若他是为了应付教师的话，当然可以逃避，但当学生意识到学习不是给地主扛活，而是给自己种自留地的时候，他就觉得没有必要虚报产量了。他们觉得诚实劳动、诚实答卷、坦率地承认自己的不足是一种荣耀。“自留地”里缺了苗，及时补上，有利于增加自己的收入。反过来，明明不足却要掩盖、虚报产量、逃避补考，期末统考真相毕露，反倒是更大的耻辱。

由于认识到补考对自己的实际价值，以至多年来多次出现 78.2 分以上的同学也要求补考的事例。我说：“你们已经超出了补考分数线，就不用补了。”这些同学却说：“我抽的这组试题较浅，虽然得分较高，但我自己感觉这部分知识学得不够扎实，再补考一次没有坏处。”

五、总结

补考结束以后，便要对本次考试进行总结，有时请一位先进同学和一位后进同学分别到讲台上讲一讲自己出试题的思路和答题、评卷时的体会。

全班同学可针对这次考试充分发表意见，哪些题出得有道理，哪些题出得没道理，题量是大还是小。我如果没有外出，便浏览几份同学的试卷，了解先进和后进对这类知识的理解程度，然后谈我对这次考试的看法，对同学们出的过深和过浅的低效试题提出改进的建议。

如果同学们认为有必要，某一类知识的试题还可以再出一次，再考一次，以强化、巩固这类知识。

每次市、校统考之后，我们班学生还要找出自己的试题和正式统考试题相比较，看每位同学出的试题和统考试题的共同点共有多少处，试题中的小题必须完全一样，如文学常识的题，作者名字必须相同，作品、出处等知识点也必须和统考试题没有一点差别，修辞方法的句子都要和统考试题一模一样，才算押对了一道题。然后按照统考试卷的分数计算押题的分数，得分最高的同学便能得到一本世界名著的奖励。去年得分最高的是杨奕，今年得分最高的是运娜，她出的试卷，居然有 59 分和统考试题一模一样。

这样评比，一方面调动了学生出题的积极性，另一方面，学生也不由自主地去研究统考试题的结构、题型、试题与教材的关系，哪些题出得有普遍意义，能促进同学们学习必要的知识，能起到举一反三的作用，哪些题属于偏题、怪题，甚至是胡编乱造的题，难倒大学教授的题，死钻牛角尖的题。学生们讨论认识到，对这类试题千万不能用真劲，平时千万不能认真研究它，只能以其人之道还治其人之身，他胡编乱造地出题，我们便胡编乱造地答卷，蒙上了算便宜，蒙不上，平时也没费真力气，一张卷，胡编的题顶多占到六七分，全丢了，因为力气用到必要的题上了，基础的、必要的题得了分，整张试卷仍然能得高分。这样总结，学生们便能清醒地对待统考试题。有道理的题，做到了心中有数，没有道理的题呢？也有胡编乱造地对付的办法，横直左右，难易进退，都能把自己摆在一个积极主动的位置上，自如从容地面对试题，面对统考。

发展中差生智力的几点做法

1978年我从工厂来到盘山县第三中学，做语文教师并光荣地当上了班主任。这一年正赶上办重点中学，我们三中是普通中学，学苗经重点中学按25%的比例选拔后，剩下的绝大部分都是中差等学生了。

学生在重点中学落榜后，自尊心受到挫伤，不少人丧失了学习的信心。他们说："大学招生才占每届学生总数的2%，重点中学的学生也有一些不能升学的，我们学习还有啥用处。"我问学生，再过二十年，你们多大年龄？回答是三十四五岁。我说：三十四五岁正是壮年，那时你们正在工农兵的岗位上，用现代化的工具建设着自己的祖国。虽然你们不能升学，但你们一定会成为祖国建设的主力军，因为你们占了同龄人的98%。从某种意义上说，不能升大学的人数越多，提高这部分学生素质的任务就越重要。学生们热烈地争论着，逐渐认识到自己肩负的责任，产生了要提高自己素质的愿望。

要提高中差生的素质从哪做起呢？在对中差生学习情况的调查中，我发现中差生的形成有一个发展过程，其原因是多方面的：知识缺漏、性格懦弱、气质抑郁、学习欲望不强、智力和自学能力差等等。这些方面互为条件，互为因果，形成恶性循环链。但这些环节中，哪些是主要的呢？我认为智力差是主要环节。我调查过35名初一差生，发现他们观察力差，他们看到花草树木也很喜欢，觉得美，但让他们说美在什么地方时，大部分只会写“枝叶茂盛”等抽象的话。记忆力差，搞背诵新课文比赛，5 分钟里优等生能记住 168 字，中等生记住 102 字，差生才记住 49 字。默读比赛，优等生能在 5 分钟内读完 5320 个字，差生仅能读完 1190 个字。思维能力差别更大，优等生读完小说能较正确地分析人物的思想性格，而差生只能做出“好人坏人”的鉴别。这些现状说明学习同等数量的知识，差生要比优等生多付出两倍、三倍乃至更多的时间。如果只给差生在知识上查缺补漏，他们是难以摆脱落后状态的。只有注重发展差生的智力，才能提高他们的学习效率，才能逐步缩小他们与优等生之间的差距。

怎样发展差生智力呢？五年来我始终注意做以下五个方面的工作。

一、增强信心

我教的一个初一班，好学生语文成绩是 89 分，而 15 名差生都不足 40 分。我找这些同学了解为什么同样在小学学了五年，成绩却相差 50 分呢？他们大部分都认为自己脑子笨。再问为什么笨，他们说生来就笨。他们对学习丧失信心，是由于对自己工作效率很低的脑子丧失了信心。

这使我认识到，只是教师有提高中差生素质的热情和信心还不够，还应用自己的热情和信心去激起学生的热情和信心。于是我从 1979 年起就选了一些有关智力的知识短文让学生学。暗示教学法主张使学生在不知不觉中受到教育，有它的科学性，但对差生而言，我觉得设计教学法的一些原则更适用些。智力是一个众说纷纭的概念，差生更是不甚明了。通过学习，他们认识到：智力主要由观察力、思维力、记忆力、想象力组成。我告诉学生，据研究部门调查，超常儿童仅为百分之二左右，智力缺陷儿童仅为千分之三。大部分学生先天差异不相上下，之所以后来有较大差异，是由于差生缺乏定向、规则、紧张的智力活动造成的。只要加强训练，对症下药，差生就能够赶上来。我让差生搜集达尔文、爱迪生等小时候智力并不好而后来成为杰出人物的故事。学生们把搜集到的课外读物拿到故事会上来交流，差生们受到了鼓舞，增强了发展智力的信心。

二、掌握方法

怎样才能发展观察、思维、记忆、想象的能力呢？这是差生在有了发展智力的欲望之后，开始注意的一个问题。我注意到中差生的特点，把心理学上提到的一些比较简单、容易掌握的方法介绍给他们。

1. 观察力。告诉学生把观察对象从背景中分离出来，用比较的方法抓住特点，用各种感觉器官去认识同一事物，并结合差生实际进行训练。如中差生作文时描写人物外貌基本都是“浓眉大眼”。针对这个问题，我找了 5 名眉毛浓淡不一、眼睛大小各异的学生，请他们到前面，让全班同学观察他们眉眼各自的特点，然后写短文《五双眼睛》。学生不善于用触觉去察觉事物，我就领全班学生到小河里摸鱼，回来后写作文《摸鱼》，重点要写好手在水中及摸到鱼时的细致感觉。为了培养学生的观察兴趣，我领着学生在郊外开荒种地，各小组分别种了 20 多种作物，每个星期我们都去观察一次农作物的生长情况；全班同学几十次到双台河边观察花草树木的异同，大家一起坐在操场上观察月全食的全过程。中差生对参加这样的活动很感兴趣，较快地学会了观察的方法。

2. 思维力。我结合议论文教学，教给学生简单的归纳、演绎、类比等推理方法。利用阅读课文和课外阅读，训练中差生分析、综合的能力。如理解每篇课文从字词句段到归纳中心，总结写作特点，就是一个分析、综合、再分析的过程，学生自己学着做就是在训练思维能力。我还在星期四开辟一节智力竞赛的课，把国内外智力竞赛的试题拿到班级让学生抢答。为了取胜，学生们从各地新华书店买了十几种智力竞赛的书籍来读，增强了思维能力。我还确定了定向、自学、讨论、答疑、自测、自结的六步课堂教学方法，使中差生都有目看、耳听、口说、手写的机会，使学生用眼、耳、口、手等器官，促进大脑思维能力的发展。我让学生从初中一年级起就多写议论文，给学生讲辨析词义的七种方法。每学期的期中期末每个学生都要出一组语文、数学、英语试题等做法，激发了思维的积极性，使差生初步掌握了思维的方法。

3. 记忆力。中差生爱死记硬背，不过记忆力并不好。我所调查的102名差生和好学生相比，记忆的敏捷性、持久性、准确性都有很大的差距。我看到有个差生写护村堰的“堰”字，写了20多遍。我给他合上本，问他“堰”字怎么讲，他不会。更遗憾的是让他背着写一遍，他怎么也写不对。所有的差生都为自己记不住而苦恼。他们或者以为记忆力是先天与生俱来的，或者以为记忆力像存在脑子里的人民币一样，不能轻易用，怕用光了急需时就没有了。针对这种思想，我告诉学生加强机械识记和意义识记的20多种方法。如艾宾浩斯遗忘率曲线、复习的最佳密度、记忆的最佳时间、联系记忆法、归类记忆法等等。我经常当堂试验各种记忆方法。差生根据自己的实际，选取不同的方法背《马说》《社戏》等课文，然后评论各种方法的利弊。向学生介绍了记忆力体操的做法。1979年6月坚持做一个月的记忆力体操，差生都轻松地背诵完了全学期要求背诵的课文。他们充满了自豪感，讨论增强记忆力的兴趣越来越高，人人写谈记忆力的文章。他们已写到《四谈记忆力》了。

4. 想象力。告诉中差生无意想象和有意想象的区别，讲再造想象、创造想象和幻想的方法。为了使中差生更密切地配合老师完成教学任务，我经常让差生想，假如自己将来当了教师，将要怎样上课，怎样教育学生爱集体，怎样纠正学生思想爱溜号的毛病。我要求学生以自己做了老师的第一人称写《我怎样上数学课》《一堂试卷总结课》《他热爱集体了》《他不溜号了》等作文。学生爱写，既密切了师生关系，又锻炼了想象力。我让学生把《大自然的语言》改写成童话，把《中国石拱桥》改写成《石拱桥的自述》，写《地球的自述》《三十年后的班会》《宇宙人会议》《站在月球上想到的》等作文。差生想象的积极性非常高，有的差生写《飞碟发射之前》这篇文章，一口气写了3000多字，这样就较快地增强了中差生有意想象的能力。

三、定向活动

差生大脑智力活动差，并非没有智力活动，而是缺少具备一定指向能力的活动。他们每天的活动大多是不定向的活动。东一头，西一头，盲目性较大，结果发展缓慢。要发展差生智力，必须使他们的活动具备较强的指向能力。

指向什么？离开教学去谈发展中差生的智力显然是荒唐的。各学科的具体内容是什么，这在差生的头脑中是很不清晰的。我从1979年起开始训练中差生系统归纳知识的能力。我要学生把学过的各科知识分别用“树”的形式表示出来。我经常要求中差生填写“学习病历”，包括疾病名称（如三角形中位线和中线不清症、兼语式和联动式易混病等）、病史、病因、诊治方法、疗程计划等。这样用来训练智力的知识阶梯看得见，摸得着，攀得上。中差生盲目的智力活动变为定向活动了。

四、规则活动

差生智力活动的再一个弱点是不规则。首先，时间观念淡薄，不能把训练内容和时间紧密联系起来。其次，大脑各部位活动时间经常比例失调，有时已超过记忆区域负荷的时间度，还在拼命地记忆，结果使大脑处于消极的抑制状态。发展中差生智力，就必须教会他们制订科学的训练计划。

我首先教会把训练内容和时间联系起来，规定了差生经过半年训练后要达到的一般效率标准：每分钟默写 30 字，写 25 字，背诵课文 20 字，速读 1000 字，写作文每小时 800 字。程度不同的差生还可根据自己的具体情况增减，但一经制定必须执行。一项训练不进行则已，只要进行，就必须按照时间规定去完成。紧张有助于思维，只有提高智力活动的紧张程度，才能高效率地发展学生的观察、记忆、思维、想象能力。

其次，教中差生把诸科训练内容统一于一个时间常数之中。我让学生体验自身生物钟的特点，然后帮助他们制订出每天，每周，每月，每年的德、智、体、美、劳的综合练习计划。计划要求时间具体、内容具体、数字具体、方法具体。人是一个有机的整体，发展智力的途径越开阔，智力的发展也就越快。只有在各科教学和各项教育活动中都注意智力的培养，学生的智力才能得到充分的发展。我觉得作为班主任不应该怕学生参加各种活动影响学习，而应该帮助学生统筹设计各科活动的计划和时间。我帮助差生制订了包括长跑、游戏、郊游、音乐、美术、课外阅读在内的时间表，并努力在这些活动中进行听说读写训练，帮助他们增强各种能力。计划要周密。就是节日放假3天，我也要求学生制订3天的活动计划，这样就纠正了中差生易于顾此失彼的弱点，使他们忙而不乱，各科兼顾而有序地进行规则的智力活动。

五、惯性活动

中差生智力活动的另一个弱点是一推一动，每动必推，不推不动。差生作业本往往第一页比第十页工整得多，数量依月递减，不能像优等生那样有良好的智力活动习惯。要发展中差生智力必须使他们的智力活动成为惯性活动。

为使中差生养成习惯，每项计划，不订则已，订了就坚决执行。小到每一页练习，大到每一项社会活动，都力求形成制度，形成习惯。久而久之，各项智力训练计划就变成了中差生习惯性的活动。学生因养成了良好的习惯，做起事来，就不再拖拉，也不感到疲乏了。

经过几年的努力，中差生掌握了发展智力的方法，学会了做定向、规则、惯性的智力活动。他们变得喜欢讨论智力问题了，每人都写了《归纳和演绎》《再谈想象力》《四谈记忆力》《大脑的最佳状态》等几十篇讨论智力的文章。这使他们的智力结构、性格特征都发生了变化。

这些变化使他们初步摆脱了学习困难状态。1979年3月，我接班时县统考语文成绩平均仅49分，有8名学生不到40分，最少的24分。到初三毕业考试，全班平均78分。升学考试比重点中学平均高7.8分。8名差生都达到了高中、职业高中录取分数线。那名初一时语文24分的学生，升学考试也取得了72.5分的好成绩，升入了高中。升学考试全县43所中学超过300分的考生共72名，我们一个班就占了19名。我任教的第二届毕业生毕业那年，全县43所中学超过500分的考生共

41 名，我们一个班占了 9 名。就是这届学生，毕业前的 6 个月中，我有 62 天离校开会，没有请老师代课，全凭学生在班干部指导下按照以往的计划自学语文，虽然也有 6 名差生，但升学考试平均成绩仍达到 76 分，为全县第一。